领读
公司法

张力　著

社会科学文献出版社
SOCIAL SCIENCES ACADEMIC PRESS (CHINA)

前　言

《中华人民共和国公司法》（以下简称《公司法》）是伴随中国市场经济步伐而产生的，自1994年7月1日起实施至今已有二十多年时间，期间经历了1999年第一次修订、2004年第二次修订、2005年第三次修订、2013年第四次修订和2018年第五次修订。每次修订都反映了更多的市场需求，体现了更多的市场化原则，给了公司和股东更多的自治。目前实施的是2018年修订、2018年10月26日生效的修订稿，共13章218条。

作为公司证券业务律师，工作实践中我们对公司投资人、董事长和职业经理人提要求最多的是熟读《公司法》，书读百遍，其义自见。真正读懂《公司法》了，不仅与中介机构的交流会更流畅，最重要的是自己能够带领公司更好地生产、经营，管理和应对公司发展过程中的重大问题，关键时刻能够做出正确的决策，从而使公司走得更远。

在中国政法大学商法学教授李建伟老师的鼓励下，我试着动笔，将自己多年公司证券法律业务实践中对《公司法》的理解、思考结合部分案例汇总成册，于是，就有了本书的诞生。

关于本书的几点说明如下。

（1）本书的阅读对象是商务人士，包括正在经营与管理公司的董事长、董事、高管、职业经理人、公司股东、投资人以及准备设立公司的人。

（2）本书从公司治理角度将公司分为私公司与公众公司，2人以上股东的有限责任公司、股东人数低于200人且公司股票不上市交易的股份有限公司合称为私公司，沪/深证券交易所上市公司、新三板挂牌公司以及因任何原因导致股东人数超过200人但公司股票不在上述三地挂牌交易的股份有限公司合称为公众公司。私公司在公司治理上享有更多的自主权，在遵守法律禁止性规定的前提下，股东和管理层可以更多地按照自己的意愿来安排公司治理，即意思自治。公众公司在公司治理上则需承担更多的义务与责任，并全面、及时地对外披露公司重大事项。

（3）本书采取专题的方式，一共设了19个专题，体例的安排基本遵从《公司法》，按照重要性原则选取。本书旨在给读者有关公司、《公司法》、公司设立及运营基本原则的框架性认识，不是操作手册。又由于每个公司设立和所处阶段不同，每位读者关心的问题不同，所以，文中所列专题也没有办法做到面面俱到。对于本书的阅读对象来讲，没有时间，也不需要了解那么详尽的规定和规则，因此，除《公司法》外，本书对涉及证监会部门规章以及沪、深证券交易所和新三板股票交易规则的部分内容没有一一列示，大家如果对某个专题有兴趣，可以下载具体内容详尽阅读。但为达到更好的阅读效果，大家在阅读本书的同时，需要将《公司法》全文下载详尽阅读。

（4）将内控18条作为附件主要是考虑它的有用性以及在公司治理方面的重要性，也说明了作者对这个问题的重视，怕大家不主动下载，所以，就代劳了。

（5）书中资本市场统计数据、案例均来自证监会和上海、深圳证券交易所以及股转公司官方网站，公司诉讼资料来源于法院的官方网站，大家可以放心使用。案例的选择充分考虑时效性和一定的代表性，从最新案例中随机抓取。

一句话，希望这本公司法方面的小册子能够对大家有用。

再版说明

本着实事求是，负责任的态度，本书自2016年8月首次出版至今已有五年多的时间，是该修订了。

修订说明如下：

1. 五年多的时间里，《公司法》法律环境发生了系列变化：2018年《公司法》进行了修订、公司法司法解释（四）（五）以及“九民纪要”推出、2020年3月1日修订后的《证券法》实施，2021年1月1日实施的《民法典》中也包含了《公司法》部分内容，上过法律文件中有实质性修改的部分再版相应做了修订。

2. 由于外部环境的变化对本书内容产生实质性影响的是最近这两年资本市场上注册制的推出与实施。确实，2019年7月25日开始推出的科创板并试行注册制揭开了资本市场新的篇章，至2020年6月新三板转板办法推出、7月新三板精选层推出、8月创业板注册制改革以及2021年2月证监会宣布深市主板与中小板合并，宣示着注册制全面实施的到来。作为公司法律师、证券市场一线中介机构，及时将最新信息提供给商务人士是自己的本分，所以，本次修订对第九章《首次公开发行并上市（IPO）》部分做了大幅度的修改，全面介绍了注册制的核心内容，并更新了案例。

3. 更新了部分数据，如最近五年来新三板的市场数据，新三板市场自2016年挂牌企业数量突破1万家后，五年的时间挂牌数量以及交易量均呈下降态势，这与此前预计的蓬勃发展的新三板市场略有不符，结合新三板分层管理、精选层推出、转板制度实施，我们认为新三板规则在当前能够拓展优质挂牌公司的上升空间的同时，如果能够适当降低基础层挂牌门槛，应当可以更好回归新三板设立宗旨，做到新三板资本市场积极鼓励中小规模实体企业的作用。也有部分 2016 年及以前的数据未更新，如公司诉讼案例、上市公司收购、重大资产重组等案例，主要考虑最近五年虽有法律规定和规则上的变更，但实质变化不大，这些修改都不影响读者对书中此前列示的部分案例的理解。所谓法律的稳定性亦在于此。

4. 2019 年 10 月证监会修改了《上市公司重大资产重组管理办法》，取消了重组上市（借壳上市）中关于对标的资产净利润的指标要求，将控制权变更时间由 2016 年的 60 个月缩短为 36 个月，在重大资产重组的同时允许同时募集配套资金，也放开了自创业板设立之初就禁止的创业板重组上市行为，这些修订最大程度体现了市场化的原则，对鼓励上市公司并购重组、资源配置起到积极的作用。为此，本次修订更新了文中相关内容。

5. 原稿中的部分表述错误一并修订，感谢期间专门发邮件提示错误的朋友。

6. 其实我最想改的是版本，现在的版本确实有点小，拿起来不方便，但改版本很麻烦，跟出版社沟通了很长时间，只能继续当前版本，请各位理解。

7. 附录中增加了公司法司法解释（五）加九民纪要中公司法部分。

张力

2020 年 2 月 15 日于三亚秀水湾

总目录

目　录

一　公司的法律意义——独立法人

（一）公司的起源和发展

公司是 17 世纪的伟大发明，其意义不亚于蒸汽机的出现。自从 1602 年世界第一家具有现代意义的公司——荷兰东印度公司出现，公司已然成为我们这个时代——市场经济时代的产物。为什么会有这样的效果？其实质在于公司的两个有限责任，即公司以其资产为限对公司债权人承担责任，股东以出资为限对公司债务承担责任。这样就大大打消了股东的疑虑，使股东可以有预期地去投资，集合众多自然人的力量去做事情。于是，从早期的高风险、大规模和长期投资的铁路、码头、飞机、航海等事业得以开启和完成，发展到现在高科技和各式各样的新盈利模式的探讨成为可能。公司这一组织形式，在经济社会生活中发挥和承担着越来越重要的作用及使命，承载着人类的进步。这一切都源于法律赋予公司以独立法人的法律地位。正是从这个角度上说，我们判断一部公司法的好坏，就是看它是否起到了鼓励投资的作用。

（二）何为独立法人

公司作为拟制的人，是独立的民事主体。所谓独立的民事主体，是指公司具有独立的民事权利能力和民事行为能力，独立拥有自己的名称、住所、资产、人员、机构、债权、债务，能够独立享有民事权利，独立承担民事义务和责任，甚至可以独立承担刑事责任，成为单位犯罪的主体。所谓独立就是独立于股东，其独立的意思表示机关就是公司股东会/股东大会和董事会。股东会/股东大会和董事会就像我们自然人的大脑，为公司重大事项做出决策，然后授权经理层实施。独立性是公司全部法律意义的基础，即公司有限责任与股东有限责任的基础。偏离了独立性这一原则，公司就失去了存在的意义。《公司法》关于公司自设立至终结的全过程，无一不体现了这一原则。

（1）法律层面规定的公司、公司债权人和股东三方的利益序列是，在保证公司独立性的前提下，债权人利益优先，股东劣后。如禁止股东滥用股东权利损害公司利益、禁止大股东滥用控股权损害公司利益和其他股东利益。公司利益最容易受到股东的侵犯，如果股东损害了公司利益，就是间接损害了公司债权人的利益。

（2）公司在实施减资、分立、合并等可能影响公司清偿能力的重大行为时需要通知和公告债权人，允许债权人提出提前清偿或提供担保的要求，主要债权人不同意的情况下不能实施上述行为。

（3）启动公司清算和破产清算程序时对剩余财产的分配序列是，在支付职工费用和上缴国家税款后，优先向债权人清偿，如有剩余再向股东分配。

（4）公司财务处理和利润分配也体现这一原则：销售收入扣除制造成本、管理费用、财务费用、销售费用、营业税后为主营业务利润，再扣除所得税后才是可分配利润，可以在股东之间分配。

（5）公司诉讼中的处理原则是尊重公司自治以及穷尽内部救

济，司法不轻易介入公司内部事务。

违背独立性最严厉的处罚是“揭开公司面纱”，否定公司法人人格，判令股东对公司债务承担无限责任。对于这一点，公司股东、董事和职业经理人需要充分认识并在实践中自觉贯彻和实施。实践中大家关心的 IPO 项目被否的原因很多，但主要原因还是在于公司的独立性，即委员们认为公司缺乏独立性从而不能独立地担当，也就不具备独立上市的条件。

为什么要做公司？这是每个新成立公司的股东都需要认真考虑的问题。说到底，成立公司的目的是营利，公司作为社团法人，不是财团法人，也不是为了公益。当然，我们不排除有的公司会在赢利的过程中实现股东的理想、创始人的理想、职业经理人的理想，从而为社会更多地担当，最终更好地回报股东。那些所谓的“分分钟就可以让公司赢利，但就是不实现盈利”的模式短期内可行，但长期看还是不可行的，因为这违背了公司设立的初衷。

（三）公司法律规范的特点——强制性与任意性

公司是独立的，当然从权益上讲最终是股东，但它又不仅仅属于股东，公司设立和发展的不同阶段涉及不同的利益相关者——包括股东、董事、经理层、员工、供应商、销售商、银行、债权人、债务人、社团乃至政府，因此，《公司法》就是一部从法律上规制公司法律关系主体权利和义务的法律，其在维护公司独立性的前提下调整法律关系主体之间的权利义务关系，其调整的法律关系既包括公司内部组织架构的搭建，股东会/股东大会决议、董事会和监事会决议的形成，公司与其股东、董事和高级管理人员之间的内部法律关系，也包括公司发行股份和债券等外部行为，公司与外来股东、债权人、其他公司等系列主体之间的外部法律关系。《公司法》既是行为法，也是组织法。公司是市场经济中最主要的主体，其行为对交易秩序的稳定性、交易结果的确定性具有重要意义。因此，《公司法》对整个国家经济的市场化和法治化建设都具有重要意义。

公司法律规范属于商事规范，既有强制性的，也有任意性的（部分任意性条款具有倡导的意义），任意性的居多。强制性条款容易理解，即如果不遵守这样的规定，将会导致无效的法律后果，强制性规范适用于维护交易秩序和影响交易稳定性的情形，如董事的义务与责任、股东与董事权限划分、公众公司的信息披露等。任意性条款的意义是允许公司各方利益主体根据自己的实际情况进行权利和义务的设定。

任意性法律规范的理论依据：《公司法》是商法最主要的组成部分，商法的基本性质是私法，调整私人关系，体现私人意志，并最终为私人的利益服务。对于当事人之间达成的一致，法律应当给予尊重。从实践角度讲，商事行为的价值取向是在维护交易秩序的前提下鼓励创新，商人的智慧是无穷的，鼓励商事主体将这种智慧尽情发挥，维护商事行为的创新与活力；在竞争激烈的商事行为中，由于错误决策导致的运行失败比比皆是，而且公司股东、董监高基本没有机会纠错，所以，需要学习好的行为指引，以最大限度地防止错误发生，这就是倡导性条款存在的意义和价值。《公司法》中任意性条款表述为“可以”“但是，公司章程另有规定的除外”“当事人另有约定除外”等字样，在《公司法》中有 20 多处，虽然看起来不多，但都是涉及股东权益的事项，如允许有限责任公司股东在全体股东达成一致的前提下可以不按照出资比例行使分配权和表决权。

强制性法律规范的理论依据：任何一个公司的设立与活动，不仅涉及公司投资者利益，而且必然涉及与公司进行交易的相对人的利益，公司的活动必将影响整个社会的交易秩序与交易安全。如果仅仅依赖当事人意思自治，则可能会牺牲相对人利益来保护投资者利益，这不利于交易。因此，需要通过法律和规则建立及维护良好的交易秩序，并最大限度地维护交易的稳定性，这是强制性的由来。

《公司法》中的强制性条款表述为“必须”“应当”“不得”等字样，如总则部分第十六条关于公司对股东、控股股东提供担保的规定，第二十条和第二十一条关于股东依法行使股东权利、不得滥用股权、控股权的规定，第二十二条关于股东会和董事会决议无效、可撤销的规定。第二章关于有限责任公司设立条件和程序的规定以及第三十条关于股东对瑕疵出资的连带责任、第三十五条关于股东不得抽逃出资的规定。第三章关于有限责任公司股权转让时原股东行使优先购买权的程序的规定。第四章关于股份有限公司设立条件和程序的规定。第五章关于股份有限公司股份发行与转让程序的规定。第六章关于董事、监事、高级管理人员的资格和义务的规定。第九章关于公司合并、分立、增资、减资程序的规定。第十章关于公司解散和清算程序的规定等。

需要说明的是，有的条款属于强制性规范还是任意性规范是有歧义的，如《公司法》第三十七条、第四十三条规定股东大会特别决议事项需要2/3以上多数通过，如果公司股权结构中大股东自己持有2/3股权比例，小股东要参与公司重大事项的决策，那么，关于特别决议事项需要4/5以上多数通过的约定是否有效？如《公司法》第三十三条规定了股东知情权的行使，如果小股东通过股东会决议和公司章程放弃了自己的知情权是否有效？又如第七十四条和第一百四十二条第（四）款规定的异议股东回购请求权，如果除法律规定外再增加情形是否有效？第一百零二条规定的股份有限公司股东大会提案权的最低持股比例为单独或合计3%，如果提高或降低该比例是否有效？总体而言，司法实践和公司实务中把握的基本原则是限制与剥夺股东法定权益的约定无效，鼓励和扩大小股东权益的约定应为有效。从实践角度讲，我们认为对《公司法》法律规范进行强制性与任意性划分的实践意义远大于理论意义。

也是从这个角度讲，《公司法》可以理解是立法机关事先为公司设立所准备的一份格式的合同条款，投资者根据自己需要进行适当调整。任意性条款在本书私公司治理和公众公司治理专题中均有论述，大家一定要在实践中学好、用好。

（四）与公司相关的两个概念——企业与集团

企业可以分为三类。第一类是计划经济条件下中国最早的法人组织形式，包括新中国成立后陆续成立的全民所有制企业和集体所有制企业。自20世纪80年代开始，国家进行公司制试点，逐步将原来的国有企业和集体企业改制为公司。截至目前，绝大多数存续的都改公司制了，当然不排除没改的。第二类是根据《中外合资经营企业法》《中外合作经营企业法》《外资企业法》成立的企业，这些企业大多数也都采取公司的组织形式，但不排除有非公司形式的。第三类是根据《合伙企业法》成立的合伙企业，包括普通合伙企业和有限合伙企业。普通合伙是指全体合伙人都对企业债务承担无限连带责任的组织形式。有限合伙是指部分合伙人作为普通合伙人对企业债务承担无限连带责任、部分合伙人作为有限合伙人对企业债务承担有限责任，目前部分自然人联合对项目的投资、基金管理人、股权激励平台等多采用这种方式。部分律师事务所和会计师事务所也采取合伙企业组织形式，但多为特殊的普通合伙。市场上选择合伙方式的主要原因是税务负担。出于权利和义务平衡的考虑，税法规定合伙人承担无限责任的对价是税务负担的降低，即企业本身不缴纳企业所得税，而是统一到合伙人所得税一道所得税税制上。所以，就企业法人组织形式而言，企业的外延大于公司，包括目前法律体系中的《企业破产法》《企业所得税法》没有采用公司之名，也说明了这个问题。由于非公司制的企业不是法人的主流组织形式，本书针对的是公司——现代意义上的公司，即根据1994年《公司法》成立的公司。

集团的出现是公司规模扩张与发展的结果，经过市场经济的发展，部分公司开始涉足多个行业，并逐步拥有了多家子公司，加上改革开放初期大家做大做强的意愿非常强烈，于是，市场上出现了很多集团公司。法律上的集团是依据1998年国家工商局《企业集团登记管理暂行规定》成立的，根据该办法，企业集团是指以资本为主要联结纽带，以母公司为主体，以集团章程为共同行为规范的母公司、子公司、参股公司及其他成员企业或机构共同组成的具有一定规模的企业法人联合体。企业集团本身不具有企业法人资格，但企业集团的母公司具有独立法人资格，且可以冠以集团称谓。

最近十多年以来，部分公司虽然在规模与条件上具备了集团的设立条件，但对设立集团的热情锐减。事实上，对于目前涉足多个行业、拥有多家子公司的公司来讲，不管是否冠以集团的称谓，其实质确实属于集团公司。集团公司有两种模式，一种是母公司本身拥有业务与资产，另一种是投资管理类公司，自身不做经营活动。与单个有限责任公司、股份有限公司相比，集团公司除了要做好自己的业务外，更多要做的是对子公司的管理以及集团内部资源整合工作。集团的实质仍然是公司，因此，集团属于本书讨论的范畴。

二 公司的设立

各国公司法中公司设立的变迁体现了各国市场化的进程——从最早的皇家特许，到行政机关的行政许可，到现在多数国家的备案制。我们国家《公司法》对公司设立行为采取的是许可制，即工商登记机关颁发的营业执照是一项行政许可行为，公司设立是法律行为。由于我们国家市场经济起步晚，在早先严格的计划经济管理模式下，出于对公司的运作以及可能带来的法律风险的考虑，《公司法》前期虽然经过了有限责任公司和股份有限公司的试点，但还是采取了谨慎的态度。这一点在公司设立条件上体现得非常明显。

（一）公司设立阶段的几个法律问题

1. 注册资本认缴制

这是2005年和2013年两次修订的巨大进步，从原来的严格实收资本制，逐步放松至认缴制，虽然大多数发达国家都采取了授权资本制的做法（公司设立资本可以为1美元，其余可以授权董事会根据实际情况随时增发股份，增加注册资本）。认缴制的核心是从法律上废除了原来关于不同经营范围公司最低注册资本的要求，废除了对货币出资比例、首次认缴比例以及认缴时间的要求。另外，除募集设立股份公司保留了验资程序外，以其他形式设立公司均不再强制要求验资程序。将注册资本的规模、出资形式、出资时间等事项的决定权交于股东，股东根据实际情况做出安排，并予以实施。

2. 经营范围宽严相济

目前，主要发达市场经济国家对于公司经营范围采取的是有宽有严的做法，严格限定在特许经营行业，如烟草、医疗器械、药品、食品等行业，不涉及国计民生、公众安全的其他行业都采取从宽的做法，不需要一一列示经营范围，法律禁止的除外皆可以。随着市场经济的发展，我国《公司法》在经营范围上最终也将适应这一潮流。现在的实践问题是公司经营范围的表述需要与申领发票结合起来，这个问题的解决有待国家财税制度改革的推进。

3. 公司设立是行政许可

公司设立是行政许可，需要到工商管理部门办理工商登记手续，取得企业法人营业执照，涉及特许经营的，还需要办理特许经营许可。

4. 内外资企业逐步统一行政许可

2020 年 1 月 1 日《中华人民共和国外商投资法》实施，同时废止了此前的《中华人民共和国中外合资经营企业法》、《中华人民共和国外资企业法》和《中华人民共和国中外合作经营企业法》三部法律，将外商投资企业的组织形式和组织机构统一到《公司法》和《合伙企业法》中，解决了此前的双轨制。由此，外商投资企业设立后的行政审批亦一并统一至工商管理部门（市场监督管理局），反垄断审查除外。这一点与 2016 年《领读公司法》第一版时的预测一致。

5. 非货币出资涉及的程序和标准问题

非货币出资方式包括有形资产、无形资产及权利（如债权）

出资，其中，房地产（按照地随房屋走的原则，房地产是需要统一转移的）、机器设备、存货等为有形资产，无形资产包括专利、商标、著作权、非专利技术、长期股权投资等。非货币资产出资涉及三个问题。一是财务上视同销售，需要缴纳流转税。二是非货币资产价值需要在股东之间达成一致，评估不是必经程序，但出资后如果发现用于出资的非货币资产价值低于评估值，则该股东应当补足，不能补足的，需在低于实际价值范围内向其他股东承担赔偿责任；无形资产的出资一般按照收益法进行估值，因此，按照财务准则规定，需要每年做减值测试，如果发生减值情形则需要在财务上计提减值，所以，过高估值还是有风险的。三是需要办理权属转移手续。非货币资产的出资标准有三个：一是为所有人所有，即权属合法；二是价值可以量化，其价值可以量化为货币且获得投资方各方认可；三是可以转移，即可以办理资产和权利的所有权转移手续。实践中权属问题一般发生在专利和非专利技术类无形资产上，主要涉及是否职务发明的问题，即公司设立前或者设立后部分股东用于出资的技术如果涉及职务发明和创造，则应当界定为职务作品，所有权归公司，股东不能以此出资。

（二）公司设立后如何就相关事项变更到工商管理部门办理登记

公司设立完成后如果发生股权转让、注册资本变更、董监高人员变更、公司营业范围和注册地址变更等事项均需到公司登记机关办理变更登记。但是，从法律上讲，公司设立完成后在工商管理部门的信息登记是备案，不是行政许可，工商管理部门是商事信息的采集和汇总部门，也就是说，公司设立后提交的文件，如公司股东、注册资本、董事会、监事会和经理成员等事项，只要形式完备，工商管理部门都应当及时给予登记，无权要求调整或修改，更不能要求企业都按照一个模式处理。股东之间签署的特别约定条款需要一并登记到工商管理部门，不能出现“两张皮”、两套文件的做法。否则，一旦出现争议或诉讼，就会置一方于不利，因为未经备案的信息不具有公信力，不能对抗第三人。正是从商事信息集中的角度讲，工商管理部门有义务对外提供商事信息。目前，各地对于公司设立和报备、年检采取网上方式进行，以及全国范围内工商登记信息的公开查询等做法都体现了这一趋势。伴随着市场化的深入，未来的公司设立和商事信息登记也将过渡到备案制。

（三）如何判断公司设立条件是否成就

公司设立条件是否成就？如何设立公司？这是公司设立前股东必须认真调研并做出可行性研究报告予以充分论证的问题。凡事预则立，不预则废，设立公司也一样。因为设立公司就像生育一个孩子，孩子生下来以后父母得养育他直至他自立；公司也一样，如果公司不能自立，股东就得一直管着它，而无法放手，既不能交给职业经理人，也无法交给下一代。所以，公司业务律师对于公司设立一直采取谨慎态度，在公司重组中也体现了这样的原则：轻易不新设，尽量不注销。

1. 业务、技术、盈利模式是否可行？

进一步深入的问题还有：同行业目前技术和盈利模式状况是什么？该领域业务和技术未来发展的方向和前景如何？技术是否成熟？以永动机为例，理论上对其的探讨一直没有终止，这是科学问题，但如果把永动机项目公司化就需要特别谨慎了。即使是在倡导全民创新、全民创业的当代，对于新盈利模式仍需非常谨慎。正如当前许多互联网公司，在创新了盈利模式、拥有了大量用户的同时，如果新的盈利模式最终不能产生销售收入、不能实现财务收益，那么仍是不可持续的。最近这轮创业潮中大量高举着新盈利模式旗帜的公司倒闭就是例证。

2. 公司如何定位，客户端如何定位？

从行业上讲，在当今这个时代，基本不存在未开垦的处女地。所以，无论在哪个领域都有竞争对手，而且对方已经在市场上先行一步，在公司规模、技术开发、业户和市场拓展、财务数据等方面都有一定的优势，因此，新设公司必须差异化经营。精准客户非常重要。而客户的开发是先从基础客户做起，还是先从行业高端客户做起，客户划分是按照行业还是按照地域等问题都需要事先规划清楚。与客户市场对应的是销售模式，这也需一并确定。

3. 如何设定注册资金，规模多少合适？

认缴制下，交易对方还是关注公司的实缴资本，即关注资本充实原则。也就是说，注册资本的设定与公司拟从事的业务、规模、资金需求基本相当并缴足。对生产经营规模需要几千万元的公司设定 200 万元注册资本，或者公司设立时章程约定 1 亿元注册资本但约定 30 年缴足，这些情况都是不适当的。

4. 股权结构是否合理？

进一步的问题还有各方出资方式和出资比例如何安排？股权安排是否能够保证公司在业务、技术和盈利模式可行的情况下走得更远？实践中我们经常遇到这样的案例：公司经营过程中，经营失败或者经营成功两种情况下都会发生股东争议，这种股东之间的争议其实在公司设立阶段就埋下了伏笔，只是条件不成就，大家都在观望，不知道公司会如何发展，一旦公司发展坏了或者好了，问题就会暴露出来；严重的还会导致公司僵局，最终导致公司遭遇失败的毁灭性打击。

5. 公司设立后经营所需资金和人员配置是否有可行的解决方案?

公司设立后的资金一定是分期投入，像盖大楼一样，打好地基后一层一层地上规模，资金需求和投入也要分期进行。人员配备也是如此，初始阶段的人员基本是股东兼任，如技术、销售这样基础岗位。公司设立后期，资金和人员都可以通过市场手段阶段性地解决，但有个前提——公司未来可行，离开这个条件，后续将无法进行。所以，在无法让市场看到公司未来可行的情况下，股东需要自己准备这两个条件，而不能一味依赖市场。

6. 项目是否存在法律风险?

法律风险是经常被忽略的问题，我们也发现，事实上，影响公司设立的大的法律风险不多，但如果有，就可能是致命的。

7. 公司未来发展规划如何?

公司设立阶段关于未来发展规划不需要也没有条件做得很长，但三五年是需要的，有了规划，公司就可以大致清楚未来的安排和运作。例如，第一年达到以下状态：技术基本成熟，盈利模式经市场验证可行，开发了部分客户，实现300万~500万元销售收入，财务亏损；第二年技术相对稳定，盈利模式稳定，稳定本领域部分客户，实现1000万元销售收入，财务达到微亏或盈亏平衡，这时候需要追加第二笔投资，需考虑资金如何解决；第三年，在现有技术和盈利模式稳定的前提下，继续扩大本领域客户规模，增加销售收入，同时开发其他领域的客户，这个时候需考虑是否需要引进职业的销售总监和追加投资、何时引进职业总经理等问题；第四年则需考虑是否需要在原有技术基础上开发或引进新技术，对于新技术开发需要遵循生产一代、开发一代、储备一代的安排，同时还需要考虑到哪个时点或者出现了哪种情况可以视为项目不成功、公司解散等。上述规划也可以不按照时间节点，而以某个其他技术指标做参照，如行业客户规模、销售收入、互联网项目的注册用户数等。

8. 其他问题

如集团公司条件下，新公司设立后与其他关联公司的关联关系如何处理？是否产生同业竞争？是否有利于集团公司对该项业务的管理？等等，这些问题也需要充分考虑。

总之，规划特别重要，需要先行，只有按照事先讨论确定的规划方向往前走，才能从很大程度上克服后续行为的盲目性。

（四）股东可以特别约定的事项

在公司设立和运营阶段，股东可以特别约定的主要事项汇总如下。

（1）法定代表人种类；

（2）股权转让限制与程序；

（3）公司注册资金、认缴期限、出资方式、股权结构；

（4）增减股东会职权；

（5）董事会构成与来源，增减董事会职权；

（6）监事会构成与来源，增减监事会职权；

（7）增减经理层职权；

（8）股东会议事规则：通知方式、时间、会议表决方式、是否规定累计表决权；

（9）董事会议事规则：通知方式、时间、表决方式；

（10）股东权利行使：不按出资比例行使表决权、分配权、知情权的行使及其他；

（11）股权是否可以继承；

（12）解散的事由；

（13）高管的范畴；

（14）利润分配原则。

以技术团队与资金方合作设立公司（一方提供技术、一方提供资金）为例说明公司设立阶段股东自由约定公司股权结构安排问题，这是技术方和资金方都非常关心的问题。

首先，我们分析一下在公司设立和运营过程中双方各自的风险。在公司设立阶段，技术方总觉得自己的技术价值很高，在公司中的股权比例低了，积极性不高，也担心资金方后续资金支持跟不上。设立后如果技术可行，公司实现了设立初衷和财务收益，但双方股权比例不予调整，自己总觉得吃亏，心里不舒服。如果技术不可行，公司失败，技术方在这个期间工资和生活费还是有的，损失的主要是时间（当然也有声誉），还可以重来。如果后续资金跟不上而技术又可行，则可以另行寻找新的资金，项目不至于运营不下去。而对于资金方来说，其担心的则是技术是否可行，如果不可行或达不到预期，不仅给技术方这些股权都多了，而且公司后期一旦运营不善，项目投资风险都由资金方承担。经过上述分析，我们可以非常清晰地看到，资金方承担着项目前期最大的风险。

所以，解决这个问题是贯穿公司始终的大事，我们建议动态处理这个问题比较合适。

（1）初始设定一个股权比例。例如，不出资金的技术方股权比例为25%，资金方比例为75%，并根据项目初期运行所需资金确定公司注册资本和无形资产估值，如项目前期运营所需资金为600万元，则可以设定公司注册资本为800万元，无形资产可以估值200万元。双方不要在公司设立阶段纠结这个比例，因为只有公司设立完成，运行起来才有意义。

（2）设定股权比例运营的条件。上述股权比例不是绝对的，是有条件和目标支持的，即在设定公司上述股权比例的同时可以设定公司运营目标：比如，技术经市场验证可行、实现销售收入，或者销售收入达到一定规模。这种目标的设定必须是客观的，可以量化的，不需要第三方验证，非主观指标；否则，在指标确认上会产生争议。

（3）股权比例调整。公司通过运营在一定时间内达到上述目标，或者经过双方确认即使不完全达到上述目标，但双方能够达成谅解备忘的，则维持上述股权比例。高于或低于上述目标（如上下浮动25%～30%），则需要相应调整技术方股权比例，可以给出一个公式，可操作。调整的方式是双方股权转让。在双方事先约定的期限内仍未实现技术可行或者将技术转换为生产力和财务数据的，视为项目失败，届时项目可以终止，投资者止损。

（4）表决权比例。公司设立和运营前期的表决权可以向技术方集中，因为技术方在行业、技术上有优势。生存期完成、公司治理初步完备后再按股权比例表决。

（5）股东会上一票否决权的应用。根据法律规定，股东大会在特别重大事项，如增资、减资、合并、分立等重大事项中需经全体股东的2/3以上多数通过，这时候就涉及小股东的一票否决权。我们认为，若持股比例低于1/3的小股东为技术方，则仍需要坚持一票否决权。

（6）股权激励方案对股权比例的调整。在初始比例确定后，也可以采取股权激励的方式对技术团队进行股权激励，一般采取期权，根据业绩考核确定。这时候股权调整的方式是增资，双方同比例稀释，技术团队需支付部分资金。

（7）分配权比例。公司运营的前期一般不涉及分配，因为公司尚未盈利，技术和业务模式尚未经过市场检验合格，所以，分配是后期的事。也就是说，到了公司分配阶段一定是公司度过了生存期，至少已经实现了初步盈利。到这个阶段，双方股权比例调整工作也基本完成，这时候还是可以按照股权比例进行分配的。但根据实际情况，如果技术确实高、精、专，但技术方股权比例过低，无法调动技术方团队的积极性，则可以约定分配比例与出资比例不一致，特别保护技术方的积极性。

（8）经过调整，如果公司达到一定规模，技术方与资金方合作也逐渐默契，则无论技术方控制还是资金方控制都不是问题。但如果出现资金方过分强势控制公司的情况，技术方就会产生希望通过引进资金调整股权比例，从而在一定程度上制约大股东的想法；如果资金方对技术方后续技术研发不满意，就会产生希望引进更好的技术方以增强公司技术实力的想法。这种情况下也需要有相应机制事先安排好，以便未来执行。

（五）高度重视公司章程

大家都知道，章程是公司的“宪法”，是规范公司、股东、董事、监事和高管行为的行为准则，在公司设立和运营过程中发挥着重要的作用，而《公司法》中又有很多任意性规范，赋予了公司对许多事项的意思自治，因此，各股东应当在公司设立过程中高度重视章程的内容，切不可简单地按照所谓的模板来签署和登记；并应根据公司发展的不同阶段、股东结构的变化，适时修改公司章程，要真正把章程这部公司“宪法”写好、用好。

万科事件的发生，引发了很多的市场关注，各方市场主体从不同角度对公司治理进行了深入思考，并结合万科事件思考自己的公司治理与章程条款及反收购安排。这是国内市场主体第一次真切地认识到好的公司治理与章程架构安排是有价值的。这也说明我们的市场经济发展到了第二个阶段，更加成熟了。对于公司业务律师而言，其贡献有两点：一是市场主体有了制定公司治理规则、章程的实际要求；二是给公司律师提出了更高要求，原来流水线出来的公司治理规则、章程条款显然不能满足这种市场需求。

本书对于股东可以自由约定、意思自治的部分内容主要包括股东之间特别约定事项以及公司治理方面的特别安排，如本章第（四）部分谈到的内容，具体见本文股东与股东权利以及公司治理相关部分。

三　公司的主要组织形式——有限责任公司与股份有限公司

实践中对公司的分类与教科书中的分类不太一致，这是因为分类的初衷不一样。学术上的分类是为了从学术角度更好地研究公司，实践中的分类是为了使不同的公司股东和董事会更好地驾驭自己的公司，体现了便利性原则。

法律上最常见的公司分类是将公司分为有限责任公司和股份有限公司，两者都是有限责任，也是市场上最常见的两种公司形式。股东人数超过 50 人的必须采取股份有限公司的组织形式。有限责任公司按照股东人数的多少分为 1 人有限公司和 2 人以上有限责任公司（股东为 2 人以上 50 人以下）。本文从公司治理角度将公司分为私公司与公众公司，将 2 人以上股东的有限责任公司、股东人数低于 200 人且公司股票不上市交易的股份有限公司合称为私公司；将沪、深上市公司，新三板挂牌公司，以及因任何原因导致股东人数超过 200 人但公司股票不在上述三地挂牌交易的股份有限公司合称为公众公司。

本书主要介绍以下三种主要公司：2 人以上股东的有限责任公司、非上市股份公司和上市公司。

从法理上讲，各种不同类型的公司之间可以相互转换形式，如同样承担有限责任的有限责任公司与股份有限公司之间可互相转换，承担有限责任的公司可以转换为承担无限责任的公司。当然，承担无限责任的公司如果转换为有限公司由于涉及股东责任的重大调整，而需要履行解散和新设的程序。我们现行《公司法》只规定了有限责任整体变更为股份有限公司的程序，其他都没有规定。

有限责任公司是实践中出现最多的公司类型，法律上更强调股东之间的人合，即指在股东人数不多的情况下，股东是基于信任和共同的投资目标结合在一起的，所以，法律上规定了股东对外转让出资时其他股东有优先受让权，否则转让无效。所谓其他股东的优先受让权限定于同等条件下的优先受让权，同等条件指同样的价格和同样的支付条件以及其他条件（如有）。收到股权转让方书面通知后30日内既未做答复又不购买的，视为放弃优先购买权。规定股东人数也是各国公司法普遍的做法，这种规定的法理也是维持有限责任公司的人合性，所以，各国公司法都规定了有限责任公司股东人数的上限，当然，人数规定不一。

股份有限公司更强调资合，所谓的资合就是不特别强调股东间的信任关系，因为人数众多，所以股东之间可以不认识，或者不需要认识，因此，在股份公司股权转让程序中法律就没有赋予其他股东优先受让权。我国的股份有限公司更多是与上市有关的，或者说大家更多是从上市角度来认识股份有限公司的。2005年和2013年《公司法》修订涉及股份公司的有三大部分：一是删除了原来设立股份公司需经省级以上人民政府批准的规定，二是将此前股份公司最低注册资本从1000万元降低为500万元，三是将注册资本认缴制适用于股份公司。股份有限公司的设立方式分三种：募集设立、发起设立和有限责任公司整体变更设立。募集设立，即公开募集，是指发起人认购了其中部分股份，其余股份面向社会公开募集或者向特定的对象募集，其中发起人需认购不少于注册资本的35%，募集设立需获得证监会批准。募集设立涉及不特定多数股东的利益，中国历史上募集设立最多的时期是20世纪80年代末至1997年国务院关闭柜台交易期间。由于1997年国务院关闭柜台交易，此后再无募集设立。

发起设立是指由发起人认购公司应发行的全部股份而设立公司。发起人认足公司章程规定的出资后，选举董事会和监事会，由董事会向公司登记机关报送公司章程以及法律、行政法规规定的其他文件，申请设立登记。发起人需为2人以上200人以下，半数以上在国内有住所。考虑到发起人的责任，法律上规定了发起设立股份有限公司后发起人股份一年内不得对外转让。

有限责任公司整体变更设立股份有限公司是指将已经设立的有限责任公司按照某一基准日对公司审计的净资产、以一定的比例（一般折股比例为1∶1）折为股份公司股本，余额计入资本公积，原来的有限责任公司整体变更为股份有限公司。变更后的股份有限公司承继原有限责任公司的全部资产、业务、权利和义务，所以，变更设立不是新设，从程序上需要变更设立的股东会决议和对变更设立相关事项的确认，不需要签署什么发起人协议、召开创立大会。对于这一点，各地工商行政机关掌握的标准不一致。对于公司而言，变更设立仅仅变更了公司组织形式，其他都没有发生变化。

说到此，大家会产生一个疑问：股东人数50人以下的有限责任公司与非上市股份有限公司在法律上有什么区别？

首先，二者从股东有限责任和公司有限责任这个角度讲实质上没有区别，考虑到有限责任公司更多地体现人合性和股份有限公司更多地体现资合性，两种类型公司主要区别表现在以下几个方面。

（1）法律规定有限责任公司股东对外转让股权需要经股东会同意且原股东有优先受让权，公司增资时原股东也有优先认购权。当然，法律也尊重股东的意思自治，即允许股东通过股东协议或章程放弃该项权利。而法律对股份有限公司股东对外转让股份无优先受让的规定、对公司增资也无优先认购权的规定。

（2）股份有限公司的资产被划分为股，每股面值一般为 1 元（香港上市公司可以分拆，股份面值可以低于 1 元），注册资本称为股本，股东按照所享有的份额享有股东权利，每一股份享有一个表决权。股份公司强调的是同股同权，即拥有同等类别股份的股东享有同等权利，拥有不同类别股份的股东可以享有不同权利。例如，同时发行 A 股和 B 股或 H 股、普通股和优先股的公司可以规定持有不同类别股份的股东享有不同的股东权益。有限责任公司更多考虑了公司的人合性，如允许股东不按出资比例进行分配，对于表决权、分配权的行使都可以做特别约定，法律赋予了有限责任公司股东更多的意思自治。

（3）法律规定有限责任股东会表决权的计算基础是公司表决权总数，而股份有限公司股东大会表决权的计算基础是出席会议股东所持表决权的总数。举例说明：某有限责任公司和股份有限公司注册资本（股本总额）为 3000 万元（3000 万股），就一项关于公司增资的议案进行股东会/股东大会审议，出席会议的股东为持有公司 1800 万股权（股份）的股东，且该 1800 万元（1800 万股）全部投了赞成票，那么，对于有限责任公司，该项议案赞成票比例为 60%（1800/3000），因未超过法律规定的 2/3 以上多数而未获通过；对于股份有限公司，该项议案赞成票比例为 100%，因获得出席会议股东所持表决权的全部赞成而获通过。

（4）考虑到股份公司的股份结构一般比较分散，为中小股东利益考虑，法律规定单独或者合计持有公司3%以上股份的股东，可以在股东大会召开十日前提出临时提案并书面提交董事会。同时规定，股东大会选举董事、监事，可以依照公司章程的规定或者股东大会的决议实行累积投票制（累积投票制，指股东大会选举董事或者监事时，每一股份拥有与应选董事或者监事人数相同的表决权，股东拥有的表决权可以集中使用）。对于有限责任公司无此规定。

（5）《公司法》第一百五十一条规定的股东代表诉讼中，就股东资格，对于有限责任公司无持股比例的规定；对于股份有限公司，则要求股东资格为连续一百八十日以上单独或者合计持有公司1%上股份。其目的是防止股份有限公司小股东滥用股权损害公司和其他股东利益。

当然，立法上也在考虑这种两分法是否还有实践意义。随着市场经济的发展和日渐成熟，法律上的规制只要能够给予市场经济主体更多的意思自治空间，就不会影响实践。

国有公司包括国有独资公司、国有控股和参股公司。国有独资公司是指国家单独出资、由国务院或者地方人民政府委托本级人民政府国有资产监督管理机构履行出资人职责的有限责任公司。企业的国有资产最终所有人为国家，分级管理，包括国务院国资委和地方国有资产监督管理机构两级。2009年5月1日，《企业国有资产管理法》生效，对企业国有资产的管理原则和程序做了明确的规定，企业国有资产管理的基本原则是保值增值。

《公司法》专设国有独资公司一节，主要规定了如下内容。

（1）国有独资公司不设股东会，由国有资产监督管理机构行使股东会职权，包括审批公司章程，向公司委派董事、监事，授权公司董事会行使股东会的部分职权，决定公司的重大事项，但公司的合并、分立、解散、增减注册资本和发行公司债券，必须由国有资产监督管理机构决定。其中，重要的国有独资公司合并、分立、解散、申请破产的，应当由国有资产监督管理机构审核后，报本级人民政府批准。

（2）国有独资公司董事会成员中应当有公司职工代表，监事会成员不得少于 5 人，其中职工代表的比例不得低于 1/3。

（3）实践中国资委和国有股东对国有公司的管理是按照重要性原则处理的，国务院国资委和地方国资委均将其管理的国有公司按照业务类型进行了合并，集中多家集团公司，如国务院 2013 年集中管理 114 家央企，并授权这 114 家集团公司对其下属公司进行管理，但重要下属公司的重要事项仍需报国务院国资委或者地方国资委审批。

（4）国有控股上市公司重大事项，包括重大资产重组、股权激励、定向增发等重大表决事项需获得国资委审批。

四　股东与股东权利

（一）股东资格

设立公司的出资人为股东，包括自然人、法人（公司制法人和非公司制法人），其他企业，如合伙企业、事业单位也可以成为公司股东。既然股东的出资义务是其唯一的积极义务，那么，从理论上讲，只要股东有能力完成出资，就可以称为股东。而股东用于出资的资产，只要是自己依法取得的、拥有所有权就可以对外出资。通过劳务、继承、借贷和继承等法律行为获得的资产都可以成为自己的资产，可以用于出资。

虽然《公司法》对股东资格有无限制性规定，但这并不意味着对股东资格没有限制，因为其他相关法律、行政法规做了规定，如《公务员法》第 53 条第 14 款规定公务员不能对外投资，从事经营活动。法律、行政法规授权的具有公共事务管理职能的事业单位中除工勤人员以外的工作人员参照《公务员法》上述规定进行管理，也不能成为公司股东。军队、大专院校和国有公司等特殊单位人员对外投资也受一定的法律限制。

那么有人会问，本次修订后的《公司法》及司法解释中规定了隐名股东，上述情况是不是可以用隐名股东的方式处理？答案是否定的。隐名股东与显名股东（名义股东）对应，是指在公司登记机关以及股东协议和章程中不作为股东身份显现的实际的投资人，该股东权益虽然名义上为显名股东所有，但实际上属于隐名股东所有。根据意思自治的原则，法律确认该种情形在隐名股东和显名股东之间有效，但不能对抗第三人。《公司法》对隐名股东的合法性认可的前提是不违背法律、行政法规的禁止性规定，而上述不能投资的主体如果采取隐名投资的方式即违背了法律的禁止性规定，所以，应为无效。比如，受法律、行政法规对外投资主体限制规定的公务员以其夫/妻、兄弟、姐妹、父母、子女等近亲属的名义进行投资，按照实质重于形式的基本原则，也违反了上述规定。此外，对于自然人中无民事行为能力人和限制民事行为能力人，如未成年人能否成为公司设立时的初始股东，法律没有禁止性规定，但本着实事求是的原则，此种自然人担任公司大股东或实际控制人显然是不适当的，因为其没有相应的能力和条件从事公司设立和运营行为，当然，其在公司成立后基于继承或法律裁判成为公司股东的除外。

公司股东资格是否可以继承？从权益上讲，股权是一项财产权益，当然是可以继承的，所以，法律规定股东资格也是可以继承的。考虑到有限责任公司的人合性，法律授予有限责任公司股东之间的意思自治，即如不同意股东资格继承的，需要事先明确约定，并写到公司章程中，否则都是可以继承的。或者在章程中规定由股东通过股东会决议的方式决定是否可以继承，也是可行的。

（二）股东之间法律地位的实质是平等

这种平等体现在公司法条款上是股份有限公司关于同股同权的明确表述。法律上，维护公司股东平等的义务主体是董事与董事会。事实上，即使在有限责任公司，这种平等也是实质存在的。具体表现在如下几个方面。

（1）公司法规定在公司设立阶段，各股东之间连带责任的几种情形：一是公司设立后发现股东/发起人用于出资的实物资产价额低于章程认定价额的，该股东应当予以补足，设立阶段的其他股东/发起人对此承担连带责任；二是股份有限公司成立后，发起人未按照公司章程的规定缴足出资的，应当补缴，其他发起人承担连带责任；三是股份有限公司的发起人在公司不能成立时，对设立行为所产生的债务和费用负连带责任，对认股人已缴纳的股款负有返还股款并加算银行同期存款利息的连带责任。

（2）根据股份多数决，大股东和控股股东看起来比小股东享有更多的权利，但我们一定不要忘记，大股东和控股股东对公司出资更多，因此，对公司承担着更多的义务和责任，如果公司经营失败，大股东也承担着更大的经营风险，比如，公司经营前期有不少公司的股东将自己的房子抵押以为公司借款提供担保，其夫妻二人都要签名承担保证责任。而小股东更多的是搭便车，投入小、风险也小。股份多数决是决策的结果，其决策的过程必须体现民主的原则，这是法律上对股东会/股东大会召集、召开、通知、提案、表决等程序做强制性规定的原因。

（3）法律在赋予大股东控股权的同时，也设定了他不得滥用控股权的法律限制，包括不得滥用股东权利损害公司或者其他股东的利益，不得滥用公司法人独立地位和股东有限责任损害公司债权人的利益。公司股东滥用股东权利给公司或者其他股东造成损失的，应当依法承担赔偿责任。

公司股东滥用公司法人独立地位和股东有限责任，逃避债务，严重损害公司债权人利益的，应当对公司债务承担连带责任。

（4）异议股东股份回购请求权。在股份多数决原则下，中小股东由于表决权有限不能改变公司已经形成的股东会决议和董事会决议，从而无法决定公司的重大事项。所以，作为股东权利的救济，从权利义务一致性的角度，《公司法》第七十四条给予了制度安排，即在如下重大事项上赋予有限责任公司异议股东的股份回购请求权，异议股东有权要求公司按照一定的价格回购其持有的公司股份，从而退出公司：

①公司连续五年不向股东分配利润，而公司该五年连续盈利，并且符合《公司法》规定的分配利润条件的；

②公司合并、分立、转让主要财产的；

③公司章程规定的营业期限届满或者章程规定的其他解散事由出现，股东会会议通过决议修改章程使公司存续的。

自股东会会议决议通过之日起六十日内，股东与公司不能达成股权收购协议的，股东可以自股东会会议决议通过之日起九十日内向人民法院提起诉讼。

《公司法》第一百四十二条第（四）款规定股份有限公司异议股东享有回购请求权的情形仅限于对公司合并、分立决议持有异议的股东。

（三）股东权利的内容与行使

股东权利是指股东基于投资所获得的法律上的权利，包括对其投资的占有、使用、收益和处分权，是法律上完整的所有权。占有是指将本次投资在公司章程中、公司股东名册以及工商登记文件、登记结算公司（上市公司）中列名为股东并记载持股数量的权利。收益权是获得公司分红、剩余财产分配的权利。处分权包括将公司股权对外转让、赠予以及将公司股权设置质押的权利。使用权范围比较广泛，具体如下。①表决权：参加股东大会、董事会行使重大事项表决权。②知情权：查询公司章程、股东名册、股东会/股东大会、董事会和监事会会议决议和记录，查询公司财务会计报告以了解公司经营状况（但具体会计账簿为公司内部信息，涉及诸多商业秘密，因此，若向公司要求查询具体会计账簿需要有合法的目的）。③决议撤销权：对无效或可撤销股东会/股东大会决议、董事会决议行使司法确认无效或撤销权（行使撤销权需在会议后60日内行使）。④股东诉讼权：董事和高级管理人员违反忠实、勤勉义务损害股东利益的，股东有权提起诉讼（第一百五十二条）；代位诉讼权则对有限责任公司股东持股比例和持股时间没有要求，但对股份有限公司股东的股东身份限定在“连续180以上单独或者合计持有公司1%以上股份的股东”（第一百五十一条）：董事、监事和高级管理人员违反忠实、勤勉义务给公司造成经济损失，但公司又怠于提起诉讼的，股东可以以自己的名义代公司提起诉讼。⑤异议股东回购请求权。⑥有限责任公司股东对外转让股权时原股东的优先受让权、增资时的优先认购权等。上述所列股东权利的行使都是股东的法定权利，与持股数量的多少没有关系。

股东权益也是可以量化的，即公司资产负债表中所有者权益项下的金额，包括股东原始投入、历年的资本公积和未分配利润，从数量上也等于公司资产减负债。例如，某公司2015年12月31日资产负债表中显示的所有者权益为人民币1.5亿元，则持有公司20%股份股东所享有公司权益的账面值即为人民币3000万元（1.5亿元×20%）。如果此时公司引进战略投资者，战略投资者对公司估值4亿元，则该20%股东所享有股东权益的市值即为人民币8000万元（4亿元×20%）。

股东权利既然是一项民事权利，则根据民法基本原理，股东权利是可以分割的，即股东可以将其全部或部分股东权利委托他人代为行使，如保留占有、收益和处分权，而将表决权委托他人行使等。这种股权处分权的行使只要不违背法律的禁止性规定、不损害其他人的利益都是合法有效的。

（四）需持有一定数量股权的股东才可以行使的权利

为防止恶意股东滥用股东权利，损害公司及其他股东利益，法律规定下列重要股东权利需要持有一定数量股权的股东才可以行使。

（1）持有公司10%以上表决权的股东有权向董事会提议召开临时股东会议，董事会收到股东上述要求时若不能履行或者不履行召集股东大会会议职责的，监事会应当及时召集和主持；监事会不召集和主持的，持有10%以上表决权的股东可以自行召集和主持。该条规定对股份公司的要求是享有上述权利的股东必须是连续90日以上单独或者合计持有公司10%以上股权的股东。

（2）股份公司单独或者合计持有公司3%以上股份的股东，可以在股东大会召开十日前提出临时提案并书面提交董事会；董事会应当在收到提案后两日内通知其他股东，并将该临时提案提交股东大会审议。临时提案的内容应当属于股东大会职权范围，并有明确议题和具体决议事项。

（3）董事、高级管理人员有《公司法》第一百四十九条规定的情形的（执行公司职务时违反法律、行政法规或者公司章程的规定，给公司造成损失的），有限责任公司的股东、股份有限公司连续一百八十日以上单独或者合计持有公司1%以上股份的股东，可以书面请求监事会或者不设监事会的有限责任公司的监事向人民法院提起诉讼；监事有《公司法》第一百四十九条规定的情形的，前述股东可以书面请求董事会或者不设董事会的有限责任公司的执行董事向人民法院提起诉讼。

监事会、不设监事会的有限责任公司的监事，或者董事会、执行董事收到前款规定的股东书面请求后拒绝提起诉讼，或者自收到请求之日起三十日内未提起诉讼，或者情况紧急、不立即提起诉讼将会使公司利益受到难以弥补的损害的，前款规定的股东有权为了公司的利益以自己的名义直接向人民法院提起诉讼（代位诉讼）。他人侵犯公司合法权益，给公司造成损失的，本条第一款规定的股东可以依照前两款的规定向人民法院提起诉讼。

（4）公司经营管理发生严重困难，继续存续会使股东利益受到重大损失，通过其他途径不能解决的，持有（单独或合计持有）公司全部股东表决权10%以上的股东，可以请求人民法院解散公司。

根据最高人民法院2008年5月5日发布并实施的《公司法》的司法解释（二）的规定，下列情形下被认定为“公司经营发生严重困难”：

（1）公司持续两年以上无法召开股东会或者股东大会，公司经营管理发生严重困难的；

（2）股东表决时无法达到法定或者公司章程规定的比例，持续两年以上不能做出有效的股东会或者股东大会决议，公司经营管理发生严重困难的；

（3）公司董事长期冲突，且无法通过股东会或者股东大会解决，公司经营管理发生严重困难的；

（4）经营管理发生其他严重困难，公司继续存续会使股东利益受到重大损失的情形。

上述（1）、（2）、（3）项情形发生时又称为“公司僵局”，即股东与股东之间、股东会与董事会之间、董事与董事之间的协调机制失灵。

（五）股东义务

股东对公司的义务包括积极义务和消极义务。积极义务只有一个，那就是如实出资。不及时、全面履行出资义务的表现：未按约定时间完成出资、出资的非货币资产实际价额明显低于章程所定价额、未如约办理实物资产的所有权转移手续等。上述行为构成该股东对公司和其他股东的违约，因此，公司或其他股东有权要求该股东按照约定继续履行出资义务，就非货币出资实际价额与章程所定价额之间的差额进行补足，限期办理所有权转移手续，只将已出资部分确认为股权，向其他股东承担赔偿责任，甚至有权将未出资股东除名。消极义务有几个：包括不能撤回出资，不能滥用控股权损害其他股东利益，不能滥用股东有限责任和公司有限责任损害公司债权人利益，不能利用关联关系损害公司利益。关于同业竞争，从理论上讲，在存在外来股东的情况下，股东不能与公司进行同业竞争，否则将损害外来股东的利益，当然，这种情况在私公司属于意思自治，允许各股东根据行业和市场、公司的实际情况进行协商，并做出安排。

（六）股权之争

股权之争主要指控股权之争，也包括股东之间的权益争议。实践中关于股东与股东权利行使出现问题的主要情形：一是公司设立时的股权架构安排不合理导致公司运营过程中出现股东权益之争；二是大股东滥用控股权引起其他股东不满；三是公司产品或服务模式不成功导致创始股东部分退出；四是公司引进外来投资者时新股东与创始股东之间发生股东权益冲突；五是股东在公司运营过程中对公司战略方向调整产生异议等。实践中，股东争议发生后很多股东不知道如何处理，不知道法律规定的救济方法，从而矛盾越积越深，最严重的情况是出现公司僵局并导致公司终止。

大股东滥用控股权的情形包括不向其他股东提供公司财务报告，对其他股东封闭公司经营和运行信息，不如期召集股东会和董事会，公司治理尤其是财务管理不规范，财务信息不能真实反映公司经营状况和经营成果，独断专横、不能听取其他股东关于公司运营和管理的意见，等等。

解决股东争议的方法主要是异议股东退出，维护公司的持续经营和独立性。即使到了诉讼阶段，法院在处理类似诉讼时的思路也是着重调解，尊重公司自治，穷尽内部救济。一般是小股东退出，也有大股东退出的情况。当然，退出的价格是关键：公司账面值还是审计值或评估值？从价格角度讲，小股东价格和控股权价格是不一样的，控股权价格要高。在实践中，有个股东争议项目就出现了这样的情况，双方比例相差不大，都不想退出，而想让对方退出，最后，我提的建议是同等价格，约定一个时间让各方准备资金，届时资金备齐的一方收购对方股权，对方退出。

防止和解决股东争议情形发生的对策有四：一是事先做好安排，相对公平设定各方权利和义务，一旦制度设定失衡，未来必然发生偏差；二是各方股东依法行使权利、履行义务，守好自己的行为边界；三是发生争议时能够本着共益性原则求同存异，以公司存续和发展为最大目标，理性决策，不意气用事；四是董事要在实践中贯彻好股东平等和股东民主的原则，公平对待所有股东，董事会不能越权代股东决策，不能越权控制公司，不主动制造事端，并能够在股东之间争议发生时发挥积极的协调作用。

五　董事、监事与经理层

董事、监事、经理均为自然人，董监高基于信托原理，受股东委托，代股东行使对公司重大事项的表决权和经营管理权。监事代表股东行使对董事和经理层的监督权。经理包括总经理一名、副总经理若干，如分管生产、销售、财务、技术的副总经理，上市公司还应当设董事会秘书岗位，专职负责公司信息披露事项。一般而言，总经理、副总经理、财务负责人、董事会秘书均为公司高级管理人员，公司还可以在章程中约定其他属于高级管理人员的范围。

（一）任职资格

董事、监事与公司经理层管理人员以其专业知识和技能为公司提供决策和经营管理事务，因此，对于董事和高级管理人员的任职资格，《公司法》第一百四十六条有消极条件的规定：

（1）无民事行为能力或者限制民事行为能力；

（2）因贪污、贿赂、侵占财产、挪用财产或者破坏社会主义市场经济秩序，被判处刑罚，执行期满未逾五年，或者因犯罪被剥夺政治权利，执行期满未逾五年；

（3）担任破产清算的公司、企业的董事或者厂长、经理，对该公司、企业的破产负有个人责任的，自该公司、企业破产清算完结之日起未逾三年；

（4）担任因违法被吊销营业执照、责令关闭的公司、企业的法定代表人，并负有个人责任的，自该公司、企业被吊销营业执照之日起未逾三年；

（5）个人所负数额较大的债务到期未清偿。

实践中一般还要考虑该等人员与上家公司是否依法解除了劳动合同、是否存在未了事项、上家对其有无竞业禁止的限制等。关于提出个人所负大额到期债务的条件，我们的理解是基于如下两个原因考虑：一是这种数额较大的个人债务产生的原因是什么？是否在此前生产经营过程中因经营能力不够而导致错误决策？二是作为公司代理人如果存在大额到期债务，则可能会影响其对公司的管理行为，如短期行为、发生职务侵占的风险等。

（二）忠实与勤勉义务

董事、监事、高级管理人员应当遵守法律、行政法规和公司章程，对公司负有忠实义务和勤勉义务。这是职业经理人的法定义务，也是为防止代理人滥用代理权损害公司利益，从而最终损害股东利益的行为发生。

法律规定的忠实与勤勉尽责具体如下。

（1）第一百四十七、第一百四十八条规定董监高不得利用职权收受贿赂或者其他非法收入，不得侵占公司的财产，并不得有下列行为：

①挪用公司资金；

②将公司资金以其个人名义或者以其他个人名义开立账户存储；

③违反公司章程的规定，未经股东会、股东大会或者董事会同意，将公司资金借贷给他人或者以公司财产为他人提供担保；

④违反公司章程的规定或者未经股东会/股东大会同意，与本公司订立合同或者进行交易（自我交易）；

⑤未经股东会或者股东大会同意，利用职务便利为自己或者他人谋取属于公司的商业机会，自营或者为他人经营与所任职公司同类的业务（竞业禁止）；

⑥接受他人与公司交易的佣金归为己有；

⑦擅自披露公司秘密；

⑧违反对公司忠实义务的其他行为。

董监高违反前款规定所得的收入应当归公司所有，也称公司的归入权。

（2）第一百四十一条规定，上市公司董事、监事和高级管理人员，在公司股票上市期间，其所持有的公司股份还需要遵循如下规定："公司董事、监事、高级管理人员应当向公司申报所持有的本公司的股份及其变动情况，在任职期间每年转让的股份不得超过其所持有本公司股份总数的百分之二十五；所持本公司股份自公司股票上市交易之日起一年内不得转让。上述人员离职后半年内，不得转让其所持有的本公司股份。"上述股票禁售为《公司法》的强制性规定，"公司章程可以对公司董事、监事、高级管理人员转让其所持有的本公司股份作出其他限制性规定。"但公司章程的规定只能严于上述规定，不能宽于上述规定。除股份禁售外，上市公司董事、监事和高级管理人员还要遵守不得利用内部信息进行内幕交易的规定。

（3）除上述《公司法》的规定外，对于公众公司而言，证监会通过部门规章的方式，对公众公司董监高提出了更明确的要求，如《上市公司收购管理办法》第八条规定："被收购公司的董事、监事、高级管理人员对公司负有忠实义务和勤勉义务，应当公平对待收购本公司的所有收购人。被收购公司董事会针对收购所做出的决策及采取的措施，应当有利于维护公司及其股东的利益，不得滥用职权对收购设置不适当的障碍，不得利用公司资源向收购人提供任何形式的财务资助，不得损害公司及其股东的合法权益。”第三十三条规定：“收购人作出提示性公告后至要约收购完成前，被收购公司除继续从事正常的经营活动或者执行股东大会已经作出的决议外，未经股东大会批准，被收购公司董事会不得通过处置公司资产、对外投资、调整公司主要业务、担保、贷款等方式，对公司的资产、负债、权益或者经营成果造成重大影响。”

（三）困惑：董监高忠实与勤勉义务的对象是股东还是公司

这是实践中经常出现的问题，尤其是当股东意见不一致的时候，董事们如何表决就会成为难题。就这个问题，我们可以从两方面来看，首先，看董事、监事的选任程序，由于外资公司董事会为最高权力机构，因此外资公司对董事实行委派制，一旦股东委派即为通过并有效。除此之外，对于其他公司来讲，股东仅仅是提名，最终由公司股东会/股东大会选举或解聘，也就是说，即使股东提名，在差额选举、累计投票制度下，最终股东会/股东大会是完全可以不同意股东的提名的。根据本书第一章“公司的法律意义”所述，大家一定要明确：首先，股东会/股东大会是公司意思机关，而公司是独立于股东的。其次，董事、监事选举产生后以公司名义工作，公司支付报酬，其工作的法律后果也是由公司而不是股东承担和享有。经过这样的分析，大家应该很清楚这个问题的答案了。

最近资本市场给了大家一个鲜活的案例——万科事件。2016年6月17日，万科董事会审议重大资产重组预案中，华润委派的3名董事投了反对票，大家可以仔细看看反对的理由：“①近期深圳土地市场异常火热，在此时点大举增加深圳土地储备的风险加大；②考虑到税费，本次注入的项目实际土地楼面价格将上升，将对项目盈利能力构成压力；③地铁项目一般会受到多个政府部门监管，同时对地铁上盖物业的规划设计、建筑质量等有一定的限制或特殊要求，将提高对项目开发的技术性要求、增大对整个开发进程控制的难度，从而影响项目的开发进度及开发成本；④本次项目规模较大，开发周期及资金回收期较长，导致短期内难以实现收入，现有股东在2016～2018年的每股盈利将被摊薄；⑤公司与地铁集团较适合采用在项目层面合作的方式；⑥公司可通过债权融资支付全部交易对价，无须发行大量股票。”从上述理由看，董事的反对票出发点都是公司利益而不是华润。

所以，各位公司董监高应当非常清楚地认识自己的义务与责任：董事、监事受股东委派或股东会选举产生，一旦选举产生后，其服务对象是公司，忠实和勤勉义务的对象也是公司，而不是股东，更不是原来委派自己做董事、监事的股东。因此，董监高要公平对待所有股东，在工作中切实贯彻股东平等和股东民主的原则。归位而不越位，守住自己的行为边界，不要为公司制造股东争议。公司顺利发展，大家都无事；一旦出现问题，股东代位诉讼，要追究哪位的责任，法律上还是成立的。

（四）错误行为应当承担的法律后果

作为代理人，董监高及职业经理人执行公司职务时违反法律、行政法规或者公司章程的规定，给公司造成损失的法律后果当然是承担赔偿责任。鉴于公司经营行为的市场不确定性，法律上认定构成赔偿的前提是过错，包括故意和重大过失。国内上市公司董监高因为上市造假、上市后信息披露违规、内幕交易等情形受到证监会处罚、股东诉讼从而承担法律责任的情形较多，大家在后面的IPO及信息披露专题中会见到，这些在私公司尚不多见。私公司不多见不是因为没有发生赔偿责任的情形，而是因为大多数私公司外部董事、执业经理人不多，控股股东或股东基本自行参与公司重大事项决策和经营管理，所以，责任难以划分得清楚。

董事在业务过程中因为过错承担赔偿责任的例外是如果董事在该次董事会会议上投了反对票并记录在案，则可以免责。另外，美国普通法中应用多年的商业判断原则虽然在我国法律中尚无明确规定，但我们认为司法实践中董事还是可以以此为理由进行抗辩的。

商业判断原则（The Business Judgement Rule）又被译为经营判断规则、业务判断规则，在普通法上已经存在并发展了近150年，是美国公司法及判例法上的一个重要原则。根据《布莱克法律词典》的解释，商业判断原则是指豁免管理者在公司业务方面承担过错责任的一个规则，其前提是该业务在公司经营范围和管理者权限范围之内，并且有事实表明该业务是善意的。从经济学的角度讲，公司作为一种营利主体，在追求利润最大化的过程中，本身就必须要承受经营失败的危险。从法律的视角来看，在某些情况下，即使董事充分履行了自己的注意义务，依然可能做出失误甚至错误的商业判断。显然，经济学上的管理失误并不当然地导致公司法上的过失和责任。因此，为实现公司利益与董事利益之间的平衡，美国法院在长期的司法实践中逐步概括出了一项“商事判断规则”，试图在一般的经营管理失误与法律上的经营过失责任之间划出界线。即公司董事在做出一项商事经营判断和决策时，如果出于善意，尽到了注意义务，并获得了合理的信息根据，那么即使该项决策是错误的，董事亦可免于承担法律上的责任。因此，商事经营判断规则的实质是将董事的责任限制在一个合理的范围之内。

董事主张商业判断原则的保护，应同时具备以下条件：

第一，董事的行为只限于商业判断的场合；

第二，董事遵守了忠实义务，商业判断中不含有其个人利益与公司利益之间的冲突。即商业判断原则仅适用于董事对注意义务的违反，而不适用于董事对忠实义务的违反；

第三，董事获取的据以做出商业判断原则的信息在当时有理由被其认为是充分和准确的；

第四，董事有充分的理由认为其商业判断原则最为符合公司利益；

第五，董事在做出商业判断时不存在重大过失；

第六，商业判断本身不违反法律、法规或公司章程的规定。

（五）如何成功引入职业经理人

职业经理人的大范围存在已经是公司社会化和现代化的发展标志，无论是家族企业、社会化公司还是上市公司，职业经理人的聘用和社会化都是现代化公司不可避免的选择。同时，职业经理人作为代理人给公司、股东带来的风险也不容忽视，一是代理人风险，即代理人做事、被代理人承担法律后果，所谓花别人的钱不心痛；二是内部人控制，职业经理人如果联合起来绑架了股东，将使公司控制权从股东会中心主义转向董事会中心主义；三是违背忠实义务，在外从事与公司相竞争的业务，利用公司商业机会自己获利。因此，如何用好职业经理人，使公司、股东的利益与职业经理人的利益能够更好地结合，最大限度地激励职业经理人，防范职业经理人的代理风险以及内部控制风险，既需要各公司股东事先考虑和安排好，也是全社会需要考虑的问题。

实践中职业经理人引入不成功案例随处可见，导致合作不成功的原因很多。

首先，文化冲突是核心因素，在私公司状态下经过多年的发展，公司已形成了自己独特的文化，如果没有宽容、积极的文化氛围，则很难令执业经理人生存。其次，合适的时机也非常重要，所谓“打扫干净屋子再请客”就是这个道理。如果公司还没有解决盈利模式问题，对于未来运作没有规划和预期，公司未来没有可以预见的前景，公司股东层面中家族架构的矛盾还没解决，那么就很难引进职业经理人。这个问题在国内家族企业交接阶段表现得非常突出。最后是适当的技术手段，包括对职业经理人合理、科学的激励、约束与考核机制的应用都非常重要。

中国的职业经理人队伍从无到有，伴随着改革开放的进程逐步成熟起来，我们欣喜地看到，一支有着良好执业道德和专业技术水平的职业经理人队伍正在形成中。他们在各行各业、规模不一的企业中担当公司的代理人，活跃着中国的市场经济。

六　私公司的组织架构和法人治理

法人治理是管理用语，是指法人治理结构，又译为公司治理（Corporate Governance），是现代企业制度中最重要的组织架构。很多人认为公司只要做好业务、技术、生产与销售就够了，公司治理是空洞的，没有具体意义。其实不然，在多年的公司证券法律业务实践中，我们深切地感受到，公司治理是看得见、摸得着的，好的公司治理一定是有价值的，最终能够给公司和股东带来利益；同样，坏的公司治理一定会让公司承担代价，并最终给公司和股东带来利益上的损失。

公司治理分两个层面，第一层面主要是指公司股东、董事、监事及经理层之间的关系，第二层面是公司内部组织机构设置以及各机构之间的关系，如技术研发、生产、销售、财务、后勤等部门之间的机构设置、职责划分以及各部门之间管理衔接与监督之间的关系。对于第一个层面的公司治理，法律有一定的强制性规定，对于私公司而言，允许公司在遵守法律禁止性规定的前提下做出一定的自由安排。对于第二层面，法律不管，是绝对的意思自治，但由于公司管理具备一定的规律性，企业管理也是一门独立的学科，第二层面的公司治理有可以遵循的市场经济规律和惯例。两个层面的公司治理合在一起就建起了公司内部的立体架构，像城市的立交桥，支撑着公司的运营。

公司治理有好坏之分，我们发现现在许多冠以“公司”称谓的企业还没有真正建立起法人治理，仍然处于个体户的状态——从公司治理的第一层面讲，没有建立起科学的决策机制，老板自己拍脑袋，董事会形同虚设，不能发出不同的声音；从公司治理的第二层面讲，内部机构的设置职能交叉、缺失或运行效率低下，不相容职务（指可行性研究与决策审批、决策审批与执行、执行与监督，如会计与出纳）没有相互分离，高级管理人员和关键岗位没有实行定期轮岗制，公司采购没有按照请购、审批、购买、验收和付款进行流程管理，存在销售舞弊等内控严重缺陷的情形。好的公司治理一定是有价值的，真正决定公司能够走得更远的一定是良好的公司治理，公司通过资本市场获得的最大帮助也是公司治理水平的提升。同样，公司运营失败的原因无数，排除技术、产品或服务模式不成功外，集中到一点，一定是公司治理上出了问题，尤其是第一层面的决策环节存在重大缺陷。正是基于这个角度，本书特别强调公司治理的重要性并积极倡导公司按照内控 18 条的指引，逐步建立和健全良好的公司治理。

由于目前国内股份公司设立一般与公开发行股票并上市有关，因此，不以上市为目的采取发起设立或变更设立的股份公司在实践中很少出现。实践中存在的不以上市为目的设立的股份公司一般为股东人数不多的公司发起设立，发起人也是基于人合而设立公司，尚达不到资合的状态，主要发起人或全部发起人一般都会参与到公司生产经营活动中。因此，这种情况下的股份公司组织结构与公司治理与有限责任公司并无根本不同，公司的运营不涉及不特定的多数主体的利益，不具备公众性，所以，本专题我们将这两种情况合在一起表述。

（一）公司治理的第一层面——公司组织机构与股东会、董事会、监事会、经理层职权划分

《公司法》规定的一般公司包括有限责任公司和股份有限公司，组织架构包括股东会/股东大会（有限责任公司称股东会，股份有限公司称股东大会）、董事会、经理层和监事会职权划分。股东人数较少或公司规模比较小的公司经股东会同意，也可以不设立董事会而只设一名执行董事，不设立监事会而只设一名或两名监事。一般而言，董事长或执行董事是公司法定代表人。

1. 股东会

股东会是公司最高权力机构，由股东组成，决定涉及股东权益的重大事项：

（1）决定公司的经营方针和投资计划；

（2）选举和更换非由职工代表担任的董事、监事，决定有关董事、监事的报酬事项；

（3）审议批准董事会的报告；

（4）审议批准监事会或者监事的报告；

（5）审议批准公司的年度财务预算方案、决算方案；

（6）审议批准公司的利润分配方案和弥补亏损方案；

（7）对公司增加或者减少注册资本作出决议；

（8）对发行公司债券作出决议；

（9）对公司合并、分立、变更公司形式、解散和清算等事项作出决议；

（10）修改公司章程；

（11）公司章程规定的其他职权。

上述事项中注册资本的增减、公司分立、合并、变更公司组

织形式、解散和清算、修改章程为特别事项，有限公司需要全体股东所持表决权的2/3以上多数通过，其他事项为普通事项，需要全体股东所持表决权的过半数通过。需要特别说明的是，股份有限公司与有限责任公司表决权计算的基础不一样，有限责任公司是以全体股东所持股权数量为计算标准，而股份有限公司是以参加会议行使表决权的股份数量为计算标准。举例说明，某股份公司总股本为3000万股，股东大会审议公司减资事项，如果到会行使表决权（包括未到会但委托其他股东行使表决权）的股份数量为1400万股，该议案同意票为1000万股，反对票为400万股，则该决议获得通过。

另外，上述规定为基础规定，公司可以通过章程对需要股东大会通过的事项进行增加，但不能减少，如增加对外担保、资产处置等，也可以将需要股东大会通过事项的比例进行调整，如特殊事项规定通过比例可以超过2/3，但不能低于2/3。一般而言，考虑到实际情况，并满足效率的要求，实践中有股东提出增加部分事项为需要股东会一致通过的情形，我们认为这种要求在实践中难以实施，会导致股东会无法形成决议从而导致公司僵局。

股东会分年度股东会和临时股东会，年度股东会一年一次，一般于公司财务年度结束后召开，临时股东根据公司实际情况和需要进行召开，持有公司10%以上股权的股东、1/3以上的董事、监事会（不设监事会的公司监事）均可以向公司董事会提议召开临时股东会，一旦提议，董事会应当召集。董事会不召集的，则应当由监事会召集，监事会不召集的，持有10%以上表决权的股东可以自行召集和召开。股东会由董事会或执行董事召集，第一次会议由持股最多的股东召集。股东会一般由公司董事长主持召开，董事长不能主持的可以委托副董事长主持，也可以由董事会共同推选一名董事主持。

2. 董事会

董事会由董事组成，董事来源于股东或董事会提名，为股东会授权管理机构，对股东会负责，受股东会监督，行使下列职权：

（1）召集股东会会议，并向股东会报告工作；

（2）执行股东会的决议；

（3）决定公司的经营计划和投资方案；

（4）制订公司的年度财务预算方案、决算方案，报股东会批准；

（5）制订公司的利润分配方案和弥补亏损方案，报股东会批准；

（6）制订公司增加或者减少注册资本以及发行公司债券的方案，报股东会批准；

（7）制订公司合并、分立、变更公司形式，以及解散的方案，报股东会批准；

（8）决定公司内部管理机构的设置；

（9）决定聘任或者解聘公司经理及其报酬事项，并根据经理的提名决定聘任或者解聘公司副经理、财务负责人及其报酬事项；

（10）制定公司的基本管理制度；

（11）公司章程规定的其他职权。

那么，上述法律规定的职权中，关于股东会决定的经营方针和投资计划以及董事会决定的公司经营计划和投资方案在实践中如何区分？我们在工作实践中一般根据投资项目与公司目前主营业务之间的关系以及投资规模等可以量化的因素来具体区分股东会和董事会在公司经营和投资方面的权限。例如，可以约定超过公司主营业务范围的经营计划与投资一律由股东会决定，而主营业务范围内的经营计划与投资可以按照一定数量进行设定，如达到或超过目前净资产30%且绝对额达到或超过人民币3000万元的对外投资由股东会决定，而低于该标准的则可以授权董事会决定。

董事会也分为年度董事会和临时董事会，一般可以约定由过半数董事出席且到会董事的过半数通过的决议为有效决议或者约定更高要求。

有限责任公司的董事会一般由 3 ~ 13 人组成，人数一般为单数，董事会表决时按照 1 人 1 票的方式进行。

3. 经理

经理为公司日常经营管理组织机构，由董事会聘任或解聘，并受董事会委托进行日常工作，具体工作内容如下：

（1）主持公司的生产经营管理工作，组织实施董事会决议；

（2）组织实施公司年度经营计划和投资方案；

（3）拟订公司内部管理机构设置方案，报董事会批准；

（4）拟订公司的基本管理制度，报董事会批准；

（5）制定公司的具体规章；

（6）提请聘任或者解聘公司副经理、财务负责人，报董事会批准；

（7）决定聘任或者解聘除应由董事会决定聘任或者解聘以外的负责管理人员；

（8）董事会授予的其他职权。

4. 监事会

设立监事会为目前大陆法系国家采取的做法，该机构设置的本意是对公司董事和高级管理人员是否勤勉尽责地履行职务、是否有损害公司利益的行为进行监督。实践中，公司正常运作情况下监事会发挥的作用不是很大。当然，如果出现控股权之争、公司僵局，监事会还是可以发挥作用的。一般而言，公司设立时的监事由股东委派，董事和高级管理人员不能兼任公司监事。监事会设一名监事会主席。规模较小的公司可以不设监事会，可以设一名监事或两名监事。

监事的权限如下：

（1）检查公司财务；

（2）对董事、高级管理人员执行公司职务的行为进行监督，对违反法律、行政法规、公司章程或者股东会决议的董事和高级管理人员提出罢免的建议；

（3）当董事、高级管理人员的行为损害公司的利益时，要求董事、高级管理人员予以纠正；

（4）提议召开临时股东会会议，在董事会不履行《公司法》规定的召集和主持股东会会议职责时召集和主持股东会会议；

（5）向股东会会议提出提案；

（6）依照《公司法》第一百五十一条的规定，对董事、高级管理人员提起诉讼；

（7）公司章程规定的其他职权。

（二）私公司在公司架构和第一层面公司治理上的意思自治

上述公司组织架构构成了公司法人治理的基础，一般而言，私公司股东人数较少，基本亲自参与管理、不涉及更多外部股东利益，因此，《公司法》在法人治理上给予有限责任公司更多的意思自治。满足效率和相对公平的原则，实现公司在市场经济条件下快速反应、生存的目标。因此，公司在设立和经营过程中需要知悉并根据公司实际情况用好这些意思自治。根据《公司法》规定，有限责任公司在遵守法律强制性规定的前提下，就公司治理可以自由约定的主要事项如下。

（1）设立董事会还是执行董事？设立监事会还是一到两名监事？董事会成员人数？董事人选构成？

（2）股东会、董事会、经理层的职权在具体事项上的划分，如在未设置董事会或者董事会成员与股东会完全重合的情况下，董事会的权限可以分割为股东会和经理层；虽然设置了董事会但董事会的决策能力有限、尚不足以胜任的，股东会就可以适当限制董事会的权限；董事会能够担当决策重任的，就可以参考法律规定，实事求是地进行权限设置，如实行财务预算的公司，可以根据股东会批准的预算对董事会、经理层在预算范围内进行授权，将预算外支出和非经常性事务处置权限收归股东会。但是，涉及股东权益的、属于股东会法定权限的不能下调至董事会。

股东会和董事会在对外投资、资产购买与处置等事项上权限如何划分？目前一般按照三个标准处理：①是经常性业务还是非经常性业务？②是否与主营业务相关？③看资产规模，可以参考《公司法》第一百二十一条规定，根据公司资产和净资产规模、资产或业务产生的销售收入、净利润等指标，对拟收购、处置资产进行量化，既可以有比例上的量化，也可以有绝对额上的规定，通过复合指标，根据公司实际情况，合理确定股东会和董事会在重大资产购买、处置上的权限。

（3）股东会的议事方式和表决程序，如会议通知、召集、召开程序，议案的提起、表决程序，记录工作，等等。《公司法》规定按照持股比例进行表决，但是全体股东可以约定不按持股比例进行表决，如赋予业务和技术股东更多表决权。公司还可以约定一致行动人，某些股东可以一致行动，按照同一声音在股东会上行使表决权。会议的通知方式和时间，以及是否可以不召开股东会而直接签署股东会决议等事项均可由章程自由约定。

（4）董事会的议事方式和表决程序，《公司法》规定按照1人1票进行表决，但是公司也可以约定不同的表决方式，如要求必须有过半数或2/3以上董事到会方可开会，董事会审议事项必须有全体董事的过半数通过方为有效，以及在同意票和反对票相同的情况下赋予公司创始人或董事长或执行董事多投一票的权利。会议的通知方式和通知时间、董事会的任期也可以约定，如董事分期制，规定每次改选的董事不超过董事会全部成员的1/3。这些约定也可以构成公司的反收购策略。

（5）监事会的议事方式和表决程序，除《公司法》规定之外，公司也可以自由约定。

（6）高管的范围等。

上述关于公司组织机构和公司治理的安排都可以写到公司章程中，便于公司在经营过程中根据公司实际情况灵活运用。

经过上述分析，我们可以很清晰地看到，有限责任公司和非上市股份有限公司在公司组织结构和公司治理上的基本特点是在符合法律最低要求基础上的意思自治，这种自由约定的权利边界即为不违反法律的禁止性规定，也就是《公司法》上的强制性规定。

（三）第一层面公司治理失效

实践中发生大量公司第一层面治理失效的情形，如股东会会议机制失效；股东会和董事会权限划分不科学，如缺乏监督机制；股东会和董事会决策程序不科学，错误决策。第一层面公司治理失效后果要么是股东争议，要么是股东与股东之间、股东会与董事会之间、董事与董事之间协调机制失灵，形成公司僵局，要么是公司失败。

说几个公司失败的案例。这么多年来，我自己的客户中就有三个本来要 IPO 或挂牌新三板的项目目前已经进入了清算状态。其中，一个是盈利能力非常好的化工企业将经营性现金流用于购买土地、新上项目并建设现代标准的车间和厂房，将流动资产变成了不动产，资金链断裂；一个是生物提取项目，中试结束后引进外部资金，因资金需求大，所以，外来股东就做了大股东，然而项目投产建设和试运营时间较长，迟迟没有达产达效，大股东无法忍受，于是，原来的创始人溢价收购了大股东股权，使用的资金为公司借款，从此公司一蹶不振；第三个是净水项目，老板一直为自己有良好的银行融资能力而骄傲，为公司融资做了大规模的银行贷款和互保，为筹集过桥资金又寻找高利贷，然而公司负债规模扩大的同时产品的销售收入没有相应增长，最后在 2014 年银行一次抽回贷款的情况下轰然倒下。这三个项目看起来都是资金链出现了问题，其实质是股东会、董事会层面决策上出现了错误，都可以归集为公司治理的严重缺陷。所以，坏的公司治理一定是有成本和代价的。

（四）第二层面的公司治理——内控 18 条与 OECD《公司治理准则》

公司治理的第二层面，是指公司内部组织架构和部门设置以及各部门之间的管理职责、权限、各部门之间的衔接与监督。由于公司千差万别，第二个层面的公司治理更是绝对的意思自治，即公司在遵循管理普遍性和规律性的前提下，可以根据自己的实际情况，做实事求是的安排与设定。讲到这一层面的公司治理，不能不提及内控 18 条，这是 2010 年 4 月 15 日财政部、证监会、银监会、审计署和保监会联合发布的《企业内部控制应用指引》，依据是财政部颁布并于 2009 年 7 月 1 日开始实施的《企业内部控制基本规范》，适用于大中型企业和上市公司。在 IPO 过程中证监会要求拟上市公司按照内控 18 条的要求实施内控制度，并做出年度《企业内部控制评价报告》，同时由会计师事务所就公司内控制度实施情况做出年度《企业内部控制审计报告》。上市公司要求每年做出这两项报告并公告。

《企业内部控制应用指引》中具体列示了 18 项，简称内控 18 条，具体包括组织架构、发展战略、人力资源、社会责任、企业文化、资金活动、采购业务、销售业务、研究与开发、资产管理、工程项目、担保业务、业务外包、财务报告、全面预算、合同管理、内部信息传递、信息系统 18 个方面的内容。上述指引既体现了管理学上的规律性，也是无数公司失败案例的教训汇总。我们在公司上市过程中体会到这个内控 18 条还是很实用的，所以，本书将内控 18 条放在后面供大家查阅。对于尚未按照内控 18 条建立健全内控制度的公司来说，可以对照这 18 条对自己公司的内控制度实施情况进行评价，并在有条件下的情况下逐步按照该指引健全、完善公司的内控制度。

讲到公司治理，还需要提及的是 1999 年 5 月由经济合作与发展组织（OECD）理事会正式通过的《公司治理准则》，它是第一个政府间为公司治理结构开发出的国际标准，并得到国际社会的积极响应。其主要内容如下。

（1）公司治理结构框架应当维护股东的权利。

（2）公司治理结构框架应当确保包括小股东和外国股东在内的全体股东受到平等的待遇；如果股东的权利受到损害，他们应有机会得到补偿。

（3）公司治理结构框架应当确认利益相关者的合法权利，并且鼓励公司和利益相关者为创造财富和工作机会以及为保持企业财务健全而积极地进行合作。

（4）公司治理结构框架应当保证及时准确地披露与公司有关的任何重大问题，包括财务状况、经营状况、所有权状况和公司治理状况的信息。

（5）公司治理结构框架应确保董事会对公司的战略性指导和对管理人员的有效监督，并确保董事会对公司和股东负责。

我们很高兴地看到，日益发达的信息化工具为公司第二层面的公司治理提供了现代化的手段，公司可以有效运用信息化工具，通过人、财、事三个角度对公司进行流程化管理，从而大大提高管理效率和科学管理水平。

（五）良好的公司治理

改革开放三十多年的时间里，我国的公司从起步到成长、发展并具备了一定的规模，但在公司治理方面要走的路还很长，在本轮经济走势趋缓行情下若干公司倒闭就是实例。

公司治理不是一成不变的，需要适合公司的实际情况。所谓适合公司是指适合公司所处的行业、公司规模和发展阶段，不以形式上各机构的设立和完备为判断标准，而以公司能够抓住市场机会，做出符合市场经济条件、行业和公司基本情况的正确决定、正确的决定能够在公司得到有效的实施、公司能够按照计划完成自己的生存和发展阶段目标为判断标准。

在公司设立后的初始阶段，股东人数不多，基本也没有什么职业经理人的加入，不需要设立董事会和监事会，可只设一个执行董事兼任经理、一名监事，内部机构和部门设置也可以简单高效，除必要的产、供、销外，其他后勤管理部门合署办公，不再单设，这是适合公司的。等公司解决了生存问题，度过了生存阶段，就应该自觉地进行公司治理方面的建设。因为到了这个阶段，经营规模扩大后公司的经营和决策风险也加大了，随着战略投资者和财务投资者的引入，股东会里会出现不同的声音，职业经理人也能够引入了，这时就需要选举有更好的行业和专业背景的董事参与到公司董事会中，董事长也不需要兼任总经理了，公司可以根据自己的实际情况逐步夯实和完备自己的法人治理，建立健全董事会、经理层，重新调整和设置内部机构和部门，增加法务、审计、投资、信息化等必要的管理部门，建立管理架构上的合理分权、衔接与监督，使公司能够获得更好的组织架构，完成发展的目标。

如何评价公司治理的水平，何为良好的公司治理？我们认为有三个层面的标准：一是根据行业和公司特点制定了公司中长期战略和发展规划；二是制定了科学、完善的公司组织架构和管理体系以及相关制度，管理体系的建立符合适当分权、监督和高效的原则，且在实践中得到了切实的执行，能够保证公司业务和业绩的完成，并防范重大风险；三是公司能够随时应对市场变化，对重大事项做出科学、高效的决策，并最大限度地防止错误决策的风险。好的公司治理的外在判断标准从短期看是公司规模和财务盈利是否有适度增长、公司在同行业中是否有核心竞争力，对于公众公司而言，则是有竞争力的股票价格；从长期看是公司是否获得了长足的发展，能否走得更远从而能够承担更多的社会责任。

当前全球经济低迷的外部环境对公司治理提出了更高的要求，原有的简单、粗放的管理模式显然无法应对这种严苛的外部环境。因此，公司需要借此时机认真检查自己的内控体系，无论是否要上市，都需要与时俱进，下大力气做好公司治理，有计划、有步骤地提升公司治理水平；否则，在当前经济环境下不仅无法完成持续发展的目标，就算是维持生存状态都会有困难，在并购浪潮中被并购的机会也有限。

（六）“罗伯特议事规则”

在公司治理专题中，给大家介绍一下“罗伯特议事规则”（Robert's Rules of Order）。《罗伯特议事规则》一书首次出版于1876年，作者为亨利·马丁·罗伯特将军，一位美国军人。该规则正是以他名字命名的。“罗伯特议事规则”是关于各种组织和会议召集、召开、协商的通用议事规则，对于公司治理机制的建立也非常有用——“离开了规则，每个人都自由行事，结果就是每个人都得不到真正的自由”（亨利·罗伯特）。

该书“通用议事规则的基本原则”部分指出：“‘通用议事规则’在构建时的一个核心原则，就是要谨慎仔细地平衡组织和会议中个人和群体的权利，包括多数方的权利、少数方的权利、每个成员的权利、缺席者的权利以及所有上述人群作为一个整体的权利。‘通用议事规则’使一个组织的全体成员通过会议协商的方式表达其总体的意愿。全体成员按照自己的意愿选出领导人，并将一部分权力交给领导人，但同时，又必须明确地保留指定的权力，使组织仍然能够直接控制自身的事务，避免领导人的权力过大，避免领导人将自己的意志强加在组织的头上。”①

如果大家有时间、有兴趣，可以读读这本书。

---

① 〔美〕亨利·罗伯特：《罗伯特议事规则》（第10版），袁天鹏、孙涤译，“通用议事规则的根本原则”，格致出版社、上海人民出版社，1876。

七　外部投资者引进

外部投资者是广义的概念，既包括公司设立和运行前期的天使投资人、VC、PE，也包括后期的战略投资者和非战略投资者（财务投资者）。战略投资者会基于产业整合的考虑，在给公司资金支持的同时，在行业和公司战略发展上给予公司更多的资源和支持。财务投资者对公司的支持更多是资金方面，财务投资者更强调投资项目的收益。公司在发展阶段主动引进的外来投资者的投资方式多为参股，不以控股或全资收购为目的。外来投资者一般青睐已经完成生存期目标的公司，这时候公司在行业、财务数据上已具有一定规模，未来可期或者能够达到上市或被并购目标，投资者进入后一方面能够帮助公司实现快速扩张的目标，同时实现投资收益；另一方面，能很快退出。最近几年，自然人以及自然人与机构合资设立的投资公司、国有引导基金、政府投资平台、大集团/上市公司设立的投资公司等各种投资者确实是活跃在我国市场经济尤其是资本市场中的一支大军，活跃着我们的市场经济。

（一）合适的时机

除天使投资外，公司什么时间需要外来投资者？这是实践中公司创始人和经理层需要首先想清楚的问题。简而言之，可以这样表述：公司在创始人的带领下已经初具规模，未来还有发展的主观愿望，但在资金、人才和市场以及公司治理和战略等方面需要更多帮助的时候需要外来投资者。公司自己想清楚了，就可以与市场上的战略投资者更好地对接，在合适的时间选择了适合自己的投资者，就是正确的选择。在这个问题上，需要特别提示公司创始人、实际控制人和管理层的是，外来投资者的引进意味着公司至少进入了现代公司管理模式，或者更多地与未来进入资本市场有关，一旦启动就很难停止，因此，如果尚不具备驾驭的能力，一定要缓一缓。

（二）合适的投资者

什么样的投资者是适合公司的？是战略投资者还是财务投资者？或者公司是先需要战略投资者还是先需要财务投资者？投资者是国有企业还是上市公司？这是原股东、董事会与管理层需要考虑清楚的问题。何谓合适？答案一定是见仁见智。除了“救命钱”外，对于投资者的选择要从长计议，不能草率。因为正确的选择是引进外来投资者成功的首要条件，所以，要慎重。这是公司与投资者的双向选择，在这个选择过程中，公司是主角和主体。这就如同选择生活伙伴，适合自己的才是最好的。因此，选择投资者时，双方首先要价值观相当，然后是能够互补，双方互有优势，未来能够实现优势互补，达到共赢。

（三）与外来投资者进行商务谈判时需注意的几个问题

与外来投资者商务谈判涉及的几个核心问题：公司价值的评估、未来发展规划尤其是资本市场发展目标、业绩对赌和退出等。外来投资者一般不参与经营管理，因此会在公司治理上对股东会、董事会和经理层职权有特别的要求，对公司现存的同业竞争、关联交易提出规范要求、对盈利模式和战略规划提出更高要求，但要求董事会上的一票否决权也是不务实的。

对于公司价值，目前市场上主要采取市盈率法，即以某一时间为基准日的经审计的利润乘以市盈率倍数而计算的公司价值。净现金流（净利润+折旧）也是一个可以考虑的指标。一般来讲，pre-ipo 阶段的市盈率倍数为 6 ~ 8 倍，不超过 10 倍。最近，在股市活跃、创业板活跃和互联网题材活跃的情况下，活跃行业的市盈率倍数较高，也有高得离谱的，这和中国股市“过山车”的行情有关。由于溢价投资，所以，投资者也会要求公司和管理层做业绩对赌，如不能完成业绩，需要原股东以股份或现金补偿，更严重者则要求公司和大股东回购股份，投资者退出。司法实践中对对赌条款的认定意见为：《九民纪要》前一般认为投资者与股东之间的对赌有效，但投资者与公司之间的对赌无效，因为后一种情况损害了公司其他利益主体如债权人的利益。但《九民纪要》一般情况下认定投资者和公司之间的对赌有效。

预计随着国内证券市场市场化进程的推进，投资者行为也会更理性。目前，高估值、业绩对赌产生的问题在上市公司重大资产重组中集中显现，非上市公司也难以幸免，只是因为没有公告的信息无法进行市场统计。

（四）与外来投资者的合作方式

外来投资者进入的方式一般是增资或部分增资、部分股权转让，分控股收购和参股两种不同的做法。如果是控股收购，就应当至少收购原股东部分股权，然后再做定增，而且价格也不一样。因为任何公司的控股权与少数股东的权益价值是不一样的。给大家分享两个案例：一个案例是一家央企于 2015 年获得一公司 51% 的股权，采取的是 38% 股权转让、13% 增资的方式，原股东合计获得了1.6亿元股权转让款；另一个案例是一家地方国企拟收购，提出的方案是自己增资40%、再寻找其他跟投公司增资20%，合计持有标的公司60%的股权，但没有一分钱的股权转让，原股东前期投入没有获得部分退出，收购方控股后无法激发原股东与团队的积极性，因此，收购方提出的方案显然不合理。

（五）如何最大限度地避免公司引进外来投资者失败

公司引进外来投资者失败的案例不胜枚举，既有投资者失败，也有公司失败。投资者失败如前期尽职调查不够，没有发现公司存在的重大技术、财务或法律风险，如业绩严重下滑无法实现原有目标，又如原股东和管理层有意拖延上市进程，导致新投资者迟迟无法实现退出等。公司失败主要表现为：新投资人与公司及公司原股东之间的价值观冲突导致部分股东要求退出；新投资人过于激进，在资金的带领下大规模扩张，使公司原定的战略目标发生重大调整但事实上公司内部无法支撑这种调整从而出现新项目失败；新投资人过于保守使公司原定战略方向无法在股东会和董事会上有效通过，从而错失发展良机；新投资者与职业经理人之间发生冲突导致经理人辞职，从而严重影响公司生产经营活动；由于高估值和业绩对赌导致实践中无法完成而产生股份赎回；投资者的趋利本能致使公司过早在资本市场上实现了利益，但迷失了方向等。

（六）外来投资者对公司最大的贡献是公司治理

经过这么多年的公司证券法律实践，笔者认为外来投资者对公司最大的贡献还是在公司治理方面，资金支持是第二位的。因为公司引进外来投资者的时候面临的最大问题虽然有时候看起来是资金需求，但事实上是公司治理水平方面的问题。对于公司创始人和实际控制人以及管理层而言，外来投资者作为新股东的介入给他们提出了更高的要求，创始人和实际控制人、管理层能否更好地与外来力量合作，抓住机遇，将公司治理水平实质性地提上一个台阶是判断合作是否成功的重要标志。

从公司角度讲，能够根据自己所处的行业、业务特点以及未来发展规划、原股东情况，在引进外来投资者的过程中，不仅获得了资金、市场、人才和公司治理方面的支持，而且协助公司解决了生存与发展问题，并成功将公司带入资本市场，在资本市场上获得了最大利益，当然是公司的成功。但在这个过程中，也有的公司迷失了方向，沦为资本的工具，结果甚为可惜。

八　股权激励

“股权激励”一词是舶来品，是一种长期激励措施，以职业经理人信托理论为基础。但股权激励本身不是舶来品，是基于人性和市场经济规律自然产生的，所谓的“身股”“银股”大家在影视作品中都能看得到。如前所述，在创始人不能全部或全面参与公司管理而需要职业经理人的情况下，如何将股东利益与职业经理人的利益和行为更好地契合？这时，股权激励不失为重要的选择。上市公司以及国有控股公司对管理激励有具体的操作要求，是上市公司董事会秘书所熟知的内容，本书不再赘述。本专题主要针对非上市公司的股权激励。市场上关于股权激励的书籍和培训班令人眼花缭乱，但从法律上讲，没有那么复杂，简单、可操作、真正达到激励目的才是最好的。

（一）股权激励方式

股权激励的方式有多种分类方法，对于非上市公司而言，从简单、可操作原则出发，其主要分为两种情况：实股与期权、直接持股与间接持股。虚拟股权激励的实质是管理层现金薪酬，不属于股权激励的范畴，也不在本书讨论之列。上市公司由于股票的价格更市场化，所以，股权激励工具也比较多，除实权和期权外，还可以选择限制性股票。最近在上市公司定向增发方案中对管理团队所做的资管计划也是一种股权激励。

1. 实股与期权

根据激励对象获得股权的时间分为实股和期权，实股是现在获得并工商登记在经理人名下的股权，期权是现在授予但未来按照事先约定的价格和数量来实现的权利，期权是一种权利，经理人可以选择行权，也可以放弃。期权一般要和业绩考核挂钩，业绩考核时间一般不低于 3 年。市场上公示的上市公告的期权激励最多有 8 年或 10 年的。期权可以一次性行使，也可以分期行使，从而使股权激励制度更有连续性。为达到激励目的，期权和实权的行权价格一般要低于市场价格，如非上市公司可以选择 1 元/注册资本或者公司某一基准日的账面净资产/股。根据公司实际情况，设定和实施股权激励时也可以采取部分实权、部分期权的方式。什么情况下用实权、什么情况下用期权是公司需要认真考虑的问题。一般来讲，对于历史上有重要贡献的管理层应当用实权，在设定了未来运营目标和方向而需要全体管理团队一鼓作气冲业绩的情况下，对于后来进入的公司管理层需要使用期权，用期权带领公司完成阶段目标。

2. 直接持股与间接持股

根据激励对象是否直接持有分为直接持股和间接持股，间接持股是指通过有限责任公司或有限合伙企业这样的持股平台持有，管理层通过持股平台间接持有公司股权。从激励对象的角度讲，其更希望直接持股，这样股权变现时就不需要依赖持股平台，更便于股权处置。但从公司角度讲，其需要考虑人员稳定性、给未来团队预留股份以及对高管管理等因素，所以，间接持有更适合。对于如何选择直接持股与间接持股所选择的，公司需要根据实际情况做出实事求是的安排。特别需要说明的是，所选择的安排一定要获得高管的认同、理解与支持，否则将使股权激励效果大打折扣。

近来，股转公司不认定新三板挂牌企业设立的员工持股平台具有参与新三板定增的资格，这种情况使企业选择间接持股的模式出现了问题。我们认为，如何选择股权激励模式更多的是公司自己的事情，只要不违反法律、行政法规的禁止性规定都可以量体裁衣地设定。因此，股转公司此类监管方面的要求应根据公司经营实际情况和市场化规则做出调整。长期来看，间接持股是有存在的理由的，也是实践中多数公司的选择。

（二）股权激励实施过程中需要关注的几个问题

（1）股权激励一定要出钱，不能无偿，因为只有出钱，大家才会认为公司是自己的，才会更在意公司的发展和未来，免费的股权激励是很难达到激励效果的。公司对创始管理层的赠予股份例外。

（2）股权激励价格的设定上需要考虑股份支付问题，股份支付是财务概念，见《企业会计准则第 11 号——股份支付》。简单地说，公司在股权激励过程中需要按照授予职工权益工具的公允价值记账，那么低于公允价值的部分应当计入相关成本或费用。具体公司实施股权激励时是否涉及股份支付，以及如何进行财务核算需要咨询会计师的意见。股份支付同样适用于上市公司。

（3）股权激励的对象为董事会成员、公司经理层、核心技术人员与骨干，这里的经理层是广义的范畴，指全职参与公司生产、经营和管理的董事会成员和总经理、副总经理等高级管理人员，有的公司也可以把范围扩展到中层部分负责人。监事会成员不作为激励对象。股东全职参与公司管理的，也可以称为激励对象。大股东委派的非执行董事一般不作为激励对象。由于涉及激励股权的后续管理工作，我们一般不建议全员持股。

（4）股权激励主要通过增资、股权转让或公司回购后再股权转让方式完成（收购公司不超过 5% 的股份于一年内奖励公司员工）。

（三）如何最大限度地避免股权激励失败

股权激励体现了大股东的胸怀以及大股东对公司未来发展的信心，是件好事。但实践中不乏失败的案例，失败的主要原因如下。

（1）时机选择不适当，或者早了或者晚了。早了，公司盈利模式尚不稳定，财务不规范，财务数据不具备公信力，公司未来不可期，管理层没有信心；晚了，管理层没有耐心等待而集体跳槽了。如何判断时机是否合适，对于非上市公司而言，我们认为有四个指标可以考虑：一是公司主要盈利模式稳定，二是会计核算规范，三是公司未来可期，四是管理层基本到位。给大家分享三个因时机不适当而失败的股权激励案例。第一个例子是一家工艺品生产公司，拟推出新业务模式，引进执业经理人，但要将新业务模式对团队进行股权激励，我多次提出公司新业务模式风险应当由原股东承担，但这一观点没有被接受，最终股权激励失败。第二个例子是一家近 20 年的食品企业已经推出了实权加期权的股权激励计划，公司也具备了进入资本市场的条件，但公司迟迟不启动资本市场进程，最后进入股权激励名单中的大多数高管纷纷离职，股权激励计划失败。第三个例子是一家以外贸业务为主的公司，其在成立十年后为留住管理层而推出股权激励，其间遭遇 2008 年金融危机，公司业绩大幅度下滑，国内销售短期内没有开启，管理层看不到希望纷纷离职导致失败。

（2）股权分配不合理，导致管理层抵触。

（3）激励方式不合适，如给予新老管理层同样的激励，就会引起老管理层的不满。事实上，在公司创业阶段跟着公司多年的管理层其实质也是创业者，因为他们付出了自己的青春和努力，跟大股东同样承担公司设立和运行的前期风险，而且前期公司薪酬也不高，所以，需要给予一定的鼓励。

（4）考核指标设定不合理，如对盈利模式尚不成熟的新业务进行考核，让管理层承担新业务和模式的风险，这对于管理层来说不公平；又如考核目标设定不科学，激励对象为完成考核目标而采取了短期行为，不肯花成本和力量进行技术研发和项目储备，没有人关心公司的未来产品和市场运作，公司行为具有严重的短期性，失去了股权激励应有的长期激励作用。关于考核指标，由于公司经营行为和外部环境的不确定性，在发生重大外部风险的情况下需要及时调整考核指标，否则由于业绩下滑无法按照原有标准进行考核，必然导致激励失败。

（5）管理层股权约束不合理，行权条件设置太多，导致管理层不满，对大股东实施股权激励的诚意产生怀疑。行权条件设置太少也会出现问题，我们有个项目公司引进职业经理人做总经理，赠予了20%的股权，后来内部股权调整时又给总经理增加了部分股权，最后使得总经理的股权比例仅次于董事长，由于总经理主管技术、生产和销售，事实上控制了公司。因此，这种情况下，股权激励的目的同样达不到。

（四）上市公司富安娜（002327）股权激励诉讼案

上市公司富安娜与26名股权激励对象因获得激励股权后离职而产生的诉讼，历时三年多时间，公司诉讼请求主张激励对象赔偿损失金额达8000余万元，法院最后基本支持了原告的诉讼请求，判令被告赔偿原告合计超过4000万元的经济损失。因此，该案被称为“上市公司股权激励诉讼第一案”。有意思的是，这一诉讼并未挫伤富安娜实施股权激励计划的积极性。截至目前，公司仍有三种模式的股权激励计划——期权、限制性股票与资管计划同时在实施。

该诉讼案件基本情况如下。

2007 年 6 月，富安娜制订《限制性股票激励计划》，以定向增发的方式向激励对象发行 700 万股限制性股票，用于激励高管及主要业务骨干。

2008 年 3 月，为了配合 IPO 进程，富安娜终止上述计划，并将所有限制性股票转换为无限制性的普通股。同时，与持有原始股的多人协商签署了《承诺函》。双方在《承诺函》中约定：持有原始股的员工“自承诺函签署日至公司上市之日起三年内，不以书面的形式向公司提出辞职、不连续旷工超过七日、不发生侵占公司资产并导致公司利益受损的行为，若违反上述承诺，自愿承担对公司的违约责任并向公司支付违约金。”

2008 年 7 月至 2009 年 9 月，部分非创业股东在持有富安娜原始股的情况下，先后向富安娜提出辞职申请。

2012 年 12 月 26 日，已在深圳中小板上市近 3 年的富安娜，对 26 名自然人股东就《承诺函》违约金纠纷一事，向深圳南山区人民法院提起民事诉讼，要求判令 26 名被告分别赔偿违约金累计达 8121.67 万元。

上述案件历经一审、二审与再审，至 2015 年 10 月全部结案，法院基本支持了富安娜公司的诉讼请求，判令被告向公司支付不同金额的违约金。以其中一名被告为例，摘录深圳市中院判决理由如下。

深圳市中院审理认为，《深圳市富安娜家居用品股份有限公司限制性股票激励计划（草案)》规定的面向激励对象发行的限制性股份是由激励对象（高级管理人员及主要业务骨干）自愿认购的、转让受到公司内部一定限制的普通股。此种激励计划有利于增强富安娜公司经营团队的稳定性及工作积极性，增进富安娜公司与股东的利益，不违反法律强制性规定，是合法有效的。该股权激励计划终止后，富安娜采用由激励对象出具《承诺函》的方式继续对激励对象进行约束，该《承诺函》实为原限制性股票激励计划回购条款的变通和延续，体现了激励与约束相结合原则，激励对象按照《承诺函》向富安娜公司支付“违约金”后所能获得的利益仍为激励对象违反承诺日上一年度经审计的每股净资产价。《承诺函》继续对提前辞职的激励对象所能获得的股份投资收益予以限制，并不违反公平原则，是合法有效的。被告在富安娜公司上市后三年内离职，《承诺函》约定的对被告股份投资收益进行限制的条件已经成就，被告应依约将被限制的部分收益（“违约金”）返还给富安娜公司。

根据富安娜公司2015年12月4日公告，“上述判决结果得以执行，公司本期增加26780629.71元营业外收入。后期另一案件的执行将增加4801680.00元营业外收入（利息自2013年1月9日起按中国人民银行同期同类贷款利率计算至付清之日止)”。

九　首次公开发行股票并上市（IPO）

（一）我国股票发行审核制度的发展历程：从审批制到核准制

1990年，沪深证券交易所相继成立。1993年，证券市场建立了全国统一的股票发行审核制度。1999年7月1日起实施的《证券法》第十条明确规定了证券发行的行政审批制："公开发行证券，必须符合法律、行政法规规定的条件，并依法报经国务院证券监督管理机构或者国务院授权的部门核准或者审批；未经依法核准或者审批，任何单位和个人不得向社会公开发行证券。"

自1993年以来，首次公开发行股票并上市（IPO）先后经历了行政主导的审批制和市场化方向的核准制两个阶段具体而言，审批制包括"额度管理"（1993～1995年）和"指标管理"（1996～2000年）两个阶段，而核准制包括"通道制"（2001～2004年）和"保荐制"（2004至今）两个阶段。核准制下公开发行证券也是证监会行政许可的事项，需要获得证监会的行政许可。中国的保荐制度是指有资格的保荐人推荐符合条件的公司公开发行证券和上市，并对所推荐的发行人的信息披露质量和所做承诺提供持续训示、督促、辅导、指导和信用担保的制度。保荐制度的重点是明确保荐机构和保荐代表人的责任并建立责任追究机制。与"通道制”相比，保荐制度增加了由保荐人承担发行上市过程中连带责任的内容，同时，也明确股票发行上市过程中的律师、会计师、评估师等证券服务机构的法律责任。保荐人的保荐责任期包括发行上市全过程，以及上市后的一段时期（比如两个会计年度）。上市公司重组资产重组项目也实行保荐制，保荐代表人要履行持续督导义务。

（二）注册制：揭开资本市场新篇章

2018 年 11 月 5 日，国内首次提出设立科创板试点注册制。一年半后的 2019 年 7 月 25 日，首批 25 家科创板企业股票在上海证券交易所上市。2019 年 12 月 28 日修订、自 2020 年 3 月 1 日起实施的《证券法》以法律的方式明确了注册制，该法第九条规定：“公开发行证券，必须符合法律、行政法规规定的条件，并依法报经国务院证券监督管理机构或者国务院授权的部门注册。”一个月后的 8 月 24 日，创业板试点注册制。由此揭开了我国资本市场股票发行注册制的新篇章。

很长一段时间以来，尽管我国证券市场的股票发行制度由审批制改为核准制，但没有根本改变发行活动受行政控制的本质。相较于核准制，注册制强调政府的有限权力和有限责任，只对注册文件进行形式审查不作实质判断，从事前审批转向事后监管。将 IPO 市场的两个核心环节——股票是否可以公开发．以及以什么价格发行，交由市场决定，而不是证监会行政决定。就 IPO 标准除首次修正了此前使用的严格的关于销售收入、利润、现金流等具体财务数据的做法，引用了国外证券市场通常使用的“市值”的概念，以市值为中心，结合净利润、营业收入、研发投入和经营活动产生的现金流量等财务指标构建综合的、市场化的标准。所谓市值就是按照公开发行的股票价格计算的公司价值，如公司 IPO 价格为 20 元，公开发行后总股本为 1 亿，则公司市值即为 20 亿元。这种计算方法，从很大程度上抑制了作假冲动，推动了市场化判断的力量。

注册制推出后，大幅度提高了项目过会率（过会率高达 90%多，为近十年过会率最高的一年），也大大缩短了 IPO 审核时间（从申报到发行的时间一般为 9 ~12 个月），引发了 2020 年 IPO 的大年：仅 2020 年一年新上市企业 396 家，其中沪市主板 90 家、科创板 145 家、深市中小板 54 家、创业板 107 家，比 2018 年和 2019 年两年之和还要多 89 家（2018、2019IPO 上市企业分别为 105 家、202 家）。

2020 年 6 月 3 日，证监会发布《中国证监会关于全国中小企业股份转让系统挂牌公司转板上市的指导意见》【（2020）29 号公告】，最终打通了新三板挂牌公司到沪/深交易所转板的通道；7 月 27 日，新三板设立精选层，允许在新三板连续挂牌满十二个月的创新层挂牌公司向不特定合格投资者公开发行股票，发行完成后股票在全国股转系统精选层挂牌并开市交易（又称“小 IPO”）；2021 年 2 月 5 日，证监会宣布深交所主板和中小板合并。即中小板与主板合并后，随后将统一在新股发行制度上适用注册制，同时，上市公司发行证券以及资产重组都将沿着这册制的方向前进。由此，注册制揭开了我国资本市场的新篇章，其全面实施指日可待。

当然，就注册制的全面实施，仍然存在市场考验，即发行价格的市场化，目前虽然存在市盈率逐步下降的趋势，但仍然偏高，且尚未出现一定规模发行失败和跌破发行价的情形。因此，所谓的市场考验就是在发行价出现一定规模发行失败的情形下，我们的市场、投资者和政府是否还能坚守？

（三）注册制的核心框架

注册制的核心是市场化、法治化，而市场化、法治化需要强有力的制度保障，否则将伦为一句空话。目前看，这种强有力的制度保障是“一个核心、两个环节、三项市场化安排”。

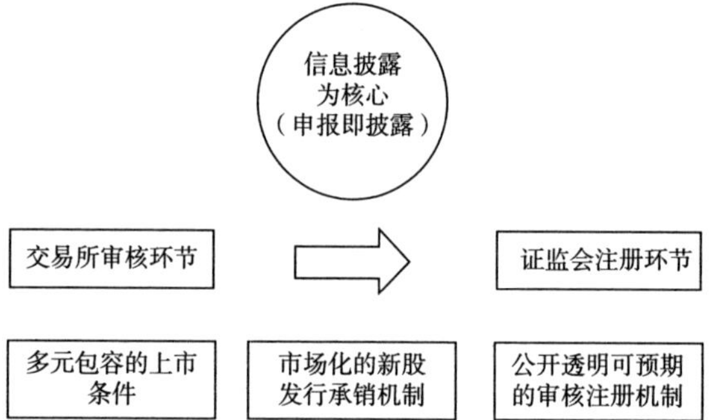

1. 关于多元包容的上市条件

（1）创业板三套差异化上市标准

标准一	最近两年净利润均为正，且累计净利润（经审计，扣非后，下同）不低于人民币 5000 万元；
标准二	预计市值不低于人民币 10 亿元，最近一年净利润为正且营业收入不低于人民币 1 亿元；
标准二	预计市值不低于人民币 50 亿元，且最近一年营业收入不低于人民币 3 亿元。

（2）科创板五套差异化上市标准

序列号	市值规模	具体
标准一	预计市值不低于10亿元	最近两年净利润为正且累计净利润不低于人民币5000万元或最近一年净利润为正且营业收入不低于人民币1亿元
标准二	预计市值不低于15亿元	最近一年营业收入不低于人民币2亿元，且最近三年研发投入合计占最近三年营业收入的比例不低于15%
标准三	预计市值不低于20亿元	最近一年营业收入不低于人民币3亿元，且最近三年经营活动产生的现金流量净额累计不低于人民币1亿元
标准四	预计市值不低于30亿元	最近一年营业收入不低于人民币3亿元
标准五	预计市值不低于40亿元	主要业务或产品需经国家有关部门批准，市场空间大，目前已取得阶段性成果，并获得知名投资机构一定金额的投资。医药行业企业需取得至少一项一类新药二期临床试验批件，其他符合科创板定位的企业需具备明显的技术优势并满足相应条件

（3）符合《国务院办公厅转发证监会关于开展创新企业境内发行股票或存托凭证试点若干意见的通知》（国办发〔2018〕21号）规定的红筹企业可以到科创板或创业板发行股份或存托凭证

科创板上市条件：试点企业应当是符合国家战略、掌握核心技术、市场认可度高，属于互联网、大数据、云计算、人工智能、软件和集成电路、高端装备制造、生物医药等高新技术产业和战略性新兴产业，且达到相当规模的创新企业。其中，已在境外上市的大型红筹企业，市值不低于2000亿元人民币；尚未在境外上市的创新企业（包括红筹企业和境内注册企业），最近一年营业收入不低于30亿元人民币且估值不低于200亿元人民币，或者营业收入快速增长，拥有自主研发、国际领先技术，同行业竞争中处于相对优势地位。营业收入快速增长，拥有自主研发、国际领先技术，同行业竞争中处于相对优势地位的尚未在境外上市红筹企业，市值及财务指标应当至少符合下列上市标准中的一项：预计市值不低于人民币100亿元；或者预计市值不低于于民币50亿元，且最近一年营业收入不低于人民币5亿元。

创业板上市条件：预计市值不低于人民币100亿元，且最近一年净利润为正或者预计市值不低于人民币50亿元，最近一年净利润为正且营业收入不低于于民币5亿元。营业收入快速增长的标准：最近一年营业收入不低于5亿元的，最近三年营业收入复合增长率10%以上；或者最近一年营业收入低于5亿元的，最近三年营业收入复合增长率20%以上；或者受行业周期性波动等因素影响，行业整体处于下行周期的，发行人最近三年营业收入复合增长率高于同行业可比公司同期平均增长水平。

（4）允许存在表决权差异的企业到科创板或创业板、精选层上市

所谓表决权差异安排制度是指伴随公司的发展，在控股股东持股比例不断被稀释的情况下，为加强创始人、实际控制人对公司的控股权，而赋予创始人、实际控制人等原股东持有的股份不同于其他股东的表决权的制度，即在同一类别股份的情况下，突破了同股同权的限制，可以规定创始人或部分股东的持有每一股份拥有多个表决权（如5倍于其他股东），而其他股东每一股份仍然拥有1个表决权。科创板上市的优刻得（688158）是首家拥有表决权差异的公司。

类别表决权涉及公司治理事项，为防止制度滥用，需要对公司治理有较高的要求，为此，科创板、创业板和精选层在允许类

别表决权上市的同时规定了较高的适用条件。

科创板上市要求：上市前作出表决权差异安排；该等差异安排需在上市前至少稳定运行1个完整的会计年度；预计市值不低于100亿元；或市值不低于50亿元，且最近一年营业收入不低于5亿元。

创业板上市要求：预计市值不低于人民币100亿元，且最近一年净利润为正；或者预计市值不低于人民币50亿元，最近一年净利润为正且营业收入不低于人民币5亿元。

精选层上市要求：该安排应当平稳运行至少一个完整会计年度，且相关信息披露和公司治理符合有关规定。

（5）精选层四套差异化上市标准

标准一	市值不低于2亿元，最近两年净利润均不低于1500万元且加权平均净资产收益率平均不低于8%，或者最近一年净利润不低于2500万元且加权平均净资产收益率不低于8%。
标准二	市值不低于4亿元，最近两年营业收入平均不低于1亿元，且最近一年营业收入增长率不低于30%，最近一年经营活动产生的现金流量净额为正。
标准三	市值不低于8亿元，最近一年营业收入不低于2亿元，最近两年研发投入合计占最近两年营业收入合计比例不低于8%。
标准四	市值不低于15亿元，最近两年研发投入合计不低于5000万元。

2. 关于市场化的发行承销机制

取消了此前直接定价的方式，全面采用市场化的询价方式进行定价，科创板在保留原本网上+网下配售模式，同时新增战略配售、保荐机构配售、高管参与和绿鞋机制配售四种配售机制。

3. 关于公开透明可预期的审核注册机制

注册制下，IPO分两个环节，其中审核环节由交易所负责

（科创板在沪市、创业板在深市、精选层在股转公司），注册环节在证监会；审核标准由交易所提供，注册标准由证监会提供。同时将审核流程、标准和审核时间公示于众，交易所审核时间不超过 3 个月，证监会注册流程不超过 20 个工作日，这种透明可预期的审核注册流程，大大提高了效率。

交易所主要通过向发行人提出审核问询、发行人回答问题的方式开展审核工作，基于科创板定位，判断发行人是否符合发行条件、上市条件和信息披露要求。

证监会主要关注交易所发行上市审核内容有无遗漏，交易所审核程序是否符合规定，以及发行人在发行条件和信息披露要求的重大方面是否符合相关规定。证监会认为存在需要进一步说明或者落实事项的，可以要求交易所进一步问询。证监会认为交易所对影响发行条件的重大事项未予关注或者交易所的审核意见依据明显不充分的，可以退回交易所补充审核。

大家知道，并不是证监会的人把椅子和办公室搬到了交易所，交易所是社团法人，和各位企业一样，有股东，也有盈利要求，实行会员制，所以，制定规则、建立一个公开、透明、有序的股票交易平台，鼓励大家到交易所发行股票并公开交易，并收取服务费就是交易所的主要工作。于是，大家喜闻乐见三家交易所在差异化定位的基础上，错位竞争。竞争的情况下，作为申请人的企业是不是可以得到更好的服务？

4. 其他配套制度

为推动注册制的实施，有不少的配套制度，诸如严格退市条件、加大发行人及其董监高和中介机构处罚力度等都是必要的，其中，就加大中介机构违法违规行为的处罚力度，本次修订的《证券法》也作了法律上的呼应。

从中介机构角度讲，注册制推出后，IPO 项目审核要求提高，中介机构工作量增加，风险和责任也加大了。

（四）《首发管理办法》（证监会第 173 号令）

承如前述，由于实践中国内 IPO 审核制度经历了若干变化，因此，上市条件和程序也随之发生变化。目前公司首次申请股票在国内上市所依据的文件是证监会 2006 年 5 月 17 日颁布、2020 年 7 月 10 日修改并实施的《首次公开发行股票并上市管理办法》（证监会第 173 号令，以下简称《首发管理办法》）。由于科创板和创业板均推行了注册制，规定了不同的申报条件和审核流程，因此，从申请条件的市值和财务指标上和审核流程角度上讲，《首发管理办法》目前仅适用于国内主板和中小板。

但根据该文规定，公司首次申请股票在国内证券市场上市需满足的下列基础条件，这些基础条件全面适用于国内主板、中小板、创业板和科创板：

（1）主体资格适格：设立满三年的股份有限公司（有限责任公司按原账面净资产值折股整体变更为股份有限公司的，持续经营时间可以从有限责任公司成立之日起计算。）、发行人最近 3 年内主营业务和董事、高级管理人员没有发生重大变化，实际控制人没有发生变更。

（2）公司在设立和历史沿革、股权、资产、业务、公司治理、重大债权债务、环保等方面合法，不存在影响上市的重大法律障碍。

（3）公司已建立健全良好的公司治理并规范运行。

（4）财务与会计规范，内控制度不存在缺陷，具备持续盈利能力。

主板、中小板上市在全面实施注册制之前，审核流程上仍然沿用证监会审核和核准制，财务经营数据上应当符合下列条件：

（1）最近3个会计年度净利润均为正数且累计超过人民币3000万元，净利润以扣除非经常性损益前后较低者为计算依据；

（2）最近3个会计年度经营活动产生的现金流量净额累计超过人民币5000万元，或者最近3个会计年度营业收入累计超过人民币3亿元；

（3）发行前股本总额不少于人民币3000万元；

（4）最近一期末无形资产（扣除土地使用权、水面养殖权和采矿权等后）占净资产的比例不高于20%；

（5）最近一期末不存在未弥补亏损。

（五）为什么要上市

伴随证券市场的发展，市场各方主体对证券市场的认识也逐步成熟、客观和理性，从原来的单纯融资功能到现在的多功能，越来越多的公司清晰地认识到资本市场对于公司来讲是手段而不是目的，IPO对公司最大的贡献还是在公司治理方面，而不仅仅是募集资金，公司通过资本市场获得公司发展所需要的资金、市场和人才的支持，最终取得公司治理水平的提高。

上市是有成本和代价的，也有风险，这是每个准备上市的企业都需要知道的事情。成本和代价主要表现在三个方面：钱、时间和信息披露，如为解决同业竞争和关联交易而进行公司重组的成本，建立健全法人治理而增加的人员和机构设置的成本，规范财务制度而增加的纳税额，公司在上市过程中对中介机构的信息披露。上市过程中的风险，除法律、政策等外部因素变化导致的不确定性外，就公司内部而言，业绩严重下滑导致公司不具备条件而无法申报、上市过程中新增管理模式运行失效，以及公司原有的管理团队和人员对中介机构辅导过程中就公司法人治理建立健全而进行的调整方案产生抵触等都可能导致项目中止或终止的后果。我们原来有一个肉食生产企业的 IPO 项目，由于公司设立时间长、家族化运营和管理，财务还是手工记账，由于在 IPO 过程中需要推行财务 ERP，公司整个财务系统产生了严重抵触，最后还是董事长下定决心，提出“谁不支持就开掉谁”的政策，才使项目得以进行和持续，公司最后也完成了 IPO 目标。所以，我们经常跟客户讲，对待公司上市需要平常心，也需要决心，不能一出现困难就退缩，一旦确定目标就要坚持完成。

同样，公司在上市过程中获得的收益也是巨大的，除完成上市目标获得应有的资金支持外，由于中介机构的工作，公司梳理了运营多年的业务、资产和管理，确定了未来发展目标和战略调整，发现并解决了影响未来发展的法律风险，发现了内控制度中存在的缺陷并进行修改和完善，引进了战略投资者和职业经理人，公司法人治理水平获得了长足的进步。更重要的是，公司在客户、同行业、银行间的信用大大增强，开通了未来进入资本市场的道路，为未来长期可持续发展奠定了基础。

当然，不是所有公司都要选择上市，也不是所有公司都适合上市，更不是所有公司都需要上市，但是所有公司都需要不断提升自己的公司治理水平。华为就是目前非上市公司群体里无论在科技创新还是在公司活力方面都排在前列的公司。所以，是否选择上市、什么时间上市、到哪里上市等是公司创始人、大股东需要站在公司长期发展的角度、结合自身实际审慎考虑的问题。还是那句话：资本市场是高度市场化的市场，有自己的规矩和规则，如果说私公司在公司治理方面有更多的意思自治的话，那么公众公司在获得更大舞台和机遇的同时，在公司治理方面也要承担更多的义务和责任以及更大的市场风险。坦率地说，不是所有的股东创始人、大股东和管理层都能够娴熟地驾驭一家公众公司，当然，这需要更多的智慧和不断地学习。如果做不到，就需要缓一缓。

（六）创业板定位与科创板属性

对于规模不大的高科技企业来说，选择创业板还是科创板确实是个困惑的题目。就差异化定位，根据《首次公开发行股票并在创业板上市管理办法（试行）》第三条的规定："发行人申请首次公开发行股票并在创业板上市，应当符合创业板定位。创业板深入贯彻创新驱动发展战略，适应发展更多依靠创新、创造、创意的大趋势，主要服务成长型创新创业企业，支持传统产业与新技术、新产业、新业态、新模式深度融合。"

根据《科创板首次公开发行股票注册管理办法（试行）》第三条的规定："发行人申请首次公开发行股票并在科创板上市，应当符合科创板定位，面向世界科技前沿、面向经济主战场、面向国家重大需求。优先支持符合国家战略，拥有关键核心技术，科技创新能力突出，主要依靠核心技术开展生产经营，具有稳定的商业模式，市场认可度高，社会形象良好，具有较强成长性的企业。"

上述差异化定位，解读起来是不是有些费劲？所以，我们也能理解企业的困惑。不过，作为中介机构，我们认为科创板对公司科技属性的要求高于创业板，当然，对企业来说不必过于功利，本着二者的差异化定位，结合企业自身的当前业务和未来发展前景以平常心与中介机构讨论，自然会得出正确的结论。还是那句话，适合自己的便是最好的。

（七）关于新三板

1. 新三板挂牌条件

新三板建立在2006年中关村代办股份转让系统基础之上，当时只适用于设立在中关村高新区的企业挂牌上市，同时也承担了两网及深、沪两市退市公司的股票交易。2012年9月将高新区范围扩大至武汉东湖高新区、天津高新区和上海张江高新区。2013年6月，新三板适用范围在全国范围内放开，国内企业无论是否设立在高新区，无论是中资企业还是外资控股企业都可以申请到新三板挂牌。由于新三板实行备案制，不是行政审核制，所以，挂牌条件简单、明确。

（1）依法设立且存续满两年。有限责任公司按原账面净资产值折股整体变更为股份有限公司的，存续时间可以从有限责任公司成立之日起计算。

（2）业务明确，具有持续经营能力。

（3）公司治理机制健全，合法规范经营。

（4）股权明晰，股票发行和转让行为合法合规。

（5）主办券商推荐并持续督导。

（6）全国中小企业股份转让系统公司要求的其他条件。

应当说明的是，上述条件也是新三板挂牌企业的最低要求。与中小板、创业板企业判断标准一致，实践中，中介机构对于新三板项目的判断在法律合法、财务合规、公司盈利模式稳定的基础上，更多着眼于公司未来的持续经营能力。因此，中介机构在新三板项目的选择上还是非常谨慎的，虽然挂牌门槛不高，但并不是所有想上新三板的企业都能够得到中介机构推荐的，中介机构更愿意推荐未来有发展前景的企业和项目到新三板挂牌。从消极角度讲，主办券商在推荐企业挂牌的同时要与挂牌公司签署持续督导协议，即对项目的督导义务是持续的，直至公司退市或停止交易，其间非因特殊原因不能解除督导协议，确需解除持续督导协议的，应当事前报告全国中小企业股份转让系统公司并说明合理理由，因此，新三板企业挂牌后，中介机构与公司也是风险共担的。

2. 最近五年新三板市场的发展

众所周知，新三板市场自设立以来，经历了迅猛的发展，至2016年挂牌企业数量突破1万家，本书初版时列示了大量的数据，虽然股票成交量不及沪深两市，但显示了新三板蓬勃的发展势头。

最近五年来，新三板市场出现来一些新的变化，现补充最近五年市场主要统计数据，见表9-1。

表9-1 新三板市场最近五年主要统计数据

年	2020	2019	2018	2017	2016
挂牌规模					
挂牌公司家数	8187	8953	10691	11630	10163
总股本（亿股）	5335.28	5616.29	6324.53	6756.73	5851.55
总市值（亿元）	26542.31	29399.60	34487.26	49404.56	40558.11
股票发行					
发行次数	716	637	1402	2725	2940
发行股数（亿股）	74.54	73.73	123.83	239.26	294.61
融资金额（亿元）	338.50	264.63	604.43	1336.25	1390.89
股票交易					
成交金额（亿元）	1294.64	825.69	888.01	2271.80	1912.29
成交数量（亿股）	260.42	220.20	236.29	433.22	363.63
市盈率（倍）	21.10	19.74	20.86	30.18	28.71

最近五年并购重组数据统计，见表9-2。

表9-2　最近年并购重组数据统计

年份	重大资产重组次数	重组交易金额（亿元）	收购次数	收购交易金额（亿元）
2016	99	122.11	239	412.44
2017	115	167.11	336	476.41
2018	47	48.65	231	390.14
2019	17	23.84	153	97.28
2020	20	20.11	147	69.86

综合上述数据，我们看到如下几点：

（1）最近五年挂牌企业数量在减少，即克服了五年前大规模以及部分盲目挂牌的现象，减项（摘牌）包括三种情形：一是公司符合IPO条件申请到沪深两市独立IPO，二是被收购摘牌，三是财务数据不支撑、无法如期出具审计报告、公司在新三板挂牌期间无交易、无融资，法人治理等各项都没有得到发展而摘牌。

（2）股票发行次数和数量低于2019年，但融资额高于2019年。

（3）股票交易成交额和成交数量均高于2018年和2019年。

（4）市盈率倍数虽仍较高，但基本趋于理性。

（5）并购重组从频率到金额都呈下降态势。

上述数据表明，相对于疯狂的2016年、2017年，现在的新三板市场上客观、理性的成分在增加。不可否认，作为中小企业的融资平台，我们有很多客户在新三板市场上得到了长足的发展，获得了资金、市场和人才的支持以及法人治理水平的提高，当然，也有因为坚持不下去而摘牌的，所以，说到底，新三板作为一个股票交易市场坚持市场化、法治化的发展方向，本身没有问题，作为挂牌公司不能很好利用好资本市场平台则更多是自身问题。

作为投资者的投资平台，也出现了个人投资者数量大幅度增加的现象。

对于上述现象，作为一直在一线的中介机构，我们认为既不能盲目乐观，也无需过分悲观，当前这种理性的投资状态还是更长久的。尤其是新三板精选层推出后、与沪深两市差异化定位、错位发展、转板通道打通，继续坚持为中小企业提供资本市场服务的板块定位，适当降低基础层挂牌要求，并坚持市场化和法治化方向，未来还是可期的。

3. 新三板分层管理

2019 年 12 月 27 日，新三板制定分层管理办法，将挂牌企业分为基础层、创新层和精选层三个层级，并规定了不同的适用条件、公司治理和信息披露标准等。其中精选层是公开发行，实行市值管理，规定了基础标准，同时限定了投资者的范围为合格投资者，略有投资门槛，其他申报、保荐、审核程序、流程、交易、信息披露、退市规则等基本等同于 IPO。从鼓励中小企业到资本市场培育和融资的角度讲，我们认为本次分级完全可以“两分法”，而不是“三分法”。所谓“两分法”就是仅分为基础层和精选层，而基础层可以适当降低要求，在企业挂牌条件、公司治理、信息披露要求等各方面给予更大的自由和空间，不额外增加挂牌企业的负担，以展示为主。这样与精选层明显划分界限，好学生有出路，一般学生也能待得下去。目前人为再增加一层创新层，而基础层与创新层之间没有实质性差异，实在是意义不大。

（八）新三板转板

2020 年 6 月 3 日，证监会作出《关于全国中小企业股份转让系统挂牌公司转板上市的指导意见》【（2020）第 29 号公告】，终于打通了新三板与沪市、深市的通道，解了新三板挂牌企业的一大块心病！与本书首次出版时谈到的一致，转板需要以两地交易所规则统一为条件，目前情况下，科创板和创业板实行注册制，与精选层的核准制实质一致，因而，转板便是自然的结果。

根据29号公告，转板的主要制度安排如下：

1. 转入板块范围。试点期间，符合条件的新三板挂牌公司可以申请转板至上交所科创板或深交所创业板上市。

2. 转板上市条件。申请转板上市的企业应当为新三板精选层挂牌公司，且在精选层连续挂牌一年以上。挂牌公司转板上市的，应当符合转入板块的上市条件。转板上市条件应当与首次公开发行并上市的条件保持基本一致，交易所可以根据监管需要提出差异化要求。

3. 转板上市程序。转板上市属于股票交易场所的变更，不涉及股票公开发行，依法无需经中国证监会核准或注册，由上交所、深交所依据上市规则进行审核并作出决定。转板上市程序主要包括：企业履行内部决策程序后提出转板上市申请，交易所审核并作出是否同意上市的决定，企业在新三板终止挂牌并在上交所或深交所上市交易。

4. 转板上市保荐。提出转板上市申请的新三板挂牌公司，按照交易所有关规定聘请证券公司担任上市保荐人。鉴于新三板精选层挂牌公司在公开发行时已经保荐机构核查，并在进入精选层后有持续督导，对挂牌公司转板上市的保荐要求和程序可以适当调整完善。

5. 股份限售安排。新三板挂牌公司转板上市的，股份限售应当遵守法律法规及交易所业务规则的规定。在计算挂牌公司转板上市后的股份限售期时，原则上可以扣除在精选层已经限售的时间。上交所、深交所对转板上市公司的控股股东、实际控制人、董监高等所持股份的限售期作出规定。

（九）中介机构如何选择上市项目

毋庸置疑，中介机构当然是选好项目。何谓好项目，在排除大的风险的前提下，财务指标固然重要，但绝对不是唯一的判断标准。我们实践中的项目选择更看中的是客观上公司未来可行，能够持续发展，有良好的发展前景；主观上公司实际控制人、大股东和团队对资本市场有正确认识，其工作作风和行为模式能够带领公司走得更远。因为上市期间会很长，一旦双方合作，不出大的问题大家就会一起走得很远，所以，我们更愿意选择未来有发展前景的公司。

所以，市场上一些令人费解的景象——公司看起来很好，规模和财务数据、行业竞争力都有优势，也有上市意愿，但是很遗憾，没有中介机构愿意推介——也就不难理解了。

（十）境内上市操作程序

无论是选择主板、中小板、创业板还是新三板，境内上市操作程序都一致，只是 IPO 项目中公司设立和存续时间长、问题较多，因此，公司申请 IPO 并到沪、深证券交易所上市项目需要更长的工作周期，实践中工作周期从 3 年至 5 年不等，超过 5 年甚至 10 年的也不罕见。新三板项目由于企业设立时间短、规模小、业务相对简单，备案制下强调信息披露，所以，如果公司盈利模式基本确定、财务规范，一般工作周期为 1 ~ 2 年左右，个别项目也有超过 2 年的。

操作程序从公司实际控制人、大股东和管理层确定上市事宜和中介机构之日起开始，大概经过如下几个阶段。

（1）中介机构进场尽职调查，根据公司基本情况制订公司未来中长期发展规划，发现公司设立和历史沿革、业务和当前经营中存在的财务、法律、业务问题，协助公司制订未来发展规划，包括产品市场发展规划和资本市场发展规划，将上市工作放到公司中长期规划中。

（2）根据现场尽职调查发现的财务、法律、业务问题，制订上述主要问题解决方案。

（3）制订上市一揽子方案：包括确定上市主体、上市业务与资产、上市时间、股权结构安排、上市地、战略投资者引进、管理层股权激励、境内外并购、公司重组等事项以及完成该等事项的具体时间表和责任人，将工作落实到人、落实到时间。

（4）根据上市工作时间表，逐项解决现场尽职调查发现的财务、法律、业务问题，解决同业竞争，规范关联交易，按照时间表的要求完成上市一揽子方案。

（5）变更设立股份公司，对公司及董监高进行必要的上市辅导和培训。

（6）到当地证监局备案辅导（主板、中小板和创业板适用，新三板不适用）。

（7）中介机构制作各自专业报告和申报文件，公司申请 IPO 或到新三板挂牌交易。

（十一）上市前公司重组

上市前公司重组是广义的概念，是公司在申报上市前（通常为变更设立股份公司前）根据中介机构的意见，为完成公司上市一揽子方案，解决公司设立和历史沿革过程中存在的财务、法律、同业竞争和关联交易等问题而确定的一揽子重组方案，包括股权重组、业务重组、资产重组、人员重组。

中国的公司是伴随改革开放逐步走向市场化的，部分公司来自国有企业和集体企业改制，部分公司来自个体工商户，所以，一方面由于历史原因，另一方面由于公司设立者和经营管理层对公司法律和实践的认识缺乏或者地方政府的原因（如有的地方政府为满足招商条件，要求公司申领土地时必须在当地或同一个市的不同区再设新公司），公司存在设立若干关联公司的情形：如同样业务设立多个公司，有兄弟公司、有母子公司，有的公司仅有资产没有业务，有的公司有业务没有资产，有的若干层级，股权结构图异常复杂，还有随着经营过程，或者不再经营或者不年检就放弃了，但又没有依法办理注销程序。凡此种种，都需要根据公司实际情况和未来发展规划进行梳理和调整。

公司重组的同时进行股权重组、业务重组、资产重组和人员重组。其基本原则：一是消除同业竞争、减少关联交易；二是着眼于公司未来发展；三是资产和人员随业务走；四是减少层级关系、降低管理成本、提高管理效率；五是最小化交易成本并降低交易税负；六是尊重中介机构的意见。由于现实中有各种各样的公司，自然也就存在各种各样不同的上市前公司重组模式，各公司在上市文件中都做了披露，大家有兴趣可以自己阅读，本书就不再单独举例了。

（十二）何为“第一年”

无论是主板、中小板、新三板项目都有“第一年”的概念，所谓“第一年”就是项目申报中连续三年或两年业绩的起算年。根据我们的实践，一般符合下列主要条件的情况下才可以作为申报第一年：①公司独立性基本符合要求，解决了同业竞争、规范了主要关联交易、公司上市前重组已经完成；②公司设立与历史沿革过程中的重大法律问题已经解决，不存在影响公司申报与持续经营的重大法律障碍；③公司财务规范、财务内控不存在重大缺陷，财务数据可考；④公司法人治理建立健全、内控制度基本完善；⑤主板与创业板的项目还需考虑公司实际控制人与董监高连续三年稳定的要求。大家可不要小看这“第一年”，想当然地认为中介机构进场后就是“第一年”，其实不然，只有主要问题解决了、公司基本具备条件后的年度才可以作为“第一年”。所以，如果中介机构不进场、主要问题不解决，项目就永远无法进入“第一年”。

（十三）沪深交易所对创业板和科创板 IPO 项目反馈的问题

为便于大家了解当前注册制下创业板和科创板交易所审核过程中反馈的问题，摘录几个项目信息如下。

1. 2021 年 2 月 8 日，深交所审核通过了浙江君亭酒店管理股份有限公司首发项目。

上市委会议问询的主要问题：

问题 1：发行人 2020 年经审阅的净利润较 2019 年下滑 50% 以上，但 2020 年前三季度业绩恢复明显好于同行业可比公司。请发行人代表说明：（1）新冠疫情对发行人持续经营能力是否构成重大不利影响；（2）业绩恢复明显好于同行业可比公司的原因及合理性。请保荐人代表发表明确意见。

问题 2：发行人主要以租赁物业开展酒店运营业务。请发行人代表说明 2021 年 1 月 1 日起执行新租赁准则对未来相关财务成果的影响，相关风险是否已充分披露。请保荐人代表发表明确意见。

问题3：请发行人代表说明长期待摊费用核算是否符合企业会计准则的相关要求。请保荐人代表发表明确意见。

会后需进一步落实事项：

事项1：请发行人在招股说明书中补充披露因新冠疫情享受租金和社保减免、税收优惠等短期政策对2020年业绩的影响，以及上述政策的不可持续性对未来业绩的影响，并在重大事项部分进行风险提示。请保荐人、申报会计师发表明确意见。

事项2：请发行人预估2021年1月1日起执行新租赁准则对未来相关财务成果的影响，并进行补充披露。请保荐人、申报会计师发表明确意见。

2. 2021年2月8日，深交所审核通过了可孚医疗科技股份有限公司首发项目。

上市委问询的主要问题：

问题1：请发行人代表说明新冠疫情导致的业绩增长偶发性和不可持续性的风险是否已充分披露。请保荐人代表发表明确意见。

问题2：报告期内发行人多次受到行政处罚。请发行人代表说明：（1）从事家用医疗器械行业可能面临的主要违法违规风险及采取的应对措施；（2）相关内控制度的执行情况及有效性。请保荐. 代表发表明确意见。

问题3：报告期内发行人研发费用占营业收入的比例分别为1.89%、1.64%、1.56%、1.40%。请发行人代表说明研发费占比显著低于同行业可比公司的原因与合理性，以及对发行人核心竞争力的影响。请保荐人代表发表明确意见。

问题4：报告期内发行人管理人员平均薪酬分别为6.79万元、9.92万元、13.16万元、9.12万元。请发行人代表说明管理人员平均薪酬远低于同行业上市公司的原因与合理性，是否存在管理人员流失的风险。请保荐人代表发表明确意见。

3. 2021 年 2 月 2 日，深交所上市委否决了上海灿星文化传媒股份有限公司 IPO 项目，反馈问题如下：

问题 1：根据《共同控制协议》，发行人的共同控制人将稳定发行人控制权至上市后 36 个月。请发行人代表说明上市 36 个月后如何认定实际控制人，是否会出现控制权变动风险。请保荐人代表发表明确意见。

问题 2：请发行人代表说明在已经拆除红筹架构的情况下，共同控制人之一田明依然通过多层级有限合伙架构来实现持股的原因。请保荐人代表发表明确意见。

问题 3：灿星有限成立至红筹架构搭建期间，贺斌等 4 名中国公民根据美国新闻集团安排持有灿星有限股权，灿星有限经营范围包括当时有效的《外商投资产业指导目录》中禁止外商投资的电视节目制作发行和文化（含演出）经纪业务。请发行人代表说明，上述安排是否存在规避相关外商投资规定的情形，相关风险是否已充分披露。请保荐人代表发表明确意见。

问题 4：2016 年发行人收购共同控制人之一田明持有的梦响强 100% 股权，收购价格 20. 80 亿元，形成商誉 19. 68 亿元。2020 年 4 月，发行人基于截 2019 年末的历史情况及对未来的预测，根据商誉追溯评估报告对 2016 年末商誉减值进行追溯调整，计提减值 3. 47 亿元。请发行人代表说明：（1）收购价格的公允性；（2）报告期内未计提商誉减值的原因及合理性；（3）在 2020 年 4 月对 2016 年末的商誉减值进行追溯调整是否符合企业会计准则的相关规定。请保荐人代表发表明确意见。

问题 5：截至 2020 年 10 月底，发行人作为被告的未决诉讼及仲裁共计 8 件，累计被请求金额约 2.3 亿元。请发行人代表说明：（1）未对上述事项计提预计负债的原因及合理性；（2）上述事项是否对发行人的核心竞争力和持续经营能力构成重大不利影响。请保荐人代表发表明确意见。

4. 2021 年 1 月 26 日，上海证券交易所科创板上市委员会 2021 年第 10 次审议会议审核通过了普冉半导体（上海）股份有限公司 IPO 项目。

问询问题：

问题 1：请发行人代表结合发行人报告期内向杰理科技销售及发生产品召回的情形，说明：

（1）2020 年一季度对杰理科技销售收入较 2019 年四季度保持增长的原因及合理性；

（2）大额召回是否在半导体行业内并非个案，是否可能影响发行人与其重要客户之间的合作关系；

（3）发行人在期后对 2019 年度营业收入及成本进行调整，是否符合行业惯例及会计准则的相关规定；

（4）发行人将召回的产品优化测试后重新对外销售，是否符合行业惯例，是否在重新销售前向客户明确告知系曾经召回的产品，并对价格进行了调整；

（5）该等召回情形是否表明，发行人在业务操作环节存在内部控制缺陷；如是，发行人是否已完善并有效实施相应的内部控制制度。请保荐代表人发表明确意见。

问题 2：请发行人代表：

（1）将发行人的毛利率和研发投入水平与同行业可比公司进行比较，分析发行人面临的技术竞争风险及具体应对措施，并结合研发投入、技术工艺路径、经营现金流等状况，说明发行人的技术先进性和市场竞争力；

（2）说明通过切入汽车电子市场、5G 基站等工业市场和大容量物联网设备市场，来提高发行人的 NORFlash 业务发展空间，实现经营业绩的长期稳定增长的具体措施。请保荐代表人发表明确意见。

问题 3：请发行人代表结合报告期内发行人同时存在以快递物流签收、客户回签装箱单及与客户对账等方式进行收入确认的情形，说明收入确认的具体时点。请保荐代表人发表明确意见。

会后补充事项：

事项 1：请发行人进一步说明：

（1）2020 年一季度对杰理科技销售收入较 2019 年四季度保持增长的原因及合理性；

（2）对杰理科技大额召回相关销售的回款情况及后续处理；

（3）发行人在期后对 2019 年度营业收入及成本进行调整，是否符合行业惯例及会计准则的相关规定；

（4）报告期后发行人与杰理科技之间的销售和回款情况。请保荐人说明对上述事项的详细核查过程并发表明确核查意见。

事项 2：请发行人结合下游产品议价能力及上游成本上升的趋势，进一步说明是否存在毛利率下降的风险。请保荐人发表明确核查意见。

5. 2021 年 1 月 26 日，上海证券交易所科创板上市委员会 2021 年第 10 次审议会议审核通过了科德数控股份有限公司 IPO 项目。

问询问题：

问题 1：请发行人代表说明在数控机床领域，是否因技术适用性、市场接受度等方面的固有因素，导致单个企业难以在多个门类的数控机床产品领域持续扩大销售规模、提升整体市场占有率，发行人对这一市场特性及风险是否充分披露。请保荐代表人发表明确意见。

问题2：请保荐代表人说明对发行人在航空航天领域内重要客户的技术人员、设备操作人员所作访谈等核查程序，并结合核查结果，就发行人产品的技术先进性发表明确意见。

问题3：请发行人代表：（1）说明报告期内研发领用原材料金额较大的原因、研发活动消耗材料的具体方式、是否形成样机并实现销售，以及是否存在将原本应计入产品销售成本的料工费支出计入研发投入的情形；（2）说明2018年12月及以后的非专利技术产生收入27746万元大于财务报表同期收入21569万元、原值仅228万元的非专利技术“基于GDUB平台的Glink总线伺服驱动系统研制技术”在报告期内产生高达19546万元的收的原因及合理性，分析是否在测算单项核心技术对收入贡献的过程中存在多个技术之间、新老技术之间混淆的情形。请保荐代表人说明对研发形成实物资产的核查情况，并就上述事项发表明确意见。

问题4：请发行人代表结合发行人与控股股东光洋科技之间的业务、资产和人员调整情况、报告期内发行人与光洋科技持续存在多种类型关联交易的情况，说明发行人业务、资产和人员是否真正独立于光洋科技，是否对光洋科技存在重要加工环节的技术依赖，是否与光洋科技存在同业竞争或潜在同业竞争，关联交易是否价格公允且决策机制规范，并说明自光洋科技及相关子公司偿受让专利权后相关研发投入的会计处理情况。请保荐代表人发表明确意见。

会后需进一步落实事项：

请发行人结合自身发展历史和技术演进路线，充分披露其从航空航天领域向其他领域市场拓展的难度及风险。请保荐人发表明确核查意见。

6. 2019 年 9 月 26 日，上海证券交易所科创板股票上市委员会 2019 年第 25 次审议不同意上海泰坦科技股份有限公司首发上市。

反馈问题：

问题 1：根据申请文件，发行人定位为“基于自主核心产品的专业技术集成服务商”。发行人各期主营业务收入中近 50% 为采购第三方品牌产品后直接对外销售；对于自主品牌产品，发行人全部采 OEM 方式。针对 OEM 生产环节，发行人目前仅有两人负责 OEM 厂商现场工艺指导与品质管控，部分产品由发行人提供原材料后委托 OEM 厂商进行分装加工，部分产品通过直接采购 OEM 商成品贴牌后对外销售。请发行人代表补充说明：（1）申请文件所述发行人“专业技术集成服务商”的具体内涵；（2）申请文件所述“技术集成解决方案”在业务模式和经营成果中的体现。请保荐代表人对申请文件是否准确披露“专业技术集成”的业务模式和业务实质发表意见。

问题 2：根据申请文件，发行人核心技术包括生产类核心技术和技术集成服务类核心技术。对于生产类核心技术，由于产品种类繁多，核心技术并不对应单一具体产品，更多的体现在为客户提供针对性强的技术集成产品和服务方面。对于技术集成类核心技术，主要包括用户信息采集及分析、智能仓储物流技术，该等技术主要体现在发行人电子商务平台“探索平台”的运营上。

请发行人代表补充说明：

（1）上述两类技术如何在发行人主要产品和服务中使用，发行人核心生产技术如何体现在自有品牌产品销售中；

（2）外购第三方产品销售如何体现发行人的核心技术；

（3）上述两类技术先进性的具体表征和创新性，在境内外发展水平中所处的位置；

（4）申请文件所披露的“核心技术相关产品和服务收入其及占比”的依据；

（5）在互联网、大数据及物流技术方面不具备技术优势和技术领先性的情况下，将用户信息采集及分析等技术认定为公司核心技术的依据。

请保荐代表人：

（1）以具体技术参数、研发数据等形式说明核心技术的主要内容，以揭示其具有的创新性、先进性，并结合主营业务和产品分析说明发行人的科创企业属性。

（2）对发行人是否准确披露其核心技术及其先进性和主要依靠核心技术开展生产经营情况发表意见。

问题3：申请文件多处采用打破国外巨头垄断、实现部分产品国产替代、进口替代类似表述。请保荐代表人就申请文件所述下述事项发表意见：（1）市场地位相关佐证依据的客观性；（2）除发行人外，是否存在同类产品的国内厂家，如有，说明相关产品与发行人产品在质量、档次、品类、价格方面的差异；（3）发行人相关产品与国外厂商在数量上的重合能否作为其认定发行人产品实现进口替代的依据；（4）在实现自主产品进口替代情况下，技术集成第三方品牌收入占主营业务收入比重近50%的原因。

问题4：根据申请文件，发行人直接销售给终端生产商的特种化学品，无论是自主品牌还是第三方品牌，均与自身核心技术——材料配技术技术直接相关，而出于自身及下游生产客户的商业秘密考虑，公司未对该技术本身或具体配方申请专利。请发行人代表进一步说明采用技术秘密方式保护的材料配方核心技术与主要产品全部采 OEM 模式进行生产之间的合理逻辑性，相关产品是专用产品还是通用产品，毛利率偏低的原因，第三方品牌如何使发行人配方，配方是否存在使用公开、被反向技术破解或外泄的可能，相关技术秘密是否已进入公知领域，是否会对公司的核竞争力和持续经营能力产生重大不利影响。

（十四）多层次资本市场对实体经济的支持

从 1990 年沪深两市交易所设立到现在三十多年的时间了，中国证券市场从无到有，从原来的单一的主板交易市场，到 2008 年开启创业板、2013 年 9 月开启全国范围的新三板、2019 年开创科创板并试点注册制、2020 年新三板分层开设精选层/创业板注册制改革以及新三板转板制度实施，多层次的资本市场格局已基本形成。

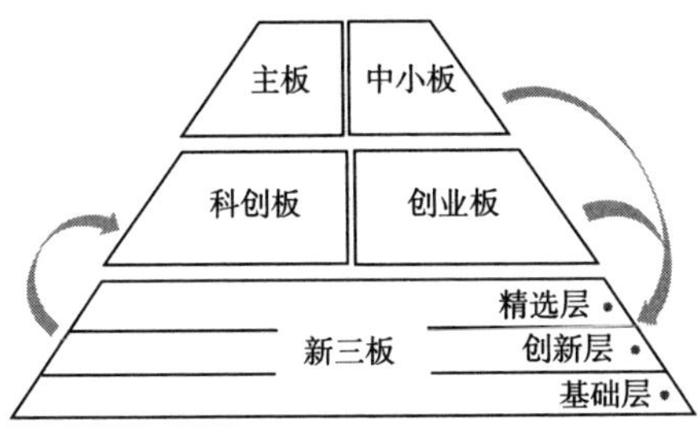

说到底，资本市场的存在是为实体经济提供服务的，助力实体经济，促进实体经济的规模、技术和研发、市场开拓，担当行业的排头兵，引领行业的发展，从以下数据可见一斑。

截至 2021 年 2 月 10 日，在深市上市交易的股票统计数据见表 9–3。

表 9-3　深市上市交易的股票统计数据

股　票	数量（只）	成交金额（亿元）	成交量（万股）	总股本（亿股）	总市值（亿元）
主板 A 股	459	1232	892878	8328	101821
主板 B 股	45	1.8	4098	121	550
中小板	1002	1993	1241139	10016	145166
创业板 A 股	912	1603	693911	4558	116467
合　计	2418	4831	2832028	23024	364004

截至 2021 年 2 月 10 日，沪市上市交易的股票统计数据见表 9-4。

表 9-4　沪市上市交易的股票统计数据

股　票	上市公司（家）	上市股票（只）	总股本（亿股）	总市值（亿元）	平均市盈率（倍）
主　板	1595	1638	42166.37	443779.26	16.70
科创板	229	229	664.62	34920.26	91.89
数据总貌	1824	1867	42830.99	478699.52	17.61

截至 2021 年 2 月 10 日，新三板挂牌公司统计数据见表 9-5。

表 9-5　新三板挂牌公司统计数据

类　别	挂牌公司（只）	总股本（亿股）	流通股（亿股）	成交股数（万股）	成交金额（万元）
精选层	47	72.01	24.77	1064.79	23627.32
创新层	1113	1272.22	763.08	2350.85	37237.56
基础层	6839	3924.13	2396.84	3100.53	20507.46
合　计	7999	5268.3	3184.69	6561.16	81372.33

十　公众公司组织架构和公司治理

如前所述，公众公司的行为将影响不特定多数人的利益，这些不特定的多数人将无法像私公司那样亲自参与公司经营和管理，因此，基于交易信息不对称性事实，从卖方的品质担保责任和维护交易稳定性的目的出发，公众公司在获得股票公开交易上的便利和权利的同时，需在公司的组织架构和公司治理方面履行更多的义务、承担更多的责任。从这一角度讲，上市公司与非上市公众公司并无二致，因此，本书将这两类公司放在一起表述。

（一）公众公司法人治理方面需遵守的义务和责任

公众公司在法人治理方面需遵守的义务和责任分三个层面，这三个层面法律上的效力等级是不一样的，也就是说，公众公司违反这些规定、规章和规则的后果也不一样。违反第一层面——法律层面的义务将导致行为无效、承担违约责任甚至刑事责任的法律后果；违反第二层面——证监会部门规章层面的义务将导致被证监会处以罚款、证券市场禁入、行政拘留等行政处罚措施；违反第三层面——交易所规则将导致被交易所处以通报批评、公开谴责、公开认定其不适宜担任公司董监高和董事会秘书等惩戒措施。

第一个层面为法律层面，主要是《公司法》和《证券法》的强制性规定，法律上效力等级最高。《公司法》专设“上市公司组织机构”一章，增加如下几项内容：一是第一百二十一条规定

“上市公司在一年内购买、出售重大资产或者担保金额超过公司资产总额百分之三十的，应当由股东大会作出决议，并经出席会议的股东所持表决权的三分之二以上通过”；二是增加了独立董事制度；三是增加了董事会秘书职务，“负责公司股东大会和董事会会议的筹备、文件保管以及公司股东资料的管理，办理信息披露事务等事宜”；四是增加了董事会会议中关联董事的回避表决制度和股东大会中的关联股东回避表决制度。对于上市公司来说，上述四项内容为强制性规定，必须遵守。对新三板挂牌公司来说，公司重大资产重组需经股东大会 2/3 以上审议通过以及董事会/股东大会对关联交易的审议问题上关联董事/关联股东需回避表决为强制性要求，独立董事和董事会秘书的设置为非强制性要求。

《证券法》以建立一个公开、公平、公正的证券市场为宗旨，主要规定了证券（包括股票和债券以及存托凭证等其他金融衍生品种）发行、交易、上市公司收购和信息披露等环节的行为规则，以及证券法律关系中各方的权利义务和责任。特别需要提及的是，2019 年 12 月 28 日修订、2020 年 3 月 1 日起实施的《证券法》显著提高了证券违法行为的行政处罚力度，将行政处罚金额提高了千万级，实质性地提高了证券违法行为的成本，并增设信息披露和投资者保护专章，创设了对中小投资者的证券民事赔偿集团诉讼制度。可以说，从证券违法行为法律后果的角度讲，目前关于法律责任的规定已经与西方发达国家的规定基本相当。这一点，需要引起公司、董监高以及控股股东/实际控制人和各中介机构的高度重视。

公众公司在公司治理方面需遵守的第二个层面的义务为证监会颁布的规章，以证监会令和公告形式发布，法律上效力等级次之。如沪、深证券交易所上市公司需遵守的《首次公开发行股票并上市管理办法》《首次公开发行股票并在创业板上市管理办法》

《证券发行与承销管理办法》《上市公司章程指引》《上市公司重大资产重组管理办法》《上市公司收购管理办法》《上市公司信息披露管理办法》《上市公司股东大会规则》以及信息披露指引等。新三板挂牌公司则需要遵守证监会为新三板挂牌公司制定的部门规章，如《关于加强非上市公众公司监管工作的指导意见》《非上市公众公司收购管理办法》《非上市公众公司监管管理办法》《非上市公众公司章程指引》以及信息披露指引等。

公众公司在公司治理方面需遵守的第三个层面的义务为上市地交易所发布的业务规则，如《上海证券交易所股票上市规则》《深圳证券交易所股票上市规则》《上海证券交易所交易规则》《深圳证券交易所交易规则》《全国中小企业股份转让系统业务规则》《上市公司规范运作指引》《控股股东、实际控制人行为指引》以及信息披露指引等。交易所的上述业务规则虽然没有法律上的效力，但交易规则、信息披露等是公众公司必须遵守的行为准则，指引类规则对公司有倡导性意义，对于规范和提高公众公司法人治理水平具有积极意义。

上述三个层面的义务和责任汇总在公司 IPO 或新三板挂牌过程中中介机构协助公司编制的公司章程，股东大会、董事会和监事会议事规则，关联交易管理制度，对外投资和融资管理办法，对外担保管理办法等文件中。

（二）公众公司法人治理的具体要求

上述文件内容繁杂，需要董事、监事和高管进行学习，至少要通读，理解和掌握这些规则，才能在公司上市后更好地驾驭，这也是我们业务过程在对上市公司辅导期应当完成的工作，这些法律和规则的基本原则在本书适当部分均有提及，故不再赘述。

为便于大家理解和学习，本书将涉及公众公司组织结构和公司治理的主要事项进行如下分类。

(1) 除《公司法》明确规定的股东大会权限外，就公司生产经营过程中发生的重大事项，如出售和购买资产、对外投资和融资、对外担保、关联交易事项等按照重要性原则在股东大会和董事会、经理层之间进行权限划分，对董事会和经理层进行适当的授权。如《公司法》第一百二十一条规定的公司资产购买和出售的权限划分，还包括交易所上市规则中规定的对外担保的权限划分：

“下述担保事项应当在董事会审议通过后提交股东大会审议：

①单笔担保额超过公司最近一期经审计净资产 10% 的担保；

②公司及其控股子公司的对外担保总额，超过公司最近一期经审计净资产 50% 以后提供的任何担保；

③为资产负债率超过 70% 的担保对象提供的担保；

④按照担保金额连续十二个月内累计计算原则，超过公司最近一期经审计总资产 30% 的担保；

⑤按照担保金额连续十二个月内累计计算原则，超过公司最近一期经审计净资产的 50%，且绝对金额超过 5000 万元以上；

⑥本所或者公司章程规定的其他担保。”

为什么要对公司对外担保做特别规定，就是因为对外担保不是公司的经常性业务，公司未来是否会因此承担义务和责任不取决于本公司，而取决于被担保人的业务和财务状况，所以，这是这是公司的或有法律风险，一旦发生，将直接损害股东权益。因此，法律需要设定小股东参与决策的机制。

(2) 三会议事规则，包括召集和召开程序、会议通知、议案、投票、现场表决、网络表决、累计投票权、会议决议和记录等。

（3）独立董事制度：包括独立董事的身份要求和专业要求、独立董事比例、必须单独发表意见的事项、独立董事工作制度等。

（4）关联方与关联交易：公司关联方的范畴与变化、关联交易的种类和交易额等。

（5）信息披露：包括定期报告（年度报告、半年报和季报）、三会决议、临时报告（重大事项）等的事项披露格式和内容以及披露时间的要求。

（6）公司股票上市后发生重大事项的条件和实施程序的要求：如公开发行证券和债券、定向发行、发行股份购买资产、重大资产重组、吸收合并、股权激励、发行可转换债券和优先股以及其他衍生品种等。

（7）公司股票上市后申请临时停牌、复牌、退市风险、暂停交易、恢复交易、终止交易和重新上市等事项。

（8）公司股票上市后的交易。

（9）国有上市公司股权管理。

上述内容除国有上市公司股权管理和公司股票上市后的交易部分外，本书在相应部分均有涉及，大家可以在相关部分找到具体内容。

（三）公众公司组织架构与法人治理的特点——信息披露与更多的义务、责任

综上所述，我们不难发现，公众公司在组织架构和法人治理方面有两个特点，一是需要遵守法律、行政法规和部门规章以及上市地交易所发布的关于公司治理的强制性规定，在公司治理方面承担更多的义务和责任；二是需全面、及时地履行信息披露的义务，保证信息披露的真实性、准确性和完整性。相对于私公司，

公众公司运营规模加大、风险也同时加大，所以更需要重视科学的法人治理结构的建立与运行。同时，公众公司有足够的事业平台和支付能力，能够吸引更好的职业经理人加入，从而有条件在内部机构设置和运营上做得更好。事实上也是如此，能够进入公众公司序列的公司的治理水平都是排在前列的，进入资本市场后，在市场的监督以及中介机构的帮助下，经过了资本市场的洗礼，目前国内大多数公众公司在公司治理方面确实走在了市场经济的前列，为同行业公司做出了表率。

（四）公众公司法人治理是否还有意思自治的空间

实践中看到这些规定以及中介机构做出的厚厚一摞文件后，上市公司通常会觉得自己被格式化了，没有什么意思自治了。其实不然，公司作为上市主体，仍然有根据自己实际情况进行适当意思自治的空间，如本书“公司的设立”专题中谈到的股东可以特别约定的事项中的增减股东大会/董事会和经理层职权，规定股东大会、董事会和监事会议事规则；“私公司的组织架构与治理”专题中谈到的公司可以意思自治的范畴，在遵守法律、行政法规、部门规章以及交易所规则中关于公众公司强制性义务的情况下，仍然可以自由约定。当然，实践中做好这种意思自治还需要条件：首先是公司要有要求，其次是公司控股股东、高管要相对全面学习、熟悉规则，最后公司要与中介机构（主要是律师）进行多方沟通、研究。

（五）如何看待证监会部门规章、交易所指引类规则对公众公司治理的影响——以《上市公司章程指引》为例

如本专题第一部分所述，公众公司是证券市场上的运动员，因

此，为实现证券市场稳步发展的目的，法律、部门规章、交易所规则成为运动员需遵守的法律与规则，当然，这三个层面的效力等级不一样，强制性程度和法律后果也不一样。从公众公司治理的角度，我们知道，证券市场是高度发达的市场化经济，我们尚处于初级阶段，对于证监会来说，初级阶段的历史使命是严格保证法律强制性规范的实施，这也是当前阶段下虽然证监会鼓励创新，但真正意义上的创新不多的根本原因。随着市场经济的发展、市场经济主体的日益成熟，我们的市场经济主体必然会在遵守法律规定的前提下，更娴熟地驾驭规则，并出现更多的个性的安排。

以证监会2014年修订的《上市公司章程指引》为例，其中的条款可以分为三类：一是《公司法》的强制性规定；二是技术操作规范（如第五十五条关于股东大会网络表决的会议通知时间安排）；三是倡导性条款和自治条款。

现就倡导性条款和自治条款分述如下。

（1）如《上市公司章程指引》第四十一条关于股东大会对外担保权限的规定："公司下列对外担保行为，须经股东大会审议通过。（一）本公司及本公司控股子公司的对外担保总额，达到或超过最近一期经审计净资产的50%以后提供的任何担保；（二）公司的对外担保总额，达到或超过最近一期经审计总资产的30%以后提供的任何担保；（三）为资产负债率超过70%的担保对象提供的担保；（四）单笔担保额超过最近一期经审计净资产10%的担保；（五）对股东、实际控制人及其关联方提供的担保。"上述（一）至（四）款为倡导性条款，公司可以根据自己的实际情况，就上述担保的具体数据进行调整，适当增减。第（五）款为法定条款，《公司法》第十六条的强制性规定，不能调整。

（2）第九十六条关于董事选聘程序、任期年限的规定为任意性条款。

（3）第一百零七条第（八）款关于董事会职权规定："在股东大会授权范围内，决定公司对外投资、收购出售资产、资产抵押、对外担保事项、委托理财、关联交易等事项"，以及第一百一十条"董事会应当确定对外投资、收购出售资产、资产抵押、对外担保事项、委托理财、关联交易的权限，建立严格的审查和决策程序；重大投资项目应当组织有关专家、专业人员进行评审，并报股东大会批准。注释：公司董事会应当根据相关的法律、法规及公司实际情况，在章程中确定符合公司具体要求的权限范围，以及涉及资金占公司资产的具体比例"。

该条款为任意性条款，在遵守《公司法》第一百二十一条强制性规定——"上市公司在一年内购买、出售重大资产或者担保金额超过公司资产总额百分之三十的，应当由股东大会作出决议，并经出席会议的股东所持表决权的三分之二以上通过"的情况下，就该等条款，公司需要根据自己所处行业、业务、资产、董事会构成情况进行实事求是的安排，并可以根据该等安排相应调整、细化股东大会在该等事项的权限。

（4）第一百一十六条关于董事会通知、第一百二十条关于董事会表决方式均为任意性条款。

所以，当前阶段，公众公司应当认真学习法律和规则，根据自身实际情况用好倡导性条款与任意性条款，从而做好自己公司的法人治理制度安排。

（六）表决权行使与设置——股权结构相对分散的公众公司法人治理难点

对于没有控股股东和实际控制人、股权结构相对分散的公众公司而言，如何处理好股东与管理层关系，既要有利于公司的发展和全体股东利益，又要维护管理层的积极性，还不能阻挡外来股东的进入，这种多方利益的平衡，实质涉及股东表决权的行使，这是公众公司法人治理的难点，需要在公司治理上下功夫、做文章，这也是万科事件从公众公司治理角度给资本市场做出的最大的贡献。

如前所述，股东一旦完成了出资义务，剩下的都是权利，既然是权利，就可以行使，也可以放弃。而对于控股股东而言，由于公司的经营和发展与其有着更密切的关系，所以，控股股东自然会积极行使股东权利，小股东更多的表现是消极的。这个问题对于没有控股股东和实际控制人、股权结构相对分散的公众公司来说，问题就非常突出：在积极股东少、消极股东多的情况下董事会怎么平衡各方利益关系？

由于股东权利行使的核心是表决权，所以，我们从表决权角度分析表决权行使与设置的理论基础与实践意义。

首先，各方需严格遵守法律的边界，即股东会与董事会权利边界、控股股东与小股东权利边界，不得越权。除此之外，权利的行使还需遵循诚实信用这个民法的基本原则。

其次，公众公司强调同股同权，同一类别的股份享有同等权利，目前根据《公司法》的规定以及资本市场实践，公众公司类别股份分为普通股与优先股，内资股（A 股）与境内发行外资股（B 股）、境外发行外资股（H 股）。不同类别股东的权利可以不同，并允许在公司章程中作出特别约定。

再次，注册制下，遵循市场化的原则，在公司治理上也给了公司更多的选择，目前在科创板、创业板和精选层中均允许同一类别的股份设置不同的表决权（表决权差异安排制度），当然，为防止权利滥用，在适用表决权差异安排制度中对发行人在公司规模和法人治理水平上提出了较高的要求。

再次，根据法理，表决权是股东自益权，股东既可以行使，也可以不行使；既可以自己行使，也可以委托他人行使，如委托代理人参加股东大会并行使表决权，董事会可以征集表决权、股东可以达成合意一致行动、表决权可以有偿或无偿的方式让渡、表决权信托等。这些安排，法律上都是有效的。

最后，公司成立后对外发行股份时关于发行条件的约定构成要约（公开发行时构成要约邀请），如果在发行文件中对本次发行股票进行表决权的限制（如本次发行股份每股享有0.1个表决权），只要不违反法律的禁止性规定（如国有资产管理规定），即为有效，特定的或不特定的市场主体按公司披露的条件参与本次定增，即视为接受该等条件。如此说来，在符合上述条件下，对于没有控股股东和实际控制人、股权结构相对分散的公众公司来说，如果公司创始人股东在意自己对公司未来重大事项的表决权，就可以采取双重或多重表决权设置的方式处理。这种安排在法律上也是有效的。

伴随着资本市场的成熟，境外上市公司允许对董事提名权做出特别安排，如阿里巴巴的事业合伙人制度，其公司章程中规定上市后董事会多数成员提名权归事业合伙人，这种安排未来在国内能否实施，值得大家去思考、探讨。

十一　信息披露

从消极角度讲，信息披露是私公司成为公众公司的代价；从积极角度讲，信息披露是构筑上市公司信用体系的基础；从法律角度讲，信息披露是上市公司获得公开转让和发行股份/新三板挂牌公司获得公开转让股票等权利的同时应当承担的义务。信息披露的义务从公司启动上市过程、中介机构进场后就开始了，一直持续终生。所以，我们作为证券业务服务人员，在项目进行过程中总是不厌其烦地向公司、公司控股股东和实际控制人、公司董事和监事及高管进行信息披露方面的宣讲工作。这样做的目的只有一个：让公司及信息披露义务人能够真正了解信息披露义务产生的原因，并能够自觉履行好这个义务；否则，要么项目启动后因此原因而中止或终止，要么在公司成为公众公司后作为法律顾问的律师就被董事会秘书绑架了，天天电话咨询信息披露事项；要么提心吊胆，生怕哪天公司出个什么事把自己拽进去。所以，还得授之以渔啊！

这里需要澄清的一个事实：信息披露不仅仅是公众公司的义务，私公司也要履行信息披露的义务，维护股东的知情权，如定期召开董事会、股东会，向股东提供定期财务报告、生产经营重大事项、财务预决算等重大信息，只是由于私公司股东中外来股东不多，公司股东基本都亲自参与经营管理活动，所以，在这个问题上通常不会出现争议。近些年来，随着公司股权价值显现，由于私公司怠于履行信息披露义务而产生的纠纷越来越多了。

为什么公众公司要履行更多的信息披露义务?

前面已经讲过，公司对外披露首次发行招股说明书公开发行股票的行为构成法律上的要约邀请，一旦买方认购，合同就完成了，买方成为公司股东。因此，公司作为卖方应当承担起码的卖方品质担保责任，得把这股票是如何产生的，股票价值如何等事项讲清楚。沪、深证券交易所和股转公司挂牌交易的公司在股票上市公开交易过程中股东为卖方，但股东不是自己去销售，而是通过公司统一对外销售。因此，公司受股东委托，也要承担卖方的品质担保责任，将该股票的形成、股东权益讲清楚，并将影响股票价格的重大事项及时、全面地告知市场。又由于该等交易为资产证券化的交易，在交易双方信息不对称的情况下，为维护交易秩序和交易成果的稳定性，在强调买方自负原则的同时，更需要加强卖方的品质担保责任。目前，新三板的备案制核心就是加强公司和中介机构的信息披露义务，IPO 推行注册制后，也是更加强化公司和中介机构的信息披露义务，并加大对违法行为的处罚力度。所以，公众公司更多地履行信息披露义务体现了法律上的权利和义务的一致性。如果能这样想，就一定会发自内心地自觉履行信息披露义务。

公众公司如何更好地履行信息披露义务?

信息披露的基本原则是及时、公平，并保证信息的真实、准确和完整，不得有虚假记载、误导性陈述或者重大遗漏。这几个词理解起来不难，真正做好也是不易。这里的公平是指对于买卖双方的公平，只有买卖双方都能够在同一时间获得同样的信息，对于他们来说才是公平的。及时履行信息披露义务是实现公平的条件。我们都知道，实践中最先获得影响公司股价重大信息的人员应当是相关业务的董事和高管、财务负责人、部分中介机构，因此，先行获得信息的人员需要在该等信息公开披露之前保密，使市场主体能够同时获得该等信息。信息披露不完整也是公众公司经常犯的错误，部分是由于主观原因采取选择性披露或将本应一次披露的信息碎片化披露，部分是由于客观上判断错误将应当披露的信息不披露。解决判断错误的方法有两个：一方面自己要认真学习，接受专业人士的意见；另一方面是换位思考，把自己放在交易对方角度来判断公司的信息是否构成应当披露的重要事项。如果实在判断不了，还可以与交易所沟通，涉及国家秘密、商业秘密的事项也可以与交易所沟通豁免披露。

为履行好信息披露义务，公众公司需要设立专门的部门，如证券部，制定专门的《信息披露管理办法》，交由各部门学习和执行。

公众公司的信息披露义务，除《公司法》《证券法》法律层面的规定外，更多的是证监会、股票上市交易所对公司提出的具体要求，又由于目前沪深两市证券交易所和新三板实施了不同的上市条件和程序，所以，表现在上市公司和新三板挂牌公司的信息披露上具体规定也略有不同。本书将这两种情况分述如下。

（一）上市公司信息披露

上市公司的信息披露义务可以分为两个阶段。

第一阶段是公司股票挂牌交易前，从中介机构进场到申报文件公开。现在申报文件的预披露时间逐渐提前，实行申报即披露，大大提前披露的时间。这一阶段的第一信息披露义务人是公司和公司的董监高，其义务是全面地向中介机构提供公司股东情况、经营情况、财务会计等资料和信息，并保证所提供资料的真实、准确和完整，全面配合中介机构开展尽职调查。第二信息披露义务人是保荐人/主办券商、会计师事务所、律师事务所、资产评估机构及其他证券服务机构，这些证券服务机构是证券市场的专业人士，对证券市场信用体系的建立发挥着举足轻重的作用。因此，作为专业人士，必须严格履行法定职责，遵照本行业的业务标准和执业规范，按照专业人士应当履行的注意义务，对公司的相关业务资料进行核查验证，确保所出具的相关专业文件真实、准确、完整、专业。

上市前的信息披露集中体现在公司上市申报文件和各中介机构出具的专项报告中，最大的风险是欺诈上市，导致欺诈上市的主要原因是财务虚假，虚增销售收入和利润。最近几年来，天丰节能、万福生科、新大地、胜景山河等多家公司因为虚假上市被证监会行政处罚。这些案例确实造成了恶劣的市场影响，尽管中介机构在有证据证明其勤勉尽责的情况下可以免责，但仍然难辞其咎。事实上，在发生上述重大案件的情况下，中介机构很难免责。客观地讲，行政许可制度下，由于规定了较高、较严格的上市条件，财务数据量化清楚，一旦上市公司股票价格高涨，这些成为公司财务造假行为产生的原因。有理由相信，伴随着证券市场的成熟、中介机构的成长，在注册制条件下，证券市场的规则能够从一定程度上抑制造假冲动的产生，自然会很大程度上避免造假的发生。

第二阶段是公司股票在交易所挂牌交易后直至退市。这期间公司和董监高仍然是信息披露的第一责任人，如定向增发购买资产、重大资产重组、买壳等重大事项涉及证券服务机构为此出具专项意见的，则中介机构亦为信息披露义务人。

董监高作为信息披露责任人涉及两个层面：一方面是公司层

面的，需保证其作为公司董事、监事或高级管理人员以公司名义对外提供的信息真实、准确、完整，不存在虚假、误导性陈述或重大遗漏；另一方面是作为公司董监高自然人层面的，即需要在上市文件中自行填写《声明与承诺》，对外披露自己的相关事项，并保证所披露事项的真实、准确和完整。

董事会秘书是专职负责公司信息披露工作的负责人，证券事务代表协助董事会秘书履行信息披露义务。董事会秘书辞职或不能行使职责时，法定代表人需作为信息披露第一责任人，承担信息披露义务。新三板挂牌公司也需要指定专门的信息披露负责人。

根据法律、证监会规章和交易所规则规定，上市公司需披露的信息范畴大致如下。

（1）股票上市交易前的信息披露为招股说明书/挂牌说明书、募集说明书、上市公告书、审计报告、法律意见书、券商推荐报告和补充报告。

（2）股票上市后需披露的定期报告：年报、半年报和季报、股东大会、董事会和监事会决议。

（3）专项事项的披露：定向增发、配股、公开发行债券、可转债、重大资产重组、资产收购、公司收购、合并、破产清算等事项。

（4）公司股票上市后需披露的临时报告：主要是影响公司股票价格的重大事项。由于重大事项实践中判断容易出问题，《证券法》第八十条、八十一条第二款和沪/深证券交易所上市规则均做了明确的规定。《证券法》第八十条第二款所称的重大事件包括：（1）公司的经营方针和经营范围的重大变化；（2）公司的重大投资行为，公司在一年内购买、出售重大资产超过公司资产总额百分之三十，或者公司营业用主要资产的抵押、质押、出售或者报废一次超过该资产的百分之三十；（3）公司订立重要合同、提供重大担保或者从事关联交易，可能对公司的资产、负债、权益和经营成果产生重要影响；（4）公司发生重大债务和未能清偿到期重大债务的违约情况；（5）公司发生重大亏损或者重大损失；（6）公司生产经营的外部条件发生的重大变化；（7）公司的董事、三分之一以上监事或者经理发生变动，董事长或者经理无法履行职责；（8）持有公司百分之五以上股份的股东或者实际控制人持有股份或者控制公司的情况发生较大变化，公司的实际控制人及其控制的其他企业从事与公司相同或者相似业务的情况发生较大变化；（9）公司分配股利、增资的计划，公司股权结构的重要变化，公司减资、合并、分立、解散及申请破产的决定，或者依法进入破产程序、被责令关闭；（10）涉及公司的重大诉讼、仲裁，股东大会、董事会决议被依法撤销或者宣告无效；（11）公司涉嫌犯罪被依法立案调查，公司的控股股东、实际控制人、董事、监事、高级管理人员涉嫌犯罪被依法采取强制措施；（12）国务院证券监督管理机构规定的其他事项。《证券法》第八十一条第二款所称的重大事件包括：（1）公司股权结构或者生产经营状况发生重大变化；（2）公司债券信用评级发生变化；（3）公司重大资产抵押、质押、出售、转让、报废；（4）公司发生未能清偿到期债务的情况；（5）公司新增借款或者对外提供担保超过上年末净资产的百分之二十；（6）公司放弃债权或者财产超过上年末净资产的百分之十；（7）公司发生超过上年末净资产百分之十的重大损失；（8）公司分配股利，作出减资、合并、分立、解散及申请破产的决定，或者依法进入破产程序、被责令关闭；（9）涉及公司的重大诉讼、仲裁；（10）公司涉嫌犯罪被依法立案调查，公司的控股股东、实际控制人、董事、监事、高级管理人员涉嫌犯罪被依法采取强制措施；（11）国务院证券监督管理机构规定的其他事项。

除明确列示外，如何判断实践中发生的需披露的重大/重要事项?

首先，列举是永远无法穷尽的；其次，上述列举更多使用了“重大”“重要”“主要”这样的修饰词，表明信息披露的标准是按照重要性原则进行把握的，虽然各交易所对部分事项的“重大”“重要”“主要”做了量化的规定，但实践中发生的更多是没有具体量化标准的事项。因此，对于未列举的事项以及重要性的判断还需要公司信息披露义务人根据信息披露的基本原则和基本精神去理解、判断和执行。举例来说，一家公众公司的实验室失火了，虽然没有造成人员伤亡，实验室内设备账面价值也不高，但因为是实验室，所以具有一定的重要性，能够从一定程度上影响公司的持续经营和股价。所以，一般情况下需要按照重大事项进行披露。但也要根据实际情况进行实事求是的分析和判断：比如，公司一共有3个实验室，如果失火的实验室担任公司初试工作，且设立时间已超过5年，最近正准备更新，新的升级版实验室建设工作已经完成，目前正处于实验设备调试阶段，预计两个月后可以正常使用，那么这种情况下该实验室失火对公司不构成重大影响，可以不按照重要性原则进行披露。

关于上市公司需披露的重大/重要信息判断再举一例：给上市公司出具审计报告的会计师事务所被股东提起诉讼，理由是审计报告数据造假，要求会计师事务所做出赔偿，目前阶段尚未追加上市公司作为诉讼主体，这种情况下上市公司是否需要公告？从法律上看，这种情况尚不构成上市公司的重大诉讼。但是，一方面从实质看，其诉讼的内容涉及上市公司已经披露的公司财务报告，而公司财务报告显然属于重大和重要性信息，一旦该等信息被法院判令造假，必然影响公司股价，因此，构成重大和重要性信息，应当公告。另一方面，该诉讼进行过程中，上市公司本身将构成重要的主体，或者通过会计师事务所申请或者法院依法追加的方式，被拖至诉讼案件中，届时也必然要公告。

（二）新三板挂牌公司信息披露

对于新三板申报文件，如何把握信息披露的程度?

这是拟挂牌公司和项目组经常产生争议的问题，也是拟挂牌公司比较困惑的问题。由于新三板挂牌实行备案制，即以信息披露为核心，所以，新三板挂牌过程中，中介机构对项目信息披露的要求就是充分的信息披露。但何为“充分”? 项目组与拟挂牌公司理解差异很大，拟挂牌公司通常不愿意将更多的信息对外披露而不能接受中介机构对信息披露的要求。但是中介机构认为，既然新三板以信息披露为核心，在对项目持续经营能力和未来发展看好的前提下，即在不构成挂牌障碍的前提下，公司应当适当履行信息披露义务，而不能选择性地披露。这是公司和中介机构的诚信，也有助于未来在资本市场上的进一步发展和运作。最近，股转公司加大了对新三板项目信息披露的要求，如要求提交电子版工作底稿、单独披露与关联方的资金往来等，也是进一步明确了新三板项目信息披露的方向，体现了备案制的实质。

新三板挂牌后，股转公司对新三板挂牌公司需履行的信息披露义务要求与在深、沪证券交易所上市公司并无二致，其差异主要表现在如下几个方面:

（1）定期报告中不强制披露季报;

（2）不强制设董事会秘书职务，但需设专职信息披露责任人;

（3）除规定的必须披露事项外，鼓励公司自愿披露;

（4）临时报告中需披露的重大事项基本上与上市公司需披露的重大事项重合，从股转公司具体规则规定来看，与上市公司要求相比范围要小一些，但实践中股转公司将挂牌公司持续督导义务赋予主办券商，同时也把信息披露的判断标准赋予了主办券商，因此，实践中新三板挂牌公司需披露的公司重大事项应当与沪、深上市公司无大的差异。

（三）内幕交易

内幕交易属于信息披露违法行为，如果说虚假信息披露是一种消极违反信息披露义务行为的话，那么内幕交易就是积极的信息披露违法行为。内幕交易是指在上述重要信息未成为公开信息前，任何信息披露义务人利用该等信息进行股票交易的行为，无论是否获利都不影响内幕交易的认定。内幕交易是全球证券市场监管的难题，也是人性的弱点，这些年证监会网站上披露最多的行政处罚就是内幕交易，严重的内幕交易还可以触发刑事责任。当然，非法泄露内幕信息或者编制虚假信息并进行传播的行为也构成违法。

《证券法》第五十一条规定的内幕信息知情人包括：

（1）发行人及其董事、监事、高级管理人员；

（2）持有公司百分之五以上股份的股东及其董事、监事、高级管理人员，公司的实际控制人及其董事、监事、高级管理人员；

（3）发行人控股或者实际控制的公司及其董事、监事、高级管理人员；

（4）由于所任公司职务或者因与公司业务往来可以获取公司有关内幕信息的人员；

（5）上市公司收购人或者重大资产交易方及其控股股东、实际控制人、董事、监事和高级管理人员；

（6）因职务、工作可以获取内幕信息的证券交易场所、证券公司、证券登记结算机构、证券服务机构的有关人员；

（7）因职责、工作可以获取内幕信息的证券监督管理机构工作人员；

（8）因法定职责对证券的发行、交易或者对上市公司及其收购、重大资产交易进行管理可以获取内幕信息的有关主管部门、监管机构的工作人员；

（9）国务院证券监督管理机构规定的可以获取内幕信息的其他人员。

《证券法》第五十二条规定：证券交易活动中，涉及发行人的经营、财务或者对该发行人证券的市场价格有重大影响的尚未公开的信息，为内幕信息。《证券法》第八十条第二款、第八十一条第二款所列重大事项属于内幕信息。

（四）信息披露违法违规行为统计数据与案例分析

根据证监会网站披露的信息，2015 年 1～12 月证监会系统共受理违法违规有效线索 723 件，较上年增长明显，新增立案案件共计 345 件，同比增长 68%；2013～2015 年立案案件数量情况如图 11-1 所示。新增涉外案件 139 起，同比增长 28%；办结立案案件 334 件，同比增长 54%。累计对 288 名涉嫌当事人采取限制出境措施。冻结涉案资金共计 37.51 亿元，金额为历年之最。向公安机关移送案件 55 件，通报犯罪线索 50 余起。移交处罚审理案件 273 件，对 767 个机构和个人做出行政处罚决定或行政处罚事先告知，同比增长超过 100%，涉及罚没款金额 54 亿余元，超过此前十年罚没款总和的 1.5 倍。

2015 年 1～12 月，对内幕交易、利用未公开信息交易立案调查

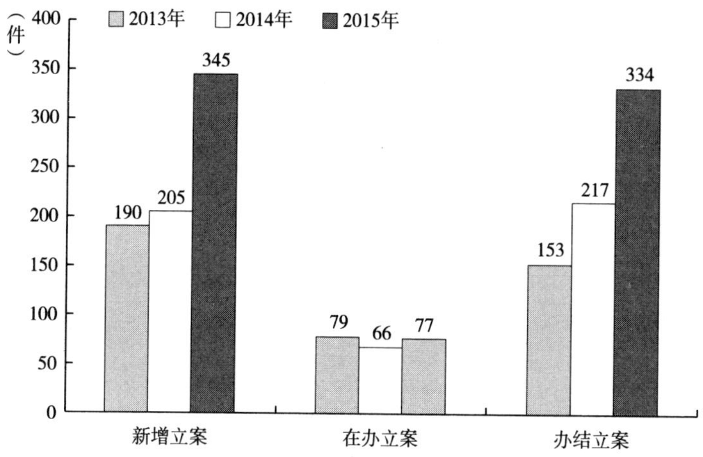

图 11-1　立案案件办理数量情况

共计85起，对信息披露违规及证券期货服务机构违法违规立案调查共计61起，占比18%，同比增长53%。对操纵市场案件立案调查的共计71起，案件数量创下近三年来新高，占比达到21%，同比增长373%，其中又以信息操纵、滥用程序化交易操纵、滥用融资融券操纵等新型操纵案件为重点。2015年立案案件类型结构见图11-2。

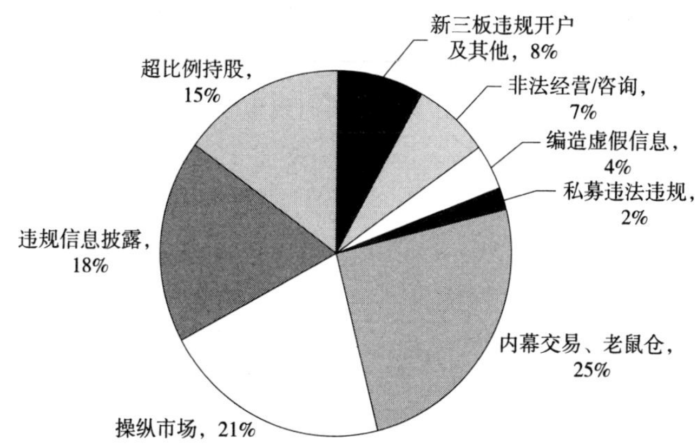

图 11-2　2015 年立案案件类型结构

我们统计了2015年1~12月证监会对上市公司及相关方共做出的42份行政处罚，其中，涉及信息披露11件、内幕交易12件、违法减持13件、操纵股票价格4件，其他2件。因信息披露违法的行政处罚中还涉及112名公司董监高、2家中介机构，合计做出罚款1509万元，对12名自然人（包括2名中介机构人员）做出市场禁入的决定。未来的民事赔偿将不以行政处罚为前置条件，所以，将引发更多的民事赔偿。

为便于大家进一步了解上市公司信息披露义务，我们摘录了2016年1月22日证监会网站上披露的两宗信息披露违法案件和3宗内幕交易违法案件。

信息披露违法案件一：某上市公司在年产2万吨高纯氯氧化锆项目建设过程中，将新建的2万吨项目与乐昌分公司的1.5万吨项目整合成年产3.5万吨项目，时任董事长陈某在未经董事会及股东大会批准的情况下，擅自改变公司非公开发行募集资金79902315.48元用途，用于项目的拆迁等事项。对于上述情况，上市公司未按照规定在2012年年报、2013年年报、2014年年报和各次关于募集资金使用和管理的情况说明的公告中披露，构成了信息披露违法。依据《证券法》第一百九十三条第一款的规定，我会决定对该上市公司给予警告，并处以30万元罚款；对陈某某给予警告，并处以10万元罚款；对其他涉案人员给予警告，并分别处以3万元罚款。

信息披露违法案件二：该案件还涉及在限制期限内买卖股票，某公司作为某上市公司第一大股东，于2014年7月1日至2015年5月25日通过大宗交易减持上市公司1400万股，累计减持股份占已发行股份的比例达到5.9375%；其中，在2015年5月22日减持后，减持上市公司比例已超过上市公司已发行股份的5%，上市公司未按照规定及时向中国证监会和深圳证券交易所提交书面报告，也未通知上市公司并予以公告。某公司违法减持的股份数为300万股，违法减持金额为5391万元。依据《证券法》第一百九十三条第二款、第二百零四条的规定，我会决定责令该公司改正，在收到行政处罚决定书之日起3日内对超比例减持情况进行报告和公告，并就超比例减持行为公开致歉；对上市公司超比例减持未披露及限制期内转让行为予以警告，对违法行为直接负责的主管人员严某予以警告；对该公司超比例减持未披露行为处以40万元罚款、限制期内转让行为处以270万元罚款，罚款合计310万元；对该公司超比例减持未披露行为，对直接责任人严某处以20万元罚款，对上市公司限制期内减持行为，对直接责任人严某处以20万元罚款，罚款合计40万元。

内幕交易案件一：某上市公司董事长景某是上市公司并购重组事项的知情人，景某朋友张某与景某在内幕信息敏感期内通话频繁，并通过他人账户交易上市公司股票，非法获利2508478.36元，构成内幕交易。依据《证券法》第二百零二条的规定，我会决定责令张某处理非法持有的股票，没收张某违法所得2508478.36元，并处以7525435.08元罚款。

内幕交易案件二：广东某上市公司副总裁、财务总监兼董事会秘书郑某是上市公司收购梁某持有的珠海某公司23.75%股权事项的知情人，涉案内幕信息敏感期内，黄某与郑某多次电话、短信联系，通过本人及他人账户交易上市公司股票，非法获利4155227.22元，构成内幕交易。我会依法没收黄某违法所得4155227.22元，并处以12465681.66元罚款。

内幕交易案件三：陈某利用其配偶臧某所掌握的安徽某上市公司非公开发行股票的内幕信息，在内幕信息敏感期内，通过本人账户交易上市股票，非法获利73091.3元，构成内幕交易。我会依法没收陈某违法所得73091.3元，并处以73091.3元罚款。

根据股转公司网站披露的信息，2015年2月11日，股转公司对北京某挂牌公司就信息披露违规行为做出处分：对挂牌公司做出通报批评的纪律处分，并记入诚信档案；对信息披露违规行为直接责任人公司董事长、财务总监和董事会秘书分别给予通报批评的纪律处分并记入诚信档案。

作为从业多年的证券律师，对于信息披露确实有着很深的体会。记得刚做证券业务时涉及一项境外上市业务，我发现香港的律师做尽职调查根本不到现场，发出资料清单后让公司准备材料，然后复印、邮寄（那时候还没有扫描），律师坐在办公室就做完尽职调查了。内地的律师绝对不敢这么做，不到现场绝对不行，在现场待的时间短了也发现不了问题。就是到了现场，还需要与当事人"斗智斗勇"，穷尽自己的专业手段和方法做尽调。后来发现香港的律师也不敢坐在办公室做尽调了。这也侧面说明了我们一些公司的诚信问题，也是中介机构在证券业务中的风险。当然，作为市场经济时间不长的国内，诚信体系的建立确实任重而道远，需要法治的手段、市场化的外部环境以及全社会的努力。对于证券市场来说，诚信体系尤为重要。诚信体系建设是证券市场的基石，信息披露则是证券市场的核心，证券法律、规则所引导的价值取向更为重要。因此，在证券市场上，无论是发行条件还是上市后的运作监管，都应适时去行政化，更多地坚持法治化和市场化方向，在此前提下，公司、公司董监高和为公众公司提供证券服务的中介机构，都应恪守职责，严格履行信息披露义务，率先为构筑中国公众公司的诚信体系做出贡献。

十二　独立董事

中国上市公司独立董事制度来源于英美国家，承前所述，上市公司需遵守更多的法律、行政法规、规章和业务规则的规定，承担更多的义务和责任，且其处于证券市场中经济利益的前端，其生产、经营和运营的结果将影响不特定的多数人利益，因此，为从制度上保证上市公司更好地运营，英美国家在资本市场发展的早期就引进了独立董事一职，其设立初衷是希望这些身份独立的董事会成员能够在董事会重大事项决策中发挥不偏不倚的作用，适当纠正公司的错误决策，从而更好地维护上市公司的利益。

综观国内的独立董事制度，很长一段时间以来，这种制度备受诟病，被称为“花瓶”“影子董事”，虽然也发生过独立董事承担民事赔偿责任的情形。其实这也难怪，因为一方面是中国上市公司股权结构不合理，国有控股公司比例较大，处于市场经济前端的上市公司虽然在公司治理上已经走在了其他非上市公司的前列，但还不够成熟，独立董事本身也不够成熟。所以，这种情况下，其作用发挥就有限了。

在当前背景下，市场经济的推进、外部经济环境的恶化，对公司经营提出了越来越严苛的要求，如果不对原有的粗放管理模式进行实质性调整，公司将难以应对市场经济的新问题，难以让公司股价有好的市场表现，更不用说什么长远发展了。这使得上市公司在重大事项决策中对独立董事有了需求。经过最近几年政策层面对独立董事身份的调整，能够在董事会层面帮助公司做出决策和独立发表意见的独立董事群体已经逐步形成，这就使上市公司聘用独立董事并发挥其作用成为可能。当然，在上市公司并购、关联交易、控股权争执的情形下争取独立董事选票也是有意义的。

需要提及的是，独立董事首先是公司董事，需要按照法律、证监会规章和交易所规则履行上市公司董事需要履行的义务和责任。除此之外，根据当前规则，就下列事项，还需要上市公司独立董事事先单独发表意见。

（1）上市公司财务会计报告被会计师事务所出具非标准无保留审计意见的，独立董事对审计意见涉及事项发表意见并公告。

（2）上市公司披露关联交易事项时，独立董事需签署事前认可该交易的书面文件并单独发表意见。

（3）上市公司办理变更募集资金投资项目披露事宜，独立董事需对变更募集资金投资项目单独发表意见。

（4）上市公司董事、监事、高级管理人员、员工或者其所控制或委托的法人、其他组织、自然人拟对公司进行收购或取得控制权的，独立董事应当单独发表意见。

（5）上市公司出现下列情形之一的，独立董事应当就上述事项是否有利于公司长远发展和全体股东利益充分征询中小股东意见，在此基础上发表独立意见：①上市公司股东大会决议主动撤回其股票在本所的交易，并决定不再在交易所交易；②上市公司股东大会决议主动撤回其股票在本所的交易，并转而申请在其他交易场所交易或转让。

（6）上市公司重大资产重组中相关资产以资产评估结果作为定价依据的，独立董事应当对评估机构的独立性、评估假设前提的合理性和评估定价的公允性发表独立意见。

（7）上市公司实施重大资产重组的，独立董事应当在充分了解相关信息的基础上就重大资产重组发表独立意见。重大资产重组构成关联交易的，独立董事可以另行聘请独立财务顾问就本次交易对上市公司非关联股东的影响发表意见。

对于独立董事制度，实践中如何选择独立董事、用好独立董事才是重要的。

十三　同业竞争与关联交易

同业竞争与关联交易是公司想成为上市公司需考虑的重点问题，如果存在同业竞争或没有合理性的关联交易，将影响公司的独立性，导致公司因不符合上市条件而无法实现上市。同 IPO 专题所述，我们认为国内 IPO 仍需将公司独立性作为上市基本条件。按此要求，公司在准备上市前还是要按照中介机构的意见解决与股东之间的同业竞争，以满足独立性的要求。也就是说，同业竞争是上市前必须解决，但科创板作为注册制试点推出后，对同业竞争行为采取了更宽容的态度，即可以结合竞争方与发行人的经营地域、产品或服务定位，判断同业竞争是否会导致非公平竞争、利益输送、相互或单方让渡商业机会以及对未来的潜在影响等，对竞争方的同类收入或毛利占比 30% 以上的，原则上认定为构成重大不利影响（如无充分相反证据）。这种变化，更大程度体现了市场化的方向。作为上市后的公司行为，本专题主要讨论关联交易。

除公司不得直接或间接为董监高提供财务资助外，法律并不禁止关联交易，法律也不干涉私公司的关联交易行为，这个大家要知道。我想其中的原因大概有以下几个方面：一是股东作为投资人，比任何人都知道如何保护自己的权益，这是公司法理论中的重要原则，所以，法律没有必要过分干涉；二是在公司设立和生存发展的前期，公司独立生存能力不足，需要很大程度上依赖股东的力量，关联交易不可避免，也不可能因此损害公司的利益。

（一）关联交易的形式与分类

顾名思义，关联交易就是公司及公司控股子公司与关联方之间的交易，交易的形式可以非常广泛，任何权利义务的安排都是交易，不管是否有偿，具体包括：①购买或者出售资产；②对外投资（含委托理财、委托贷款等）；③提供财务资助；④提供担保；⑤租入或者租出资产；⑥委托或者受托管理资产和业务；⑦赠与或者受赠资产；⑧债权、债务重组；⑨签订许可使用协议；⑩转让或者受让研究与开发项目；⑪购买原材料、燃料、动力；⑫销售产品、商品；⑬提供或者接受劳务；⑭委托或者受托销售；⑮在关联人财务公司存贷款；⑯与关联人共同投资；⑰其他通过约定可能引致资源或者义务转移的事项。

关联交易分两个层面，一是影响公司独立性层面的，如公司在核心业务上使用了股东的技术或者依赖股东的销售渠道，与股东之间的采购、销售或委托生产方面的关联交易占公司全部该类交易的比例较高（如超过30%，有的情况下即使低于30%中介机构也会判断为较高），或者比例虽然不高，但该等交易具有不可替代性，一旦交易对方终止该等交易或者调整交易对价，都将对公司业务产生重要影响。再者，如果对交易对方存在依赖性，那么交易价格的公允性也难以有理由支撑。因此，影响公司独立性的关联交易是不允许存在的，需要通过上市前重组处理。第二个层面是不影响公司独立性，如拟上市公司租赁公司股东办公楼、部分厂房，接受股东提供的水、电、食堂等公共服务以及其他不影响独立性的采购、生产和销售业务。不影响公司独立性的关联交易的实质至少有两点：一是该等交易不是公司的核心业务，二是该等交易是可以替代的，意即如果关联方自身发生经营状况变更或者调整其交易对价，公司可以随时寻找第三方，且不因此影响公司生产经营。再者，可替代性交易价格具有独立第三方市场价格的参考，所以，交易价格公允性是有基础的。

本书讨论的关联交易是在第二个层面上进行的。正因为公司与股东之间的交易，这里的股东可能是大股东、部分股东，不可能是全体股东，因此，这种交易就有可能因为其他股东不知悉、不同意或者即使同意但是价格不公允而损害其他股东的利益。当然，如果关联交易金额占拟上市公司同等交易的比例较高，作为上市公司，还可能存在通过关联交易转移利益或义务的情形，从而使上市公司的财务报告不能真实地反映公司的经营情况和经营结果。

为防止上述结果发生，证监会的部门规章和交易所业务规则对关联交易做了特别关注，主要关注三个方面。一是关联交易是否经过了内部适当的决策程序，包括董事会和股东大会，在关联董事和股东回避表决的情况下，该等交易获得了非关联董事和非关联股东的批准。二是关联交易定价是否公允，是否符合市场定价的原则（即既没有通过高价损害上市公司利益也不存在通过低价方式向上市公司倾斜利益的情形）。三是公司是否及时履行了信息披露的义务。

（二）关联人的范畴

根据沪深两市证券交易所上市规则，上市公司的关联人包括关联法人和关联自然人。

具有以下情形之一的法人或其他组织，为上市公司的关联法人：

（1）直接或者间接控制上市公司的法人或其他组织；

（2）由上述第（1）项直接或者间接控制的除上市公司及其控股子公司以外的法人或其他组织；

（3）由上市公司的关联自然人直接或者间接控制的，或者由关联自然人担任董事、高级管理人员的除上市公司及其控股子公司以外的法人或其他组织；

（4）持有上市公司5%以上股份的法人或其他组织；

（5）中国证监会、交易所或者上市公司根据实质重于形式原则认定的其他与上市公司有特殊关系，可能导致上市公司利益对其倾斜的法人或其他组织。

受同一国有资产管理机构控制的，不因此而形成关联关系（这是国内财务准则与国际财务准则在关联方认定上的一个差异）。但该法人的法定代表人、总经理或者半数以上的董事兼任上市公司董事、监事或者高级管理人员的除外。

具有以下情形之一的自然人，为上市公司的关联自然人：

（1）直接或间接持有上市公司5%以上股份的自然人；

（2）上市公司董事、监事和高级管理人员；

（3）直接或间接控制上市公司的法人或其他组织的董事、监事和高级管理人员；

（4）上述第（1）项和第（2）项所述人士的关系密切的家庭成员，包括配偶、年满18周岁的子女及其配偶、父母及配偶的父母、兄弟姐妹及其配偶、配偶的兄弟姐妹、子女配偶的父母；

（5）中国证监会、深/沪证券交易所或者上市公司根据实质重于形式原则认定的其他与上市公司有特殊关系，可能导致上市公司利益对其倾斜的自然人。

具有以下情形之一的法人或其他组织或者自然人，视同上市公司的关联人：

（1）根据与上市公司或者其关联人签署的协议或者做出的安排，在协议或者安排生效后，或在未来十二个月内，将具备成为上市公司关联法人或者上市公司关联自然人条件规定的情形之一；

（2）过去十二个月内，曾经是上市公司关联法人或者关联自然人规定的情形之一。

关联方不是一成不变的，也是变动的。上市规则同时要求上市公司董事、监事、高级管理人员、持股5%以上的股东及其一致行动人、实际控制人，应当将其与上市公司存在的关联关系及时告知公司，并由公司报交易所备案。

（三）关联交易的决策程序

关联交易的决策程序主要是审议该等交易时关联董事和关联股东需回避，不参与表决，同时规定，若按照公司章程和法人治理规定需经董事会表决的事项由于关联董事回避表决而有权表决董事人数低于3人，则需将该事项升格至股东大会表决。

董事会会议中需回避表决的董事包括下列董事或者具有下列情形之一的董事：

（1）为交易对方；

（2）为交易对方的直接或者间接控制人；

（3）在交易对方任职，或者在能直接或间接控制该交易对方的法人或其他组织、该交易对方直接或者间接控制的法人或其他组织任职；

（4）为交易对方或者其直接或者间接控制人的关系密切的家庭成员；

（5）为交易对方或者其直接或者间接控制人的董事、监事或高级管理人员的关系密切的家庭成员；

（6）中国证监会、深/沪证券交易所或者上市公司基于实质重于形式原则认定的其独立商业判断可能受到影响的董事。

上市公司股东大会审议关联交易事项时，需回避表决的关联股东包括下列股东或者具有下列情形之一的股东：

（1）为交易对方；

（2）为交易对方的直接或者间接控制人；

（3）被交易对方直接或者间接控制；

（4）与交易对方受同一法人或者其他组织或者自然人直接或间接控制；

（5）因与交易对方或者其关联人存在尚未履行完毕的股权转让协议或者其他协议而使其表决权受到限制和影响的股东；

（6）中国证监会或者深/沪证券交易所认定的可能造成上市公司利益对其倾斜的股东。

（四）关联交易的信息披露

关联交易的信息披露分如下几种情形：一是经常性关联交易，可以放在年度股东大会上对下一年度拟发生的关联交易类型和可能发生的交易额进行预计，获得股东大会批准后在下一年度内进行，再将实际发生额在年度股东大会上进行确认；二是偶发性关联交易，按照重要性原则进行披露。深/沪证券交易所规定，公司与关联自然人之间的交易额超过人民币 30 万元（上市公司提供担保除外）、与关联法人之间的交易额超过人民币 300 万元，且占公司最近一期经审计净资产绝对值 0.5% 以上的关联交易（上市公司提供担保除外）均达到披露要求。公司为关联方提供担保的，不论金额大小均达到披露标准。

（五）关联交易违规案例

实践中发生的关联交易违规主要表现一是公司隐瞒关联交易，不对中介机构全面披露公司的关联方以及与关联方的交易，导致中介机构无法做出正确判断；二是将关联交易非关联化，如登记在其他人名下的公司实际是股东控制，看起来是公司与无关联第三方的交易，但实质是关联方交易，用这种方式掩盖关联交易。

我们在 IPO 专题和上市公司收购、上市公司重大资产重组专题中汇总的案例中也有很多涉及关联交易违规的情形，大家可以结合这些章节学习理解。

十四　上市公司收购

从法律上讲，公司收购是指股权收购，即取得目标公司控股权的行为。所以，在市场经济条件下，公司收购是行业资源整合（消灭同业竞争和潜在竞争）、上下游资源整合以及境内外资源整合的手段，不断收购的结果自然是壮大了收购方的规模，提升了行业排名与竞争力——世界500强就是这样产生的（当然，为维护竞争，各国都对有可能涉及垄断的公司收购案件进行反垄断审查）。所以，任何一个公司，不管是上市公司，还是非上市公司，上市公司不管是在沪、深证券交易所上市，还是在股转公司挂牌，都既可以成为实施公司收购的主体，也可以成为被收购的目标公司。当然，上市公司由于拥有发展规模、盈利能力、行业排名以及资本市场平台的优势，所以，往往是根据公司战略规划主动出击，成为公司收购的主体，而非上市公司则往往成为被收购的对象。

公司收购的方式可以是股权转让、增资与合并（包括吸收合并、新设合并），这一点，无论是对于上市公司收购还是非上市公司收购都同样适用。目前，上市公司收购的主流方式是发行股份购买财产，即向目标公司股东发行股份收购目标公司股东所持有的目标公司全部或部分股权，从而完成对目标公司的收购。这种行为同时构成上市公司重大资产重组，需获得证监会的审核、股转公司的备案。这种情况主要在后面“上市公司重大资产重组”

专题中讨论。

公司收购对价的支付包括现金和股票，这一点对于上市公司收购与非上市公司收购同样适用。由于上市公司股票价格有着市场化的基础，更适合作为支付手段，所以，上市公司收购主要通过股份支付。这对于大额股权收购案来讲，可以省掉大量的现金，从而大大降低交易成本。当然，为保护小股东权益，国内外上市公司收购程序都规定收购方需同时准备部分现金，以赋予不同意换股的异议股东现金选择权。

从法律上讲，公司收购是市场行为，商事主体可以按照自己的实际情况和意愿处理，最后无论结果如何都是商务谈判的结果，法律不应过多干涉。但由于对上市公司的收购将影响公司股票价格以及中小股东的权益，所以，法律需要介入，对收购方的主体条件、履行程序及信息披露等事项做出明确的规定。

由于上述原因，本专题主要谈一谈对上市公司的收购，即目标公司为上市公司的收购。

伴随着国内证券市场的成熟，市场上越来越多地出现了上市公司收购的案例。例如，2015 年中国南车（HK. 1766）吸收合并中国北车（A+H）并更名为中国中车（A+H，中国北车终止上市），2014 年申银万国证券发行股份吸收宏源证券形成申万宏源（000166，宏源证券终止上市），2008 年上海电气集团（H 股）境内 IPO 同时吸收合并上海输配电股份公司实现上海电气集团回归 A 股并整体上市（A+H），东软股份吸收合并原公司控股股东东软集团并实现东软集团整体上市（600718），等等，这些都是国内证券市场上非常有影响的上市公司收购案。2017 年 8 月陶氏化学与杜邦公司完成合并，对全球化工行业有着极大的影响。

（一）《上市公司收购管理办法》（2020 年修正证监会令第 166 号）

对上市公司的收购既可以通过二级市场完成（直接收购），也可以通过投资关系、协议、其他安排的途径成为一个上市公司的实际控制人（间接收购）。

关于上市公司收购的几个原则和问题如下。

（1）及时信息披露，这是上市公司收购的首要原则。

（2）对收购人资格的禁止性规定。有下列情形之一的，不得收购上市公司：①收购人负有数额较大债务，到期未清偿，且处于持续状态；②收购人最近 3 年有重大违法行为或者涉嫌有重大违法行为；③收购人最近 3 年有严重的证券市场失信行为；④收购人为自然人的，存在《公司法》第一百四十六条规定情形。

（3）增持股份转让受限，禁止短期交易的原则。在上市公司收购中，收购人持有的被收购公司的股份，在收购完成后 18 个月内不得转让，部分收购需承诺 3 年内不转让。

（4）公平对待收购人原则。被收购公司的董事、监事、高级管理人员应当公平对待收购本公司的所有收购人。被收购公司董事会针对收购所做出的决策及采取的措施，应当有利于维护公司及其股东的利益，不得滥用职权对收购设置不适当的障碍，不得利用公司资源向收购人提供任何形式的财务资助，不得损害公司及其股东的合法权益。

（5）要约收购。要约收购是公司股东平等原则的体现，分主动要约与被动要约。主动要约是指投资者自愿选择以要约方式收购上市公司股份，可以向被收购公司所有股东发出收购其所持有的全部股份的要约（全面要约），也可以向被收购公司所有股东发出收购其所持有的部分股份的要约（部分要约）。被动要约是指通过证券交易所的证券交易，收购人持有一个上市公司的股份达到该公司已发行股份的30%时，继续增持股份的，应当采取要约方式进行，发出全面要约或者部分要约。

（6）豁免要约收购。包括免于以要约收购方式增持股份和免于向被收购公司的所有股东发出收购要约。包括两种情形：①收购人与出让人能够证明本次股份转让是在同一实际控制人控制的不同主体之间进行，未导致上市公司的实际控制人发生变化；②上市公司面临严重财务困难，收购人提出的挽救公司的重组方案取得该公司股东大会批准，且收购人承诺3年内不转让其在该公司中所拥有的权益。

经政府或者国有资产管理部门批准进行国有资产无偿划转、变更、合并，导致投资者在一个上市公司中拥有权益的股份占该公司已发行股份的比例超过30%；或者因上市公司按照股东大会批准的确定价格向特定股东回购股份而减少股本，导致投资者在该公司中拥有权益的股份超过该公司已发行股份的30%的情况下，投资者可以向中国证监会提出免于发出要约的申请。

投资者通过定向增发方式取得新股导致其在该公司拥有权益的股份超过该公司已发行股份的30%，并承诺3年内不转让本次向其发行的新股，且上市公司股东大会非关联股东批准、公司股东大会同意的情况下，投资者可以免于按照规定提交豁免申请，直接向证券交易所和证券登记结算机构申请办理股份转让和过户登记手续。这是本次上市公司收购管理办法修订的内容，最大限度体现了尊重公司自治和市场化原则。

（7）管理层收购。管理层收购需要满足如下条件：信用良好，其管理的上市公司具有良好治理水平，获得独立董事、无关联董事以及无关联股东的绝对多数批准。也就是说，不允许管理层先把公司做烂然后自己再低价收购的不诚信行为。

（二）上市公司要约收购案例

根据深沪两市证券交易所披露的上市公司要约收购信息，2003～2015年，沪市共发生28起上市公司全面要约收购案例、3起部分要约收购案例。全面要约收购的第一起案例为2003年的南钢股份。2015年发生4起，分别为九鼎控股通过北京同创九鼎投资管理股份有限公司收购中江地产后更名为九鼎投资（600053）、中国平安通过上海太富祥股权投资基金合伙企业（有限合伙）收购上海家化、江苏鱼跃科技发展有限公司收购华润万东、中国机械工业集团公司收购“st二重”。3起部分要约收购案例为通宝能源、双良节能和银座股份。2003～2015年，深市共发生37起上市公司全面要约收购案例，其中2015年发生2起，分别为贝因美和四川双马。

中江地产本次收购系因九鼎投资通过江西省产权交易所竞价收购中江集团100%股权，并通过中江集团间接持有中江地产72.37%的股份而触发全面要约收购义务。要约收购期间内无股东接受要约，收购完成。收购完成后九鼎投资即行重大资产重组行为，将九鼎集团旗下投资类资产注入上市公司，完成了九鼎投资的借壳上市。

华润万东的收购人——鱼跃科技一直以来专注于医疗器械行业，本次协议收购华润万东51.51%股份是看中华润万东作为国内影像领域的上市企业，具有重要的行业影响力。收购华润万东将丰富鱼跃科技的产品线，是鱼跃科技未来开拓医院渠道的重要举措。本次收购在加强医院渠道、调整高附加值的产品结构、通过并购实现快速发展等各方面都契合鱼跃科技的战略。由于协议收购触发要约收购义务，收购完成后，上市公司又通过定向增发方式引进战略投资者并进一步增持了控股股东所持有的上市公司股份。要约收购期间内无股东接受要约，收购完成。

上海家化要约收购目的为中国平安看好上海家化所在的日用消费品领域，为进一步整合和优化中国平安产业及资源而实施收购。要约收购申报期间内，上海家化股东共有 73 户股东（合计持股 10226588 股，占上市公司总股本的 1.52%）接受收购人发出的收购要约，预受要约股份的数量少于收购人预定收购数，收购人拟按照收购要约约定的条件购买股东预受的股份，股份收购价格为 40 元/股，收购人已按照上海证券交易所及中国证券登记结算有限责任公司上海分公司的有关规定履行了有关义务，收购完成。

收购“st 二重”是以主动终止公司股票上市为目的并安排现金选择权的收购，申报期内共有 37389867 股股东进行了有效现金选择权申报，收购人已履行了收购义务，收购完成，现公司股票已终止交易，公司已进入法院破产重整程序。

贝因美本次收购目的为引进乳制品行业全球战略投资者——恒天然乳品（香港）有限公司。要约收购期限内，预受要约股份共计 199382283 股，撤回预受要约股份共计 6955171 股，最终贝因美股东的 3654 个账户（合计 192427112 股股份）接受收购人发出的收购要约，收购价格为 18 元/股，收购人如约履行收购义务，收购完成。

四川双马本次要约收购系因拉法基集团（Lafarge S. A.）与豪瑞公司（Holcim Ltd.）的全球合并交易宣告完成，致使拉法基豪瑞公司（Lafarge Holcim Ltd.，由豪瑞公司于全球合并完成后更名而来）成为拉法基集团的控股股东，并通过拉法基集团间接控制四川双马 75.26% 的股份（包括补偿股份）而触发，要约收购价格为 5.46 元/股。要约收购申报期内，预受要约股份共计 100 股，撤回预受要约股份共计 100 股，最终没有股东接受收购人发出的收购要约。本次收购完成。

（三）万宝之争

2015 年 12 月发生在上市公司万科 A（000002）上的收购行为引起了证券市场上的轩然大波。2015 年 6 月后，宝能系通过两个公司——深圳市钜盛华股份有限公司和前海人寿保险股份有限公司分别低价买进万科公司股票。截至 2015 年 12 月 16 日，宝能系已合计持股 20.008%，持有公司股份数量已超过公司现第一大股东华润集团，成为公司第一大股东，但未触发要约收购。

随即，万科董事会发布了关于不欢迎宝能集团成为公司股东的公开言论，并为寻找第三方资金支持、稀释宝能控股权，公司于 2015 年 12 月 18 日起申请停牌筹划重大资产重组事项。

2016 年 3 月 14 日，万科公告了其与深圳市地铁集团有限公司签署的合作备忘录，合作主要内容为万科将购买深圳地铁集团下属公司的全部或部分股权，深圳地铁集团将注入部分优质地铁上盖物业项目的资产。初步预计交易对价为人民币 400 亿 ~ 600 亿元。根据重组预案，本次重组完成后，深圳地铁集团将成为公司第一大股东。

2016 年 6 月 17 日，万科公告与深圳地铁集团重大资产重组预案，并召开董事会审议本次资产重组预案。根据公司章程，该等事项需要获得全体董事 2/3 以上多数通过方为有效，董事会 11 名董事中 1 名独立董事回避表决、华润委派的 3 名董事均投反对票，其余 7 名董事投赞成票。于是，公司公告董事会决议通过，华润声明反对本次重组并详细说明理由，同时指出董事会决议未通过。随后，律师代理小股东就撤销本次董事会决议提起诉讼，万科工会代表小股东就宝能系滥用控股权提起诉讼。

6 月 24 日，宝能向公司董事会提出召开临时股东大会提案，要求罢免包括王石在内的公司董事会全部董事和监事会全部监事。7 月 1 日，公司董事会公告不同意宝能提案。

7 月 4 日，公司股票在停牌半年后复牌。截至 7 月 6 日，宝能系继续增持至 25%，并继续制作《详式权益变动报告书》，公告未来安排：不排除未来进一步增持或减持股份且不排除调整董事和监事人选的计划。

7 月 19 日，万科向证监会等监管部门举报，提请查处钜盛华及其控制的相关资管计划违法违规行为。

7 月 21 日，深交所分别向万科和钜盛华发出监管关注函，并约见主要负责人，对本次举报进行关注。其中对万科的关注函中表达两部分内容：一是“未按规定健全对外发布信息的申请、审核机制，导致相关信息被部分非指定信息披露媒体提前披露”；二是“以公司名义向监管部门提交对公司重要股东的举报事项，有关决策程序不审慎”。对钜盛华的关注函中表示：“公司在增持万科股份期间，未按照权益变动报告书的要求将相关文件原件或者有法律效力的复印件备置于上市公司住所。”22 日，中国证监会在例行新闻发布会上对万科和宝能的行为分别进行了谴责。

围绕本次收购，证券市场讨论热烈：从早期的“本次收购是否构成恶意收购？上市公司万科董事会应当如何对待本次收购？以王石为代表的万科董事会和管理层就本次上市公司收购所发表的上述言论是否正确?”到现在的“本次重组方案最终能否获得通过？在宝能如继续增持（如至 32%）并罢免董事会成员、否定重组方案的情况下，华润如何应对？万科和宝能系在本次事件中是否有违法、违规行为？如有，将可能承担什么法律后果？万科事件对资本市场引发的思考是什么？”

上述市场热点分析无非涉及两方面的问题：一是法律问题，二是市场问题。根据公司法关于公司与股东、董事会与股东、管理层与股东的法律关系以及《上市公司收购管理办法》的规定，上述涉及的法律问题不难得出正确的结论。根据市场经济规律，各方后续如何作为等涉及市场的行为，也不难预测。作为法律人，我们主要看法律问题，市场问题则由市场人士做出判断。

（1）公司是谁的？如本书第一个专题“公司的法律意义——独立法人”所述，公司作为独立的民事主体，从最终权益上讲属于全体股东，由全体股东按比例共同享有和承担。但其既不属于控股股东，也独立于管理层，更不属于哪个创始人。万科事件中，公司创始人和管理层在这个问题的认识上是有误区的，这是导致本次万科事件发生的根源。

（2）何为恶意收购？市场通行观点认为，恶意收购是指在未经目标公司董事会及/或股东会/股东大会允许情况下所进行的导致公司控股权发生变化的收购活动。目前市场上主动的公司控股权变更的行为确实需要获得董事会的允许，如通过买壳、定向增发、重大资产重组的方式变更公司控股股东。但我们一定要清楚地认知：任何主体通过二级市场收购上市公司股份成为公司股东或者大股东都不需要董事会同意。而董事会需要做的是公平对待全体股东，贯彻股东平等和股东民主的原则，忠实履行董事职责、勤勉尽责。因此，需要将恶意收购这样的表述以及应对恶意收购的措施严格限定在法律允许的范围内。

（3）6 月 17 日独立董事的回避表决以及董事会决议程序问题。

根据公司公告的独立董事声明，本次回避表决的理由是与公司存在关联关系——“本人任职的美国黑石集团正在与公司洽售在中国的一个大型商业物业项目，由此带来潜在的关联与利益冲突”。那么问题来了，独立董事与上市公司万科之间存在何种关联关系呢？这种关联关系具体到什么程度？是否足以影响其独立性？如是，其本人是否需要立即辞去独立董事职务？如否，是否达到需要回避表决的程度？显然董事会没有就这个问题说清楚。

即使上述关联关系达到该独立董事可以回避表决的程度，该议案程序上如何操作？是否独立董事一纸声明就足够？董事会是否需要做出独立判断？这种情况下，很多客户、委托人都会咨询律师法律上如何规定？证监会如何规定？交易所如何规定？有无案例？很遗憾，我们只能如实回答：法律、证监会与交易所都没有规定，案例一时也不好查。

这种情况下，需要从法理上解释：该等事项构成万科重大事项，其实施与否必将影响公司股票价格、经营业绩以及股东权益，何况公司目前正处于控股权之争中，华润作为股东明确表示反对意见。所以，这种情况下，从董事忠实与勤勉尽责的法定职责出发，董事会应当就此做出明确判断，并审慎处理。更何况上市规则规定，董事会决议公告应当包括如下内容：“涉及关联交易的，说明应当回避表决的董事姓名、理由和回避情况。”显然，万科本次董事会并未就此做出明确认定与公告。

因此，从法律上讲，万科董事会在本次董事会的表决程序上是有瑕疵的。从董事会勤勉尽责角度讲，本次董事会的召开程序也是不审慎的，在华润股东明确表示反对的情况下强行推出重组方案，该方案是否真正符合公司战略规划和长期发展，是否构成应对宝能“野蛮人”的权宜之计？未来股东大会表决是否能够获得通过？

（4）以公司名义举报股东违法行为等重大事项应当履行什么程序？

承接前述，董事会是公司的意思机关，对外代表公司。因此，按照股东会与董事会权限划分的重大事项需经董事会决议通过方可实施，反之，未经过董事会决议就不能形成公司的意思。举报股东违法这样的行为应当不属于公司经常性活动，其结果将影响公司权益，因此，虽然章程中没有规定，但从法理角度，本着审慎原则，类似该等涉及公司和股东权益的行为至少要经过董事会同意。这也是7月19日万科以公司名义举报公司股东钜盛华后深交所关注的法律问题。

（5）其他相关方——小股东、两地证券监管机构、交易所与司法机关。

小股东是个不可小觑的力量，尤其是对于万科这样股权结构分散的公司而言。当然，目前小股东无非采取了诉讼请求撤销6月17日董事会决议以及诉讼大股东滥用控股权等手段，未来还可以采取代为诉讼，追究公司个别董事和董事会的责任。这些都是手段而不是目的。小股东的目的非常明确，就是通过万科有竞争力的股价实现小股东利益。为达到这一目的，小股东可以随时变换角度，向最有利于其股东权益的股东靠近，如在宝能系罢免董事议案、未来重新选举董事议案等大事上以累计投票方式参与进来，协助对自己有利的方案获得通过；同时，自己也可以行使提案权、股东大会召集权，实现自身的目的。所以，原本“搭便车”的小股东，在万科事件上是可以随时站出来而有所作为的。但如果大股东行使控股权的行为符合小股东利益，小股东也将随时搭上便车。

两地证券监管机构和交易所作为证券市场监管机构，在市场化的今天，只能依法、依规行使监管权，而不能越权非法干涉。截至目前，香港证监会与联交所未发声，中国证监会早在 2015 年 12 月就做了非常好的表态：只要合法、合规，证监会就不会干涉。2016 年 6 月 17 日，董事会决议与重组预案发出后，深圳证券交易所对万科、万科股东就相关事项进行了问询，表达了关注。7 月 19 日万科举报钜盛华后，交易所再次下达监管函，表达关注。目前看，中国证监会和深圳证券交易所将从上市公司信息披露、公司法人治理、股东信息披露等角度进行监管，如上市公司或股东有违反公众公司法人治理第二层面（证监会部门规章）、第三层面（交易所规则）义务的行为，交易所有权对相关方做出惩戒、证监会也有权做出行政处罚。如果各方继续出现其他违规行为，不排除香港证监会与联交所也会给予关注。

深圳法院等司法机关作为本轮争议当前的司法受理机关，以及未来可能发生的诉讼案件受理机关，在审理过程中，也会本着司法不轻易干涉公司内部事务以及穷尽公司内部救济的原则进行处理，毕竟万科还没有进入公司僵局，公司还在持续经营。所以，诉讼案件的处理结果不会影响万科事件的进行，当然，诉讼的提起对于完善公司法的实施、完善公司法人治理具有法律意义。

（6）从上市公司收购角度，万科事件对市场各方引发的深入思考。

①市场经济就是法治经济，市场经济条件下，股东、董监高、公司这些市场经济主体必须尊重法律和规则，任何违背法律、市场规则的行为都将自行承担不利的后果。公众公司的股东、董监高更需要学习法律和规则，娴熟运用法律和资本市场工具，否则后果会很严重。

②如果原控股股东有能力、有意愿继续控制公司，那就要延缓减持和稀释公司股份的步伐，以求更长时间对公司的控制和管理。不能既想通过变现获得利益，又想行使对公司的控制权。这种矛盾的利益需求在实践中是难以实现的。

③在没有控股股东和实际控制人、公司股权结构相对分散的情况下，如果公司有价值，自然会成为被收购的对象。如果没有价值，也不需要惊慌，先把公司做好了再说。对于有价值的公司而言，为防止被动收购的局面，需要事先做好安排，运筹帷幄，避免出现仓促应对的被动局面。

④诉讼是手段，各种工具的使用也不是目的，解决问题才是目的。当然，我们不希望通过非市场手段介入的方式解决问题，我们相信市场本身能够解决这个问题。因为宝能也好、华润也罢，小股东与万科管理层各方之间虽然有利益冲突，但如果公司股价跳水、经营业绩下滑、团队流失是各方所不希望看到的，不符合各方最终利益，也不是市场所希望看到的。所以，我们有理由相信：各方最终一定能够从公司整体利益出发，重新调整各自位置，就万科事件做出令市场满意的答卷。

（四）反收购

反收购是资本市场发展到一定阶段、相对成熟的产物，目前国内法律、规则环境以及资本市场发展状态都对我们的反收购制度与安排有一定的制约，国外的做法也不能简单搬过来就用，需要结合国内实际情况处理。我们汇总了国内上市公司章程中的反收购条款，总体来说五花八门，部分条款存在违反公司法的强制性规定、违反董监高忠实与勤勉尽责义务的规定，因此，如果在实践中使用可能存在被判令无效的法律风险。

介绍市场上几个做法供大家思考。

1. 章程中对董事提名、任期等作规定，适用于所有股东的制度安排

如股东提名董事人数限制：深交所《中小企业板上市公司规范运作指引》(2015 年修订) 第 2. 2. 12 条指出“上市公司可以在章程中规定，在董事会成员中由单一股东或者具有关联关系的股东提名的董事人数不超过半数”。董事交叉任期制度：如规定每年改选董事人数不超过 1/3，又如董事选举产生后个别董事任职期间辞职、改选等原因导致新当选的董事到期时间不一致，自然就会产生不同期届满的问题。

2. 章程中的反收购条款

在公司章程中规定构成恶意收购的条件以及恶意收购的认定（董事会或股东大会通过决议认定），并在认定恶意收购成立的情况下启动反收购条款。如董事轮换制度：规定在发生恶意收购的情况下，如果该届董事会任期届满，继任董事会成员中至少有 2/3 的原任董事会成员连任，独立董事除外。提名董事高管任职限制：恶意收购人提名新董事、高级管理人员条件可以增加 5 年以上与公司目前行业、业务相同的管理工作经历等。降落伞条款：无故解除未到期董监高的高额经济补偿。绝对多数条款：如修改章程中的反收购条款需经 4/5 以上多数通过。董事长资格限制：如选任董事长需以连续担任公司董事 3 年以上为条件。提名董事人选限制：对恶意收购方可以提名的董事人数进行持股比例的限制。

3. “毒丸计划”、“白衣护卫”、“白衣骑士”、管理层股权激励等事先安排

这种安排是事先做出的，如公司发行可转债、优先股中做出特别安排，约定恶意收购发生时公司债券将转为股份、优先股将获得表决权，构成“毒丸”，这就增加了恶意收购的难度。在定增中与投资者达成一致，就表决权或股份出售权做出安排，也会有利于反收购，构成“白衣护卫”。恶意收购发生时寻找合作伙伴“白衣骑士”，进行竞争性要约，也是境外可行的办法，只是在国内上市公司通过二级市场收购比例可以达到30%且继续收购才触发要约义务的情况下，“白衣骑士”的成本比较高。

4. 表决权创新——资本市场成熟条件下的类别股份表决制度

未来，上市公司股权行使问题将更多关注表决权，尤其是没有控股股东和实际控制人、公司股权结构相对分散的公众公司表决权问题，本书在公众公司组织机构与法人治理专题中已经谈到，不再赘述。

特别需要说明三点：一是所有的反收购措施都是手段，其使用效果也是有限的，不是万能的；二是上述反收购措施也是“双刃剑”，既可用于反收购，也能够用于约束公司其他股东；三是实践中需特别注意反收购措施的合法性问题。所以，大家要根据自己公司的情况具体选择，并谨慎使用。

十五　上市公司重大资产重组

资产重组是经济学概念，法律上称之为资产交易。资产交易的方式很多：买、卖、租赁等。资产的范围也很广：房地产、机器设备等实物资产，专利、商标、著作权、非专利技术等无形资产，权利（股权）、债权、经营性业务（可以带负债）等。支付方式可以是货币，也可以是非货币，如实物、股份。实施资产交易的主体更多，所有的民事主体，自然人、法人、非法人组织都可以实施。如家庭买卖房屋、公司采购原材料、销售货物、大量的网上购物等都是资产交易行为。这些基础的、大量发生的市场交易行为不是本书讨论的内容，也不是上市公司（含新三板挂牌公司）的专利，市场经济条件下，非上市公司实施资产交易的频率远高于上市公司。

上市公司实施的重大资产交易行为由于案值大、对市场影响大而备受关注，交易的实施将直接影响到公司股票价格和其他中小股东权益，因此，法律需要介入，涉及发行股份和重组（借壳）上市的证监会要审批，股转公司要备案。又由于上市公司履行公告义务，相关数据和信息便于收集，所以本专题主要讨论构成上市公司重大资产重组的资产交易行为，非上市公司资产重组不在此讨论，不构成上市公司重大资产重组的行为也不在此讨论，上市公司股东大会和董事会可以自行决策并实施，达不到公告标准的也无须公告。

目前，包括发行股份购买资产在内的上市公司重大资产重组行为在证券市场上轰轰烈烈地进行，构成了资本市场上的主要行为，也是上市公司通过资本市场进行产业并购、资源整合的主要手段。根据证监会网站公布的数据，2014 年 1 月至 11 月，证监会共审核 236 家上市公司的并购重组申请，交易金额达到 2971.1 亿元。2015 年上市公司并购重组交易 2669 单，交易总金额约为 2.2 万亿元。2016 年 2 月 17 日四大证券报头版头条报道："截至 2 月 16 日，今年以来 A 股上市公司发起 33 个出境收购项目，金额达 345.2 亿元。有预测称，今年中国公司宣布的海外并购交易金额将比去年增长 50% 以上，保险、精密设备和消费行业将成投资热点，中国资本的海外投资并购有从自然资源、传统行业向高科技行业转移的趋势。"

2014 年 10 月 23 日起实施的《上市公司重大资产重组管理办法》（证监会令第 109 号），以"放松管制、加强监管"为理念，减少和简化并购重组行政许可审批，同时强化信息披露、加强事中事后监管，以市场化为导向，尽可能让市场主体自主做决策，不干预市场行为，取消了上市公司向独立第三方购买资产需属于同行业或上下游的要求。同时，对于此类并购重组交易，取消了强制性业绩补偿要求，但鼓励交易双方自主决定实施业绩补偿。

2016 年 9 月 8 日，证监会对《上市公司重大资产重组管理办法》进行修订（证监会令第 127 号），主要修改内容包括：一是完善重组上市（借壳上市）认定标准，细化关于上市公司"控制权变更"的认定标准，完善关于购买资产规模的判断指标，明确累计首次原则的期限为 60 个月；二是取消重组上市的配套融资，提高对重组方的实力要求，延长相关股东的股份锁定期为 24 个月，遏制短期投机和概念炒作；三是按照全面监管的原则，强化上市公司和中介机构责任，加大问责力度。

2019年10月18日，证监会对《上市公司重大资产重组管理办法》进行再修订（证监会令第159号），主要修改内容包括：

一是取消重组上市认定标准中的“净利润”指标。为防止恶意炒壳，2016年修订对重组上市认定标准中设定了总资产、净资产、营业收入、净利润等多项指标。规则执行中，多方意见反映，以净利润指标衡量，一方面，亏损公司注入任何盈利资产均可能构成重组上市，不利于推动以市场化方式“挽救”公司、维护投资者权益。另一方面，微利公司注入规模相对不大、盈利能力较强的资产，也极易触及净利润指标，不利于公司提高质量。在当前经济形势下，一些公司经营困难、业绩下滑，更需要通过并购重组吐故纳新、提升质量。鉴此，为强化监管法规“适应性”，发挥并购重组功能，本次修改删除了净利润指标，支持上市公司资源整合和产业升级，加快质量提升速度。

二是进一步缩短“累计首次原则”计算期间。2016年证监会修改《重组办法》时，将按“累计首次原则”计算是否构成重组上市的期间从“无限期”缩减至60个月。考虑到累计期过长不利于引导收购人及其关联人控制公司后加快注入优质资产，本次修改统筹市场需求与抑制“炒壳”、遏制监管套利的一贯要求，将累计期限减至36个月。

三是推进创业板重组上市改革。考虑创业板市场定位和防范二级市场炒作等因素，2013年11月，证监会发布《关于在借壳上市审核中严格执行首次公开发行股票上市标准的通知》，禁止创业板公司实施重组上市。为支持深圳建设中国特色社会主义先行示范区，服务科技创新企业发展，本次修改允许符合国家战略的高新技术产业和战略性新兴产业相关资产在创业板重组上市，其他资产不得在创业板重组上市。

四是恢复重组上市配套融资。

五是加强重组业绩承诺监管。超期未履行或违反业绩补偿承诺的，可以对其采取相应监管措施，从监管谈话直至认定为不适当人选。

（一）上市公司重大资产重组的概念和交易标准

所谓上市公司重大资产重组是指上市公司及其控股或者控制的公司在日常经营活动之外购买、出售资产或者通过其他方式进行资产交易达到规定的比例，导致上市公司的主营业务、资产、收入发生重大变化的资产交易行为。目前，上市公司发行股份购买资产也按照重大资产重组审核处理。

上市公司及其控股或者控制的公司购买、出售资产，达到下列标准之一的，构成重大资产重组：购买、出售的资产总额或营业收入占上市公司最近一个会计年度经审计的合并财务会计报告期末资产总额或营业收入的比例达到50%以上，或净资产额指标的比例达到50%以上且超过5000万元人民币。

购买、出售资产未达到前款规定标准，但中国证监会发现存在可能损害上市公司或者投资者合法权益的重大问题的，可以根据审慎监管原则，责令上市公司按照本办法的规定补充披露相关信息、暂停交易、聘请独立财务顾问或者其他证券服务机构补充核查并披露专业意见。

（二）上市公司重大资产重组的原则

1. 实施重大资产重组的条件

上市公司实施重大资产重组，应当符合下列条件：

（1）符合国家产业政策和有关环境保护、土地管理、反垄断等法律和行政法规的规定；

（2）不会导致上市公司不符合股票上市条件；

（3）重大资产重组所涉及的资产定价公允，不存在损害上市公司和股东合法权益的情形；

（4）重大资产重组所涉及的资产权属清晰，资产过户或者转移不存在法律障碍，相关债权债务处理合法；

（5）有利于上市公司增强持续经营能力，不存在可能导致上市公司重组后主要资产为现金或者无具体经营业务的情形；

（6）有利于上市公司在业务、资产、财务、人员、机构等方面与实际控制人及其关联人保持独立，符合中国证监会关于上市公司独立性的相关规定；

（7）有利于上市公司形成或者保持健全有效的法人治理结构。

2. 借壳上市标准同 IPO

借壳上市有两个标准：一是公司控股权变更，二是自控制权发生变更之日起 36 个月内，上市公司向收购人及其关联人购买的资产总额、净资产、营业收入指标，占上市公司控制权发生变更的前一个会计年度经审计的合并财务会计报告期末相应指标的比例累计首次达到 100% 以上的，或者所对应的发行股份的数量，占上市公司首次向收购人及其关联人购买资产的董事会决议前一个交易日的股份比例累计首次达到 100% 以上的。

对于借壳上市的审核，除符合本办法规定的上市公司重大资产重组要求外，还需符合《首次公开发行股票并上市管理办法》规定的其他发行条件；上市公司购买的资产属于金融、创业投资等特定行业的，由中国证监会另行规定。

3. 上市公司发行股份购买资产

可以同时募集配套资金，这是当前上市公司并购重组的主要形式和方式，根据证监会网站2016年1月29日公开的上市公司并购重组行政许可审核情况，截至2016年1月29日，证监会在审96家上市公司重大资产重组项目，其中城投控股属于上市公司合并、分立，中国中冶（公司控股股东中国冶金科工集团有限公司与中国五矿集团公司实施战略重组事宜）、合肥城建（公司第一大股东合肥市国有资产控股有限公司拟将其持有的公司185316118股国有股份无偿划转给合肥兴泰控股集团有限公司）构成豁免（简易）审核外，其余93家均为发行股份购买资产。

上市公司发行股份购买资产应当符合下列规定。

（1）充分说明并披露本次交易有利于提高上市公司资产质量、改善财务状况和增强持续盈利能力，有利于上市公司减少关联交易、避免同业竞争、增强独立性。

（2）上市公司最近一年及一期财务会计报告被注册会计师出具无保留意见审计报告；被出具保留意见、否定意见或者无法表示意见的审计报告的，须经注册会计师专项核查确认，该保留意见、否定意见或者无法表示意见所涉及事项的重大影响已经消除或者将通过本次交易予以消除。

（3）上市公司及其现任董事、高级管理人员不存在因涉嫌犯罪正被司法机关立案侦查或涉嫌违法违规正被中国证监会立案调查的情形，但是，涉嫌犯罪或违法违规的行为已经终止满3年，交易方案有助于消除该行为可能造成的不良后果，且不影响对相关行为人追究责任的除外。

（4）充分说明并披露上市公司发行股份所购买的资产为权属清晰的经营性资产，并能在约定期限内办理完毕权属转移手续。

（5）中国证监会规定的其他条件。

特定对象以资产认购而取得的上市公司股份，自股份发行结束之日起 12 个月内不得转让；特定对象为公司原控股股东、实际控制人或其控制的关联方或者通过本次增发取得上市公司的控股权，或者特定对象用于认购本次增发股份的资产持续持有时间不超过 12 个月的，其本次增持股份 36 个月内不得转让。这些规定都体现了禁止短期交易的原则。

需要指出的是，发行股份购买资产中就被购买资产未来年度内业绩做出承诺是目前市场上的通常做法。

（三）如何正确看待业绩对赌

首先，大家应当知道，业绩对赌是高估值的结果，因为上市公司按照市盈率法，以高于公司账面价值的方法购买了公司资产（股权），那么相应的，交易对方必须就未来收益的实现做出承诺，这是交易双方权利义务一致性的结果。但是如果要真正实现交易双方权利义务的一致性，那应当还有个对赌，即上市公司需对公司股价做出对赌，因为重组方通过定增取得的上市公司股份需要锁定至少 12 个月，控股股东需要锁定 36 个月，定增时如果上市公司股票价格为 36 元，解锁时股价降到了 24 元，这时候重组方也要求上市公司执行对赌，怎么办？显然目前证监会不同意上市公司就股价进行对赌。于是，市场上出现了各种各样的重大资产重组恶果：股价炒作、重组失败、上市公司大额计提商誉、交易双方提起诉讼等。这些行为的根源在于高估值，所以，一味地高估值与单方要求交易对方做出业绩对赌是有违市场经济规律的，显然也不是市场化的交易，未来还是要做调整，市场上的事确实得由市场说了算。

举例如下。

案例一：新华传媒（600825）收购股权计提商誉、长期投资减值准备。公司于2016年4月27日公告计提商誉减值准备，摘录如下。

（一）计提商誉减值准备

公司全资子公司上海中润解放传媒有限公司（以下简称“中润解放”）于2008年4月与上海中润广告有限公司（以下简称“中润广告”）、刘某、杨某签署《股权转让协议》，参照上海上会资产评估有限公司以2007年12月31日为评估基准日出具的资产评估报告，以3360万元收购上海杨航文化传媒有限公司（以下简称“杨航文化”）70%股权。公司于2008年6月20日召开的2007年度股东大会审议通过关于变更剩余募集资金投向项目的议案，同意以剩余募集资金15425.38万元用于对中润解放的增资，其中3360万元用于收购杨航文化70%股权。

2008年9月1日，公司以非同一控制下企业合并方式购买杨航文化70%股权，公司将合并成本大于收购日被收购方可辨认净资产公允价值份额的差额28152402.09元确认为商誉。

2015年度杨航文化的净利润为-291.94万元，与预测金额645.83万元差异较大。鉴于杨航文化经营业务较单一，发展受制约，预计以后年度也无法达到预期目标，综合考虑市场环境、代理媒体影响力、公司规模及实际经营情况等因素，本年度拟对其期末商誉28152402.09元全额计提减值准备。

（二）计提上述商誉减值准备对公司财务状况的影响

计提上述商誉减值准备28152402.09元将减少公司2015年度利润总额28152402.09元。

2015年4月25日，新华传媒公司公告计提长期投资、商誉减值，摘录如下。

（一）长期资产减值准备情况概述

（1）长期股权投资

2008年，本公司全资子公司中润解放以1.12亿元收购嘉美信息广告有限公司100%的股权。2010年，中润解放以嘉美信息广告有限公司100%的股权及持有期收益合计1.414亿元的投资成本增资上海新闻晚报传媒有限公司（以下简称“晚报传媒”），获得其34%的股权。2012年度已对该项股权投资计提了2500万元减值准备。

因受到新媒体和新技术冲击，传统媒体经营困难加大，晚报市场份额更是出现大幅下滑，2013年晚报传媒业绩出现较大亏损。在上海进一步深化文化体制改革、整合报业资源的背景下，《新闻晚报》于2014年1月1日正式休刊。经测算，2013年度中润解放对该项长期股权投资增加计提1600万元减值准备。

2014年，晚报传媒对主营业务进行了调整。本年度公司基于谨慎性考虑对晚报传媒超过账面净资产份额部分的长期股权投资溢价全额计提减值准备，计提金额为2877.71万元。

（2）商誉

2008年1月1日，公司以同一控制下企业合并方式并购中润解放的同时收购该公司45%的少数股东股权；公司将合并成本大于购买日可辨认净资产公允价值份额的差额49648.17万元确认为商誉，2010年度和2013年度已分别计提商誉减值准备1600万元和3300万元。

2014年末，公司对形成商誉的被投资单位中润解放未来五年经营现金流量进行预测，综合考虑市场环境、媒体差异、代理媒体市场地位、公司规模及实际经营情况等因素，经测试，本年度对中润解放增加计提4000万元商誉减值准备。

（二）上述计提长期资产减值准备对公司财务状况的影响

上述两项长期资产减值准备合计6877.71万元，减少2014年度利润总额6877.71万元。

案例二：蓝色光标发行股份购买资产业绩未达标引发诉讼案。蓝色光标（300058）2016年4月14日公告博杰广告2015年度未达成业绩承诺暨相应股份补充的议案，摘录如下。

（一）发行股份及支付现金购买资产的基本情况

2013年8月8日，经中国证券监督管理委员会《关于核准北京蓝色光标品牌管理顾问股份有限公司向李某等发行股份购买资产并募集配套资金的批复》（证监许可〔2013〕1056号）核准，北京蓝色光标品牌管理顾问股份有限公司（以下简称“公司”或“蓝色光标”）通过发行股份和支付现金相结合的方式，向特定对象李某、刘某、西藏山南博杰投资咨询合伙企业（有限合伙）（以下简称“博杰投资”）、西藏山南博萌投资咨询合伙企业（有限合伙）（以下简称“博萌投资”）购买其持有的博杰广告合计89%股权。其中：①向李某支付23830602股蓝色光标股份和3720万元现金对价以收购其持有的博杰广告40.05%的股权；②向博杰投资支付17445102股蓝色光标股份和16280万元现金对价以收购其持有的博杰广告36.85%的股权；③向刘某、博萌投资分别发行5583827股和2007668股蓝色光标股份收购其分别持有的博杰广告8.90%和3.20%的股权。

上述股份已于2013年9月16日在深圳证券交易所上市。

（二）交易对方的业绩承诺实现情况

根据蓝色光标与4名交易对方签订的《以现金及发行股份购买资产的协议书》和《盈利预测补偿协议书》，交易对方承诺：博杰广告2013年、2014年、2015年、2016年经审计的归属于母公司股东的扣除非经常性损益后的净利润分别不低于人民币20700万元、23805万元、27376万元、28745万元；如果实际利润低于上述承诺利润，则博杰广告全体股东将按照签署的《盈利预测补偿协议书》的相关规定进行补偿。

上述净利润是指博杰广告按照中国会计准则编制的且经具有证券业务资格的会计师事务所审计的合并报表中扣除非经常性损益后归属于母公司股东的税后净利润。

根据天职国际会计师事务所（特殊普通合伙）出具的《西藏山南东方博杰广告有限公司盈利预测实现情况专项审核报告》（天职业字〔2016〕1073-4号），2015年度博杰广告实现归属于母公司股东的扣除非经常性损益的净利润9480.03万元，未能完成2015年度业绩承诺，三年累计净利润完成比例为84.89%。

（三）博杰广告业绩承诺的补偿约定

公司与交易对方签订有《盈利预测补偿协议书》，就业绩补偿约定如下。

若博杰广告2013年、2014年、2015年任何一年实际利润增长率为负（以1.8亿元为博杰广告2012年净利润基数），均应立即启动减值测试，并根据减值测试的结果调整拟购买资产价格。转让各方依本协议第2.8条约定的顺序对价格进行调整：

部分向甲方（公司——笔者注）进行补偿，首先以股份补偿，不足部分以现金补偿，当期应补偿股份数=（拟购买资产价格-当期调整后的拟购买资产价格-已补偿现金）÷发行价格-已补偿股份总数。

若转让方根据本协议第 2 条约定应履行补偿义务，首先由乙方（李某——笔者注）和戊方（博萌投资——笔者注）履行补偿义务，当乙方和戊方根据本协议所获得的全部对价不足以补偿时，不足部分由丙方（刘某——笔者注）和丁方（博杰投资——笔者注）以其根据本协议所获得的全部对价履行补偿义务，即乙方和戊方为第一顺序补偿义务人，丙方和丁方为第二顺序补偿义务人。同一顺序的补偿义务人在履行补偿义务时，按照如下比例计算：该方在本次交易前持有的博杰广告股权比例÷同一顺序补偿义务人在本次交易前持有的博杰广告股权比例之和。尽管有本条前述约定，若乙方和戊方未能在甲方书面通知其履行补偿义务后 10 个工作日内履行完毕补偿义务，则丙方和丁方应在甲方书面通知其承担补偿义务的 10 个工作日内履行完毕补偿义务。转让方股份补偿数量不超过其依据《现金及发行股份购买资产协议书》所取得的甲方股份，现金补偿金额不超过其依据《现金及发行股份购买资产协议书》所取得的现金对价。

（四）应补偿股份的实施方案

由于博杰广告 2015 年实际利润增长率为负，公司委托北京中同华资产评估有限公司对博杰广告资产组于评估基准日的可收回价值进行了评估，并出具了中同华评报字〔2016〕第 145 号资产评估报告书。经评估，博杰广告在 2015 年 12 月 31 日的资产组可收回价值为人民币 155000.00 万元。

根据《盈利预测补偿协议书》，李某和博萌投资应履行合同义务，以所获得的股份对价进行赔偿，具体应补偿股份数为：

2015 年度应补偿股份数＝（160200－155000×89%）÷28.69＝775.5315 万股。

公司在2013年度向全体股东每10股派发2元人民币现金，以资本公积金向全体股东每10股转增10股，在2014年度向全体股东每10股派1.497506元人民币现金，同时，以资本公积金向全体股东每10股转增9.983377股，据此，应补偿的股份数量相应调整为3099.5476万股，其中李某按其持股比例应补偿2870.2169万股，博萌投资按其持股比例应补偿229.3307万股。

根据《盈利预测补偿协议书》第4.2条规定，蓝色光标应在相关年度的年度报告披露后10个工作日内选择：①召开董事会，确定以人民币1.00元总价回购并注销补偿义务人当年应补偿的股份数量（以下简称“回购注销”）；或②书面通知补偿义务人，将其应补偿的股份数量无偿划转给公司年度报告披露日登记在册的除转让方以外的其他股东，其他股东按其持有的股份数量占年度报告披露日甲方扣除转让方持有的股份数后的总股本的比例获赠股份（以下简称“股份赠与”）。无论任何原因（包括但不限于：董事会否决回购议案、股东大会否决回购议案、债权人原因）导致无法和/或难以回购注销的，蓝色光标有权终止回购注销方案，书面通知补偿义务人，要求补偿义务人履行股份赠与义务。

综上，公司拟回购注销博杰广告2015年度应补偿股份数合计3099.5476万股。上述事项已经公司第三届董事会第六十八次会议审议通过，公司将博杰广告2015年度应补偿股份的回购及后续注销实施事宜提交2015年度股东大会审议。若该等事宜获得股东大会通过，公司于股东大会决议公告后10个工作日内将股份回购数量书面通知补偿义务人，并向深圳证券登记公司办理有关回购注销登记手续。

如果上述股份回购注销方案因未获得股东大会通过等原因无法实施，则公司将在股东大会决议公告后10个工作日内书面通知补偿义务人实施股份赠与方案。

2016年5月11日，公司做重大诉讼公告，摘录如下。

公司于2016年5月11日收到北京市朝阳区人民法院送达的自然人李某和西藏山南博萌创业投资管理合伙企业（原“西藏山南博萌投资咨询合伙企业”）（以下简称“原告”）提交的两份民事起诉状。

2016年4月13日，公司召开第三届董事会第六十八次会议，审议通过了《关于博杰广告2015年度未达成业绩承诺暨相应股份补偿的议案》《关于提请股东大会授权公司董事会全权办理回购相关事宜或者股份赠与相关事宜的议案》，决定：鉴于2015年度博杰广告业绩未达到承诺，拟回购注销李某所持有的2870.2169万股股票、西藏山南博萌创业投资管理合伙企业229.3307万股股票，并提请股东大会授权公司董事会全权办理。

原告的诉讼请求如下：

（1）请求判令撤销2016年4月13日被告第三届董事会第六十八次会议对《关于博杰广告2015年度未达成业绩承诺暨相应股份补偿的议案》所做出的董事会决议；

（2）请求判令撤销2016年4月13日被告第三届董事会第六十八次会议对《关于提请股东大会授权公司董事会全权办理回购相关事宜或者股份赠与相关事宜的议案》所做出的董事会决议；

（3）请求判令被告承担本案全部诉讼费用。

2016年6月7日，公司公告如下。

公司收到北京市朝阳区人民法院送达的自然人李某和西藏山南博萌创业投资管理合伙企业（原“西藏山南博萌投资咨询合伙

企业”）（以下合称“原告”）针对公司2015年年度股东大会审议通过的《关于博杰广告2015年度未达成业绩承诺暨相应股份补偿的议案》提交的两份民事起诉状。

原告的诉讼请求如下：

（1）请求判令2016年5月18日被告2015年年度股东大会对《关于博杰广告2015年度未达成业绩承诺暨相应股份补偿的议案》所做出的股东大会决议无效；

（2）请求判令被告承担本案全部诉讼费用。

6月12日，公司公告如下。

在申请注销上述股份过程中，公司发现李某、博杰投资、博萌投资所持有的蓝色光标股票已全部被质押冻结，无法注销。同时，公司于2014年12月29日向李某、博杰投资和博萌投资提前支付了共计8900万元（税后）的调增价款，按照双方约定，李某、博杰投资和博萌投资应予退还。为此，公司向中国国际经济贸易仲裁委员会提起仲裁，要求：

（1）李某协助将其持有的蓝色光标公司股份28702169股进行注销；

（2）博萌投资协助将其持有的蓝色光标公司股份2293307股进行注销；

（3）李某向蓝色光标公司支付其持有应补偿股份期间获得的分红收益3407815.27元；

（4）博萌投资向蓝色光标公司支付其持有应补偿股份期间获得的分红收益286615.64元；

（5）李某向蓝色光标公司返还调增价款44000000元；

（6）博杰投资向蓝色光标公司返还调增价款41400000元；

（7）博萌投资向蓝色光标公司返还调增价款3600000元；

（8）李某、博杰投资、博萌投资向蓝色光标公司支付因本案仲裁而支出的律师费、保全费；

（9）李某、博杰投资、博萌投资承担本案仲裁费。

案例三："st建机"（60094）修改对赌协议。

2016年4月9日"st建机"（60094）公告了公司重大资产重组（发行股份购买资产并募集配套资金）项目由于收购标的业绩未达到承诺问题与交易对方达成的业绩对赌修改协议，公告主要内容摘录如下。

（1）将业绩承诺期内每个年度单独测算和补偿改为三个年度届满时一次性测算和补偿，业绩承诺总额不变，从而提高业绩承诺及补偿的操作性，减少业绩短期波动的影响。

（2）为确保将来各项补偿义务的履行，王某（收购标的公司大股东——笔者注）同意将其股份锁定承诺由三年分期解锁改为锁定三年。

（3）王某放弃超额业绩奖励。同时，为了保证对协议的履行，王某同意将不低于1500万股的公司股份质押予公司控股股东陕西建设机械（集团）有限责任公司（以下简称"建机集团"），由建机集团在被质押股票范围内为王某的业绩补偿义务和资产减值补偿义务向公司承担担保责任。

上述三个案例从不同角度反映了业绩对赌带来的实际问题，其中st建机通过修改对赌协议的方式处理最为妥善。当然st建机对业绩对赌协议的修改仍是按照有利于上市公司利益的原则进行的，交易对方做出了让步，证监会也给予了宽容，该公司由于顺利实施了本次资产重组而摘帽，结果还是好的。但是，并非所有的对赌问题都能达成好的解决方案，如蓝色光标案处理就比较棘手。希望这些案例能给上市公司交易双方提供参考，使交易行为尽早归于市场化方向——允许市场经济主体按照自己的意愿和条件做出交易安排。

（四）如何正确处理被收购公司少数股东权益

如前所述，上市公司基于自身需求主动启动收购，选择的标的公司或者基于战略考虑，或者基于业绩考虑，但无论如何，从资产质量、盈利能力、团队等方面都处于优势，所以，上市公司要合并报表，实现收益共享。合并的比例从 51% 到 100% 不等。即使是收购了 100% 的股份，因为业绩承诺的原因，标的公司原股东（至少是大股东）和管理团队还要就其股票处置权进行时间上的限制，如锁定三到五年不等。理由很简单，在上市公司尚不能完全驾驭标的公司的情况下，还要依赖标的公司团队对标的公司继续运作和经营，并保证业绩的连续性和稳定性。但对未全部收购只收购其 51% 及部分股份的情况下，剩余未收购部分的小股东权益未来如何安排？如果不做任何安排，小股东权益是否被边缘化了？这种情况下，看起来上市公司以最小的成本对标的公司实施了控制，但如果没有后续安排，如何持续激发小股东意愿，如何激发作为管理层的小股东的积极性，从而最终保证上市公司利益的实现？最近几年来，在上市公司如火如荼地实施并购重组的证券市场上，陆陆续续有类似情形的小股东找律师咨询解决方案。说到底，问题的实质还是法律上权利与义务的一致性，不能偏废。因此，就这个问题，当前阶段上市公司收购需要综合考虑，并根据具体情况有所安排。

（五）证监会就重大资产重组反馈问题的案例汇总

根据上市公司公告，摘录证监会审核上市公司重大资产重组项目部分反馈如下，供大家了解证监会重组委在项目审核中关心的主要事项。

证监会上市公司并购重组审核委员会2016年第9次会议于2016年1月27日召开，审核结果为马鞍山方圆回转支承股份有限公司（发行股份购买资产）获有条件通过、浙江伟星实业发展股份有限公司（发行股份购买资产）获有条件通过。

1. 马鞍山方圆回转支承股份有限公司购买资产方案。

问题1：评估增值的原因与合理性。交易标的万厦房产和新光建材城的评估值分别为59.86亿元、52.01亿元，评估增值率分别为341%、753%，请你公司结合交易标的房地产项目所在城市的行业发展状况及房地产政策、当地房产去库存化情况、市场供求状况、近期成交量水平和价格趋势等因素，进一步说明交易标的评估增值的原因及合理性。

问题2：承诺业绩实现的合理性。交易标的2012年度、2013年度、2014年度及2015年1~7月模拟合并的归属于母公司的净利润分别为5619万元、14238万元、47399万元、13843万元。本次发行股份购买资产交易对方承诺交易标的扣除非经常性损益后的净利润为2016年度不低于14亿元，2016年度与2017年度累计不低于27亿元，2016年度、2017年度与2018年度累计不低于40亿元。请补充披露：

（1）交易标的承诺业绩较报告期净利润增幅较大的原因；

（2）标的资产的土地储备情况（取得时间、地点、取得成本、账面价值等）、公司后续开发计划、销售计划，包括各资产类别项下的可售面积、已售面积、预售面积、已售或预售的平均单价等；

（3）结合交易标的截至目前的经营业绩、已开盘房地产项目销售情况以及土地储备、未来开发计划、预计价格走势等说明交易标的承诺业绩的合理性、可实现性以及未来盈利能力的稳定性。

2. 浙江伟星实业发展股份有限公司购买资产方案。

问题1：交易完成后的后续事项安排合理性。伟星股份拟发行股份购买中捷时代51%股权。请你公司：①补充披露未购买中捷时代全部股权的原因；②补充披露是否存在收购中捷时代剩余股权的后续计划和安排；③结合伟星股份未来发展战略、产业布局、业务规划和中捷时代的行业特点、核心竞争力、业务状况、盈利能力等因素，补充披露本次交易的必要性和目的。

问题2：研发阶段产品未来实现盈利的不确定性。根据军方现行武器装备采购体制，只有通过军方设计定型批准的产品才可在军用装备上列装。目前中捷时代主要产品处于研发阶段、设计定型阶段，均未实现量产，仅部分产品处于小量生产阶段。请你公司补充披露：①军品设计定型的具体程序、流程、条件、期限以及相关审批事项和审批机关；②中捷时代现有产品设计定型批准的具体情况，包括但不限于所处阶段、进展状况、存在何种障碍，以及未通过设计定型对中捷时代生产经营及收益法评估值的影响。

问题3：业务整合风险。申请材料显示，伟星股份专业从事纽扣、拉链、金属制品等服装辅料的研发、制造与销售，中捷时代主要从事高端军用卫星导航产品的研发、生产和技术服务，本次重组存在业务整合风险。请你公司：①结合财务指标，补充披露交易完成后上市公司的主营业务构成；②结合伟星股份和中捷时代主营业务等情况，补充披露上市公司未来的发展定位和业务规划；③补充披露本次交易在业务、资产、财务、机构以及核心人员稳定性等方面的整合计划、整合风险及相关管控措施。

问题4：募集配套资金的合理性。本次交易募集配套资金拟用于支付现金对价、中介机构费用及补充中捷时代流动资金。请你公司：①结合上市公司及中捷时代资产负债率及财务状况，进一步补充披露募集配套资金的必要性；②补充披露中捷时代补充流动资金的测算依据及合理性。

问题5：标的资产客户集中的风险。中捷时代报告期前五名客户销售收入占比分别为100%、97.16%和100%。同时，供应商采购集中度逐年提高，2015年上半年前五名供应商采购占比上升为73.28%。请你公司补充披露中捷时代是否对单一客户或供应商存在重大依赖，如存在，请补充披露应对措施并提示供应商集中风险。

3. 富春通信股份有限公司发行股份购买资产方案的审核意见为：

标的公司核心知识产权涉诉（项目标的为春秋时代80%股权，春秋时代制作的《战狼》版权涉诉——笔者注），不符合《上市公司重大资产重组管理办法》第十一条第四款的相关规定。

4. 常州天晟新材料股份有限公司发行股份购买资产方案的审核意见为：

①请申请人补充披露标的公司下属公司上海德丰网络技术有

限公司历史沿革，请独立财务顾问、律师核查并发表明确意见；②请申请人结合移动支付、互联网支付技术的快速发展对银行收单业务的影响，补充披露标的公司未来持续盈利能力稳定性的风险，请独立财务顾问、会计师核查并发表明确意见。

5. 唐人神集团股份有限公司发行股份购买资产方案的审核意见为：

根据申请材料所披露的信息，无法判断本次重组标的公司之一比利美英伟业绩的真实性，不符合《上市公司重大资产重组管理办法》第四条的相关规定。

对于唐人神集团股份有限公司发行股份购买资产方案的审核意见，市场认为，这是证监会在上市公司重大资产重组案件中首次关注标的公司业绩真实性问题。

（六）借壳上市

借壳上市，又称买壳，是指境内外企业购买上市公司控股权并将自己的业务与资产置入上市公司的行为，因为置入资产无论从规模上看还是从盈利能力上看占原上市公司的比例都较大，所以，借壳上市一般能够构成上市公司重大资产重组，需要按照上市公司重大资产重组行为履行重组委审批程序。国内企业对A股上市公司买壳行为一直有不小的兴趣，这也难怪，因为审批制下上市毕竟有难度，买壳是上市的捷径，所以上市公司壳资源就有市场。眼下连新三板的壳都有市场价格了，可见国人对买壳的兴趣。

正因为如此，为防止滥用，扰乱证券市场，最近几年证监会严格规范了借壳上市要求，重申了借壳重组标准与 IPO 趋同，同时参照《首次公开发行股票并上市管理办法》的相关规定，即置入资产需基本符合 IPO 标准，重点关注重组完成后上市公司是否具有持续经营能力，是否符合证监会有关治理与规范运作的相关规定，在业务、资产、财务、人员、机构等方面是否独立于控股股东、实际控制人及其控制的其他企业，与控股股东、实际控制人及其控制的其他企业间是否存在同业竞争或者显失公平的关联交易。2019 年 10 月 18 日，证监会再次修订《证券期货法律适用意见第 12 号——〈上市公司重大资产重组管理办法〉第十四条、第四十四条的适用意见》（证监会公告 2019）21 号，2019 年 10 月 18 日起施行，以规范重组上市（借壳上市）行为。

根据《证券期货法律适用意见第 12 号》的规定，借壳上市在相关数据的计算上执行如下原则。

（1）执行累计首次原则，即按照上市公司控制权发生变更之日起 36 个月内（含上市公司控制权变更的同时），上市公司在重大资产重组中累计向收购人购买的资产总额、资产净额、营业收入占上市公司控制权发生变更的前一个会计年度经审计的合并财务会计报告的相应指标的比例累计首次达到 100% 以上的，或者所对应的发行股份的数量，占上市公司首次向收购人及其关联人购买资产的董事会决议前一个交易日的股份比例累计首次达到 100% 以上的，合并视为一次重大资产重组。

（2）执行预期合并原则，即收购人申报重大资产重组方案时，如存在同业竞争和非正常关联交易，则收购人解决同业竞争和关联交易问题所制订的承诺方案涉及上市公司控制权变更之日起 36 个月内向上市公司注入资产的，也将合并计算。

借壳上市要求趋严后，一方面要求上市公司申报时必须明确说明是否构成借壳上市；另一方面证监会对借壳上市的审批也越来越严格，使原来浑水摸鱼的行为越来越难以维系了。2014 年、2015 年，青海春天借壳贤成矿业（600381）、九鼎投资借壳中江地产（600053）、东方能源（000958）、美年健康借壳江苏三友（002044）等借壳上市行为获得批准。

摘录几例未获批准的借壳上市重组委意见，供大家参考。

1. 民生控股（000416）借壳上市方案被否，理由如下。

并购重组委在审核中关注到，你公司存在以下情形：2015 年 6 月民生控股收购民生财富 100% 股权，本次交易民生控股拟收购三江电子 100% 股权。民生控股累计向上市公司实际控制人卢某及其关联方购买的资产占上市公司 2008 年末资产总额的 107.87%，已构成借壳上市。根据《上市公司重大资产重组管理办法》，民生财富和三江电子均应满足借壳上市条件，应当符合《首次公开发行股票并上市管理办法》（证监会令第 32 号）的相关规定。

申请材料显示，民生财富 2014 年 3 月成立，未满 3 年，2014 年和 2015 年 1 至 6 月净利润分别为 31.62 万元和 259.77 万元。并购重组委认为，上述情形与《首次公开发行股票并上市管理办法》第九条和第三十三条的规定不符。

2. 圣莱达（002473）借壳上市方案被否，理由如下。

本次重组构成借壳上市，标的公司会计基础薄弱、内部控制不健全，不符合《首次公开发行股票并上市管理办法》第二十四条、第三十条的相关规定。

目前重大资产重组、发行股份购买资产、借壳、上市公司分立及合并等重大事项都在证监会审核，自 2013 年 10 月 8 日以来实行分道制审核。总体上讲，目前上市公司重大资产重组项目审核效率还是比较高的，审核时间约为3～4个月，否决案例也不多。未来伴随着注册制的推出，这种高度市场化事件的行政许可制也需要相应做出调整，如将该等事项放到交易所，由交易所根据市场化原则进行审核，可以更好地满足证券市场日益发达的并购重组要求，高效地完成市场资源配置和行业整合的目标。目前，市场上进行的上市公司重组行为，有基于业绩要求必须重组的，也有基于公司总体战略和规划主动出击的，总体上讲，未来更多需要关心的是公司重组后的并购效应能否达到预期的问题，尤其是并购双方文化的融合问题。

十六　上市公司再融资——股权融资和债权融资

公司在公开的股票交易场所上市后，由于股份流动性增强，公司获得了更好的融资功能，包括股权融资和债权融资。这也是国内公司上市首先想到的功能，是证券市场的主要融资方式。

股权融资发行方式可以向特定对象发行（定向发行、配股），也可以向不特定对象发行（增发），可以发行的证券品种包括股票、可转换公司债券以及证监会认可的其他衍生品种，上市公司可以公开发行认股权和债券分离交易的可转换公司债券。随着市场化的成熟，上市公司可以使用的衍生品种还会层出不穷。除《公司法》《证券法》外，对上市公司发行证券的主要规制文件是证监会发布的《上市公司证券发行管理办法》（证监会令第30号）。当前阶段，上市公司发行证券的主要方式为定向增发+购买资产+募集配套资金的一揽子安排，将上市公司融资与资产重组相结合，即通过资本市场完成上市并购重组的目的，因前面已有论及，在此不再赘述。

2013年11月30日，国务院做出《关于优先股试点的指导意见》（国发〔2013〕46号），根据该意见，证监会于2014年3月21日做出《优先股试点管理办法》（证监会第97号令），规定上市公司可以公开发行优先股、非上市公众公司可以非公开发行优先股，给了公司、市场以更多的选择。根据证监会网站公开披露的信息，优先股试点办法推出近两年的时间里，证监会先后核准了13家上市公司、14个优先股项目的非公开发行，其中银行类上市公司包括中国银行、农业银行、工商银行、兴业银行、浦发银行和宁波银行，非银行上市公司包括康美药业、广汇能源、中国建筑、晨鸣纸业、中原高速、内蒙古伊泰煤炭。发行优先股同时购买资产并构成上市公司重大资产重组的有两家：中国电建向中国电力集团非公开发行普通股股份购买资产并发行优先股募集配套资金、桂冠电力向大唐集团非公开发行普通股股份购买资产并发行优先股募集配套资金。根据股转公司网站公开的信息，截至2016年2月，新三板挂牌公司中已有诚信小贷、中视文化两家公司完成优先股非公开发行。

债权融资方式主要为公司债券和中小企业私募债。公司债券是指公司依照法定程序发行、约定在一定期限还本付息的有价证券。公司债券可以公开发行，也可以非公开发行；可以在沪深证券交易所和全国股份转让系统上市交易，也可以在机构间私募产品报价与服务系统、证券公司柜台公开转让；非公开发行债券可以由证券公司承销，也可以自行销售。除《公司法》《证券法》外，对上市公司和非上市公众公司债券发行和交易行为进行规制的主要文件为证监会发布的《公司债券发行与交易管理办法》（证监会令第113号），该文替代了2007年8月14日实施的《公司债券发行试点办法》（证监会令第49号），统一了原来分散的针对不同发行主体的债券发行规则，将适用证券公司发行债券的规定纳入其中。中小企业私募债适用于除房地产和金融机构外的中小微企业，包括上市公司和非上市股份公司以及有限责任公司，对中小企业私募债行为进行规制的主要文件为深沪两市证券交易所发布的《中小企业私募债券业务试行办法》。在目前贷款利率降低的外部环境下，债权融资较前成本低，尤其是实行备案制的非公开发行债券和中小企业私募债，具有操作便利、中长期贷款的优势，是目前阶段公司调整负债结构、进行债权融资的重要选择。根据上海证券交易所统计的数据，2016年2月在沪市交易的可转债7只，成交金额213.80亿元；公司债现货722只，成交金额为789.68亿元；可分离债1只，成交金额为4.56亿元。

除公开发行股票外，证券和债券的发行人可以为上市公司，也可以为非上市公众公司，中小企业私募债的发行主体还可以是非上市股份公司以及有限责任公司。按照目前规定，上市公司发行证券、公司公开发行债券均需获得证监会核准，非公开发行债券实行事后到证券业协会备案制，中小企业私募债实行事先到交易所备案制。由于该等行为均涉及不特定多数人的利益，因此，发行人应向投资者充分揭示风险，并制定偿债保障等投资者保护措施，加强投资者权益保护，全面、及时地履行信息披露义务。

十七　公司的合并、分立、解散、清算

（一）合并、分立

合并、分立是并购重组中经常使用的手段，由于合并分立涉及诸多利益主体公司权利与义务的变更，因此，《公司法》对合并、分立规定了严格的程序，必须依法进行。

合并方式分两种：吸收合并和新设合并。一个公司吸收其他公司为吸收合并，被吸收的公司解散。两个以上公司合并设立一个新的公司为新设合并，合并各方解散。公司合并后，合并前各方的债权、债务应当由合并后存续的公司或者新设的公司承继。

公司合并的操作程序：首先，合并各方签订合并协议，并编制资产负债表及财产清单，当然，合并双方签订合并协议前各方应当履行内部股东会/股东大会审议程序，并经 2/3 以上多数通过；其次是公告，公司应当自做出合并决议之日起十日内通知债权人，并于三十日内在报纸上公告，债权人自接到通知书之日起三十日内，未接到通知书的自公告之日起四十五日内，可以要求公司清偿债务或者提供相应的担保。

公司分立是指一个公司分为两个公司，需对原公司财产进行分割，相对应的业务、人员、机构以及债权、债务均进行分割，这将实质性影响债权人权利的实现，因此，除公告和允许债权人要求获得提前清偿和要求债务人提供担保的权利外，法律做出了分立后两公司在义务和责任上承担连带责任的规定，但是，债权人同意并在分立前与债权人就债务清偿达成书面协议另有约定的除外。

（二）解散与清算

1. 公司被解散的情形

通常情况下，公司解散有主动解散和被动解散两种情形。主动解散通过股东会/股东大会决议方式进行解散，包括公司章程中约定的解散事由出现，为整合资源、解决同业竞争、IPO、分立、合并之目的，中介机构建议在公司重组方案中对没有存续必要的公司主动解散。公司被依法吊销营业执照、责令关闭或者被撤销的情况下，股东会/股东大会也需要决议解散。被动解散限于司法裁判，司法裁判解散是解决公司僵局时使用的手段，也是最严厉的法律救济措施，法院对于解散案件一直采取的是审慎的态度，并要求以穷尽内部救济为前置程序，解决公司僵局排在第一位的方法仍然是股权退出，公司继续经营。只有在穷尽内部救济后仍不能解决公司僵局且持续经营将致股东持续损失的情况下，法院才会判决公司解散。我们查阅了广东省法院网站公开的28件公司解散案件，最终判决公司解散的案件为5件，其中1件为公司设立时间不足3个月，股东之间无法就公司后续运营达成一致；1件为公司部分股东已经达成一致解散并已完成税务注销程序，但因部分股东无法联系上而不能形成一致的股东会决议，因此，采用诉讼解散的方式；1件为家庭成员共同设立和经营的公司，因双方离婚而判决解散；1件是二审案件撤销了原一审法院关于准予公司解散的判决。上述事实能够很好地反映法院对公司解散案件的审理原则。

《公司法》第一百八十条规定公司解散的原因：①公司章程规定的营业期限届满或者公司章程规定的其他解散事由出现；②股东会或者股东大会决议解散；③因公司合并或者分立需要解散；④依法被吊销营业执照、责令关闭或者被撤销；⑤人民法院依照公司法第一百八十二条的规定予以解散。

《公司法》第一百八十二条规定公司僵局发生时穷尽内部救济不能解决的，持有公司全部股东表决权10%以上的股东，可以请求人民法院解散公司。《公司法司法解释（二）》中明确界定了公司僵局的具体情形，严格了通过诉讼程序判令公司解散的适用范围。

2. 解散与清算的操作程序

公司解散的操作程序从股东会/股东大会决议解散或法院判决公司解散并组成清算组之日起开始。

《公司法》第一百八十四条规定，清算组在清算期间行使下列职权：

（1）清理公司财产，分别编制资产负债表和财产清单；

（2）通知、公告债权人；

（3）处理与清算有关的公司未了结业务；

（4）清缴所欠税款以及清算过程中产生的税款；

（5）清理债权、债务；

（6）处理公司清偿债务后的剩余财产；

（7）代表公司参与民事诉讼活动。

清算组成立后，清算程序启动，具体如下：

清算组成立→编制公司资产负债表和财产清单→通知、公告债权人→接受债权申报、处理与清算有关的事务→制作清算方案报股东会/股东大会或法院确认→剩余财产分配和清算→制作清算报告报股东会/股东大会或法院确认→报送公司登记机关申请公司注销登记→公告公司终止。

需要说明的两个问题如下。一是公司财产分配和清算的原则为，首先支付清算费用、职工的工资、社会保险费用和法定补偿金，其次缴纳所欠税款，再次清偿公司债务，最后上述清偿完毕后的财产为剩余财产，在股东之间进行分配，有限责任公司按照股东的出资比例分配，股份有限公司按照股东持有的股份比例分配。上述清算和财产分配办法是公司独立性原则在公司终止时的体现。二是清算组在清理公司财产、编制资产负债表和财产清单后，发现公司财产不足清偿债务的，应当依法向人民法院申请宣告破产。公司经人民法院裁定宣告破产后，清算组应当将清算事务移交给人民法院。

十八　破产与重整

1986年12月2日通过、1988年10月1日起实施的《中华人民共和国企业破产法》（试行）是国内最早的企业破产法律依据，也开启了国内企业破产制度先河。由于我国当时市场经济体制改革刚刚开始，而改革开放前期市场经济主体为国有企业，虽然在20世纪80年代末至2000年各地也经历了大规模的国有企业破产过程，但在当时社会保障体系尚未全面建立、市场经济相对脆弱的前提下，显然无法制定严格的符合市场经济规律的破产制度。因此，2006年8月27日审议通过并自2007年6月1日起实施的《中华人民共和国企业破产法》（以下简称《破产法》）的正式实施，正式开启了市场经济条件下中国企业破产制度，同时废止此前的《破产法》（试行）。2006年《破产法》的颁布与实施，从一定程度上讲是开启市场经济条件下的企业优胜劣汰制度的基础，对于严肃对待企业的生死存亡、完善企业破产制度、逐步建立市场经济主体的信用制度乃至未来通过建立自然人的破产制度从而建立自然人的信用制度都具有重要意义。

近年来，各地法院审理的企业破产案件呈明显增长态势。根据山东省高级人民法院网站公开的信息，山东省高级人民法院2013年审结企业破产、公司清算等案件200件。其中，在st海龙（000677）破产案件中，山东省高级人民法院根据债权人的破产重整申请，依法裁定受理并主持重整，经过多方共同努力，该公司重组成功，2013 年 7 月，深圳证券交易所撤销了该公司的退市风险警示及其他风险警示。2014 年山东省高级人民法院审结股权转让、企业破产重整案件 571 件。根据北京市高级人民法院网站公开的信息，2014 年北京市高级人民法院审结破产案件 200 件。最近年度以来，由于市场经济环境的恶劣以及 2020 年的全球疫情，法院加大了对破产案件的受理力度，使僵尸企业有机会退出市场经济，作为拟制的人，公司有生有死才是市场经济的本来。同时，2020 年深圳还开始了对个人破产制度的试点。2020 年山东全省法院共审结强制清算与破产案件 1975 件，同比增长 92．68%。北京市高院 2019 年审结的破产清算案件 639 件，均高于以前年度。

《破产法》通过后，最高人民法院分别于 2011 年颁布《破产法司法解释（一)》、于 2013 年颁布《破产法司法解释（二)》，对企业破产案件审理过程中具体问题给予了补充规定和指导，作为当前破产案件审理和执行的主要法律依据。

《破产法》的立法宗旨，在《破产法》条款中明确为“规范企业破产程序，公平清理债权债务，保护债权人和债务人的合法权益，维护社会主义市场经济秩序”。这一立法宗旨体现了两处公平原则：一是公平清理债权债务，表现为债务人平等的原则以及同一序列的债权人平等；二是公平对待债权人和债务人，不能因为债务人不能清偿债务，到了破产阶段就过分保护债权人利益而忽略了债务人，若此，对于债务人的其他利害关系人——职工、出资人等也是不公平的。

对债务人申请破产的权利人既包括债权人，也包括债务人自己。申请企业破产、重整或和解的条件是“企业法人不能清偿到期债务，并且资产不足以清偿全部债务或者明显缺乏清偿能力”，《破产法司法解释（一)》中明确列示了构成上述条件的情形：

第一条　债务人不能清偿到期债务并且具有下列情形之一的，人民法院应当认定其具备破产原因：

（1）资产不足以清偿全部债务；

（2）明显缺乏清偿能力。

相关当事人以对债务人的债务负有连带责任的人未丧失清偿能力为由，主张债务人不具备破产原因的，人民法院应不予支持。

第二条　下列情形同时存在的，人民法院应当认定债务人不能清偿到期债务：

（1）债权债务关系依法成立；

（2）债务履行期限已经届满；

（3）债务人未完全清偿债务。

第三条　债务人的资产负债表或者审计报告、资产评估报告等显示其全部资产不足以偿付全部负债的，人民法院应当认定债务人资产不足以清偿全部债务，但有相反证据足以证明债务人资产能够偿付全部负债的除外。

第四条　债务人账面资产虽大于负债，但存在下列情形之一的，人民法院应当认定其明显缺乏清偿能力：

（1）因资金严重不足或者财产不能变现等原因，无法清偿债务；

（2）法定代表人下落不明且无其他人员负责管理财产，无法清偿债务；

（3）经人民法院强制执行，无法清偿债务；

（4）长期亏损且经营扭亏困难，无法清偿债务；

（5）导致债务人丧失清偿能力的其他情形。

本次实施的《破产法》的突出变化有两处。一是增加了重整与和解制度，规定债务人具备破产申请条件的同时，申请人既可以申请债务人破产，也可以申请重整或和解，并规定了明确和可操作的重整与和解程序。这是非常市场化的做法，使即使处于经营困难、破产边界的企业也有机会通过重整或和解获得起死回生的机会。毕竟企业与其股东、债权人权益具有共益性，企业、出资人与主要债权人能够达成一致，豁免企业部分债务并给予企业更多的支持，使企业能够继续生产和经营，才是对股东、员工、债务人、债权人、当地政府等诸多利益团体最大的利益保护。二是增加了破产管理人制度，明确规定了破产管理人由律师、会计师、清算事务所等专业机构担任，由法院指定和更换，非经法院同意不得辞职。明确了管理人向法院报告工作、接受债权人的监督、勤勉尽责、忠实地执行职务的法定职责。破产管理人制度的推出，将大大增强破产过程的专业性和公信力，更好地实现《破产法》的立法宗旨。

为便于大家理解，本书汇总《破产法》及其司法解释的部分内容如下。

（一）破产管理人制度

破产管理人可以由有关部门、机构的人员组成的清算组或者依法设立的律师事务所、会计师事务所、破产清算事务所等社会中介机构担任。

管理人履行下列职责：①接管债务人的财产、印章和账簿、文书等资料；②调查债务人财产状况，制作财产状况报告；③决定债务人的内部管理事务；④决定债务人的日常开支和其他必要开支；⑤在第一次债权人会议召开之前，决定继续或者停止债务人的营业；⑥管理和处分债务人的财产；⑦代表债务人参加诉讼、仲裁或者其他法律程序；⑧提议召开债权人会议；⑨人民法院认为管理人应当履行的其他职责。

（二）破产重整

1. 重整申请

除债务人或者债权人可以依照《破产法》规定，直接向人民法院申请对债务人进行重整外，《破产法》还规定：在债权人申请对债务人进行破产清算的情形下，人民法院受理破产申请后至宣告债务人破产前，债务人或者出资额占债务人注册资本1/10以上的出资人，可以向人民法院申请重整。

2. 重整期间

自人民法院裁定债务人重整之日起至重整程序终止为重整期间。

在重整期间，债务人的财产和营业事务可以由管理人继续管理。经债务人申请、人民法院批准，债务人可以在管理人的监督下自行管理财产和营业事务。依照《破产法》规定已接管债务人财产和营业事务的管理人应当向债务人移交财产和营业事务，《破产法》规定的管理人的职权由债务人行使。

在重整期间，有下列情形之一的，经管理人或者利害关系人请求，人民法院应当裁定终止重整程序，并宣告债务人破产：

（1）债务人的经营状况和财产状况继续恶化，缺乏挽救的可能性；

（2）债务人有欺诈、恶意减少债务人财产或者其他显著不利于债权人的行为；

（3）债务人的行为致使管理人无法执行职务。

此外，重整期间内如果债务人或者管理人未按期提出重整计划草案，人民法院应当裁定终止重整程序，并宣告债务人破产。

3. 重整计划的制订与批准

重整计划的制订：债务人或者管理人应当自人民法院裁定债务人重整之日起六个月内，同时向人民法院和债权人会议提交重整计划草案。前款规定的期限届满，经债务人或者管理人请求，有正当理由的，人民法院可以裁定延期三个月。

重整计划草案应当包括下列内容：①债务人的经营方案；②债权分类；③债权调整方案；④债权受偿方案；⑤重整计划的执行期限；⑥重整计划执行的监督期限；⑦有利于债务人重整的其他方案。

重整计划的批准。下列各类债权的债权人参加讨论重整计划草案的债权人会议，依照下列债权分类，分组对重整计划草案进行表决：①对债务人的特定财产享有担保权的债权；②债务人所欠职工的工资、医疗和伤残补助、抚恤费用，所欠的应当划入职工个人账户的基本养老保险、基本医疗保险费用，以及法律、行政法规规定应当支付给职工的补偿金；③债务人所欠税款；④普通债权。

重整计划的表决：人民法院应当自收到重整计划草案之日起三十日内召开债权人会议，对重整计划草案进行表决。出席会议的同一表决组的债权人过半数同意重整计划草案，并且其所代表的债权额占该组债权总额的三分之二以上的，即为该组通过重整计划草案。重整计划草案涉及出资人权益调整事项的，应当设出资人组，对该事项进行表决。

各表决组均通过重整计划草案时，重整计划即为通过。自重整计划通过之日起十日内，债务人或者管理人应当向人民法院提出批准重整计划的申请。人民法院经审查认为符合《破产法》规定的，应当自收到申请之日起三十日内裁定批准，终止重整程序，并予以公告。

部分表决组未通过重整计划草案的，债务人或者管理人可以同未通过重整计划草案的表决组协商。该表决组可以在协商后再表决一次。双方协商的结果不得损害其他表决组的利益。

未通过重整计划草案的表决组拒绝再次表决，或者再次表决仍未通过重整计划草案，但重整计划草案符合下列条件的，债务人或者管理人可以申请人民法院批准重整计划草案：①按照重整计划草案，《破产法》第八十二条第一款第一项所列债权就该特定财产将获得全额清偿，其因延期清偿所受的损失将得到公平补偿，并且其担保权未受到实质性损害，或者该表决组已经通过重整计划草案；②按照重整计划草案，《破产法》第八十二条第一款第二项、第三项所列债权将获得全额清偿，或者相应表决组已经通过重整计划草案；③按照重整计划草案，普通债权所获得的清偿比例，不低于其在重整计划草案被提请批准时依照破产清算程序所能获得的清偿比例，或者该表决组已经通过重整计划草案；④重整计划草案对出资人权益的调整公平、公正，或者出资人组已经通过重整计划草案；⑤重整计划草案公平对待同一表决组的成员，并且所规定的债权清偿顺序不违反《破产法》第一百一十三条的规定；⑥债务人的经营方案具有可行性。

人民法院经审查认为重整计划草案符合前款规定的，应当自收到申请之日起三十日内裁定批准，终止重整程序，并予以公告。

重整计划草案未获得通过且未依照《破产法》第八十七条的规定获得批准，或者已通过的重整计划未获得批准的，人民法院应当裁定终止重整程序，并宣告债务人破产。

4. 重整计划的执行

重整计划由债务人负责执行。人民法院裁定批准重整计划后，已接管财产和营业事务的管理人应当向债务人移交财产和营业事务。自人民法院裁定批准重整计划之日起，在重整计划规定的监督期内，由管理人监督重整计划的执行。在监督期内，债务人应当向管理人报告重整计划执行情况和债务人财务状况。

债务人不能执行或者不执行重整计划的，人民法院经管理人或者利害关系人请求，应当裁定终止重整计划的执行，并宣告债务人破产。

（三）和解

和解申请的提起：债务人可以依照《破产法》规定，直接向人民法院申请和解；也可以在人民法院受理破产申请后、宣告债务人破产前，向人民法院申请和解。债务人申请和解，应当提出和解协议草案。

和解方案通过：债权人会议通过和解协议的决议，由出席会议的有表决权的债权人过半数同意，并且其所代表的债权额占无财产担保债权总额的三分之二以上。债权人会议通过和解协议的，由人民法院裁定认可，终止和解程序，并予以公告。管理人应当向债务人移交财产和营业事务，并向人民法院提交执行职务的报告。

和解协议草案经债权人会议表决未获得通过，或者已经债权人会议通过的和解协议未获得人民法院认可的，人民法院应当裁定终止和解程序，并宣告债务人破产。

和解的终止执行：债务人不能执行或者不执行和解协议的，人民法院经和解债权人请求，应当裁定终止和解协议的执行，并宣告债务人破产。和解协议无效的，人民法院也应当裁定终止和解协议执行，并宣告债务人破产。人民法院受理破产申请后，债务人与全体债权人就债权债务的处理自行达成协议的，可以请求人民法院裁定认可，并终结破产程序。

（四）破产清偿程序

法院裁定宣告企业破产→通知公告债权人→管理人制订破产财产变价方案并提交债权会议讨论→债权人会议或法院裁定通过破产变价方案→以拍卖方式变价出售破产财产→管理人制订破产财产分配方案交债权人会议讨论并报法院裁定认可→管理人执行财产分配方案→财产分配完毕或无可供执行的财产，法院宣告终结破产程序，企业办理注销登记。

不破不立，若没有破产制度，就无法建立真正意义上的市场经济，市场经济主体的信用体系也无从谈起。因此，科学的破产制度建立起来并得到有效实施，在完善的市场经济体系中至关重要。在最近几年市场经济持续低迷的状态下，去库存、依法处理“僵尸企业”，将使更多的市场经济主体面临破产和重整这样的课题。作为企业经营者，对破产和重整制度要有所知悉，有所敬畏，才会更好地担当。

十九　公司诉讼

这本有关《公司法》的书，之所以要开设公司诉讼专题，主要源于以下几个原因。第一，众所周知，市场经济是法治经济，二者相得益彰，也密不可分。近年来，公司诉讼案件呈现明显增长态势。根据北京市高院网站公开的信息，2013 年度北京市各级法院共审结公司诉讼案件 3986 件。因此，作为公司的设立者、经营者，必须对公司诉讼有所了解，才能更好地经营和管理公司。第二，在没有办法的情况下，诉讼是最有效的解决手段，这是诉讼律师的体会，对于公司诉讼也不例外。繁荣的市场经济条件下，市场经济主体在设立和运营过程中涉及诸多利益主体，如公司与股东、股东与股东，公司与高管、股东与高管，如果通过协商的手段不能就某些事项达成一致，或者更有甚者形成公司僵局，则应当通过司法手段进行救济。第三，了解公司诉讼，尤其是了解法院、法官对公司诉讼的审理原则，既有助于各方清晰地了解在公司设立与经营过程中各方利益主体就相关事项进行约定的原则，也有助于一旦公司诉讼发生能够更好地应对。

公司诉讼的审判原则此前中已有提及，即尊重公司自治、股东自治和穷尽内部救济。

公司诉讼的种类除《公司法》《证券法》规定外，最高人民法院通过公司法司法解释的方式做了补充规定，截至目前，公司法司法解释（一）（二）（三）（四）（五）已分别生效，同时，

2019年11月8日最高人民法院关于印发《全国法院民商事审判工作会议纪要》的通知【法〔2019〕254号，简称“九民纪要”】包括了涉及公司纠纷案件的处理部分，也属于公司法司法解释。上述法律规定以及司法解释都是目前各级法院审理公司诉讼的重要法律依据。

综合《公司法》及其司法解释，现将公司诉讼主要种类汇总如下。

（1）设立公司行为纠纷：包括股东为设立公司以自己的名义与他人签订合同、以设立中公司的名义与他人签订合同效力问题、公司设立不成的法律责任等。

（2）股东出资纠纷：包括无处分权、实物出资价值争议、未办理资产转移手续、出资后抽逃等公司设立和增资时未履行或未全面履行出资义务产生的纠纷，外部投资者对公司出资纠纷（如涉及对赌协议、回购条款效力问题）等。

（3）有限责任公司股东资格确认纠纷：如多次股权转让后的股东资格认定问题，隐名股东与名义股东之间的股东资格认定问题，股东协议、工商章程与工商登记记载不一致等情形下的股东资格认定问题等。

（4）有限责任公司股权转让纠纷：包括股权转让合同效力问题（有效、无效、可撤销）、优先购买权的行使问题、瑕疵出资股东转让股权问题、名义股东股权处分问题、公司章程中关于股权处分权的特别约定问题、股权转让后的工商登记问题等。

（5）侵害公司及股东权益纠纷：股东会、股东大会、董事会决议无效或撤销纠纷，股东知情权纠纷，利润分配纠纷，股东代表诉讼纠纷，股权回购纠纷即异议股东回购请求权的行使问题等。

（6）司法解散公司案件。

（7）公司清算案件等。

给大家分享两个市场热点的案例，一个是关于股东优先认购权的正当行使——贵州捷安投资有限公司与贵阳黔峰生物制品有限责任公司等新增资本认购纠纷案①，一个是关于对赌协议的效力与履行——甘肃世恒有色资源再利用有限公司、香港迪亚有限公司与苏州工业园区海富投资有限公司、陆某增资纠纷案。

（一）贵州捷安投资有限公司与贵阳黔峰生物制品有限责任公司等新增资本认购纠纷

一审：贵州省高级人民法院［（2007）黔高民二初字第28号］民事判决，二审：最高人民法院［（2009）民二终字第3号］民事判决。

基本案情如下。

贵州捷安投资有限公司（以下简称捷安公司）诉至法院，请求确认其作为贵阳黔峰生物制品有限责任公司（以下简称黔峰公司）股东，并确认其对黔峰公司增资扩股的1820万新股享有优先认购权。

经审理查明，1997年3月，黔峰公司成立。后经多次股东变动与股权转让，至2006年8月，黔峰公司股权结构为大林公司54%、益康公司19%、盛达公司18%、友谊集团9%。但友谊集团的9%为代捷安公司持有，双方已签署股权转让协议并支付股权转让款，股权变更登记手续正在办理过程中。

① 本案例来源：最高人民法院审判监督庭编《审判监督指导·2011年第1辑（总第35辑）》，人民法院出版社，2011，第129～141页。

2007年4月18日、20日，黔峰公司先后召开两次股东会，就黔峰公司增资扩股、改制上市等相关事宜进行磋商，但均未能达成一致意见。2007年5月28日，黔峰公司召开临时股东会，对拟引入战略投资者，按每股2.8元溢价私募资金增发2000万股，各股东按各自的股权比例减持股权，以确保公司顺利完成改制及上市的方案再次进行讨论。会议表决如下。①股东大林公司、益康公司从有利于公司发展的大局出发，同意按股比减持股权，引进战略投资者。同时承诺采取私募增资扩股方案完全是从有利于公司改制和上市的目的出发，绝不从中谋取私利。赞成91%（即大林公司、益康公司、盛达公司赞成），反对9%（捷安公司反对）。②盛达公司同意引进战略投资者、按股比减持股权的方案，但希望投资者能从上市时间及发行价格方面给予一定的承诺。赞成91%，反对9%。③同意捷安公司按9%股比及本次私募方案的溢价股价增持180万股。赞成100%。④本次私募资金必须在2007年5月31日前汇入公司账户，否则视作放弃。赞成100%。

5月29日，大林公司、益康公司、盛达公司、捷安公司股东代表均在决议上签字，其中，捷安公司代表在签字时特别注明"同意增资扩股，但不同意引入战略投资者"。同日，捷安公司向黔峰公司提交了《关于我公司在近三次股东会议上的意见备忘录》，表明其除应按出资比例优先认缴出资外，还要求对其他股东放弃的认缴份额行使优先认购权。

5月31日，捷安公司将其180万股的认缴资金缴纳到黔峰公司的账户上，并再次致函黔峰公司及各股东，要求对其他股东放弃的出资份额行使优先认购权，未获其他股东及黔峰公司同意。

为此，捷安公司以大林公司、益康公司、盛达公司均放弃新股认购权总计1820万股后，在其已明确表示行使优先认购权的情况下，仍决定将该部分认购权让与公司股东以外的其他人，违反《公司法》的有关规定、侵犯其优先认购权为由，向贵州省高级人民法院提起诉讼，请求判令确认其为黔峰公司股东，并确认其对黔峰公司增资扩股部分的1820万股新股享有优先认购权。

另查明，黔峰公司的原始章程第十七条第一款第（九）项规定，股东会对公司增加或者减少注册资金、分立、合并、解散或者变更公司形式做出决议，必须经过代表三分之二以上表决权的股东通过。但章程对公司增资时出资份额的认缴问题未作规定。

贵州省高级人民法院一审认为，第一，就股东资格而言，工商登记并非设权性登记，而是宣示性登记，只具有对抗善意第三人的效力。因此，当公司内部发生股东资格争议时，不应仅以工商登记为准，还应对取得股东资格的实质性条件，如是否出资、是否有成为股东的意思、是否参与公司的经营管理、是否享受股东权益和承担股东义务、其他股东是否明知等事实进行审查，并据实做出认定。本案一系列事实表明，捷安公司不仅对黔峰公司出资，而且以自己的名义参与经营管理，并为其他股东所知悉和认同。因此，应根据真意主义原则，认定捷安公司是黔峰公司的股东。第二，捷安公司是否对其他股东承诺放弃的认缴新增出资份额没有优先认购权。首先，现行《公司法》并未明确规定股东对其他股东放弃的认缴出资比例有优先认购的权利。其次，公司股权转让与增资扩股不同，股权转让往往是被动的股东更替，与公司的战略性发展无实质联系，故要更加突出保护有限责任公司的人合性；而增资扩股，引入新的投资者，往往是为了公司的发展，当公司发展与公司人合性发生冲突时，则应当突出保护公司的发展机会，此时若基于保护公司的人合性而赋予某一股东优先认购权，则该优先权的行使可能会削弱其他股东特别是控股股东对公司的控制力，从而阻碍公司的发展壮大。最后，黔峰公司股东会在决议增资扩股时，已经根据捷安公司的意思，在股东会决议中明确其可以按其实缴出资比例认购180万股出资，且捷安公司已按比例缴纳了认股出资，故该股东会决议没有侵害捷安公司依法应享有的优先认购权。判决：一、确认捷安公司为黔峰公司股东；二、驳回捷安公司主张对黔峰公司其他股东放弃的1820万股增资扩股出资份额享有优先认购权的诉讼请求。

捷安公司不服上述一审判决，向最高人民法院提起上诉。

最高人民法院二审认为，从黔峰公司股东会决议内容可以看出，黔峰公司各股东对增资扩股是没有争议的，争议点在于要不要引进战略投资者。尽管对此股东之间意见有分歧，但也是形成决议的，且决议内容符合黔峰公司章程有关规定。因此，该决议是有效的，各股东应当按照股东会决议内容执行。由于公司增资扩股行为与股东对外转让股份行为确属不同性质的行为，意志决定主体不同，因此二者对有限责任公司的人合要求不同。在已经充分保护股东认缴权的基础上，捷安公司在黔峰公司此次增资中利益并没有受到损害。当股东个体利益与公司整体利益或者有限责任公司人合性与公司发展相冲突时，应当由全体股东按照公司章程规定方式进行决议，从而有个最终结论以便各股东遵循。综上，捷安公司对其他股东放弃认缴的增资份额没有优先认购权。遂判决驳回上诉，维持原判。捷安公司仍不服，申请再审。

最高人民法院再审认为，优先认购权作为一种排斥第三人竞争效力的权利，对其相对人权利影响重大，必须基于法律规定才能享有。其发生要件及行使范围须以法律的明确规定为根据。《公司法》明确规定了全体股东无约定的情况下，有限责任公司新增股本时股东优先认缴出资的权利以及该权利行使的范围“以实缴出资比例”为限，超出该法定的范围，则无所谓权利的存在。本案中捷安公司已按照其实缴的出资比例行使了优先认购权，其对黔峰公司享有的支配权和财产权仍然继续维持在原有状态，不存在受到侵害的事实或危险。据此驳回捷安公司的再审申请。

本案不复杂，是关于股东优先权如何正确行使的问题，这也是实践中容易产生争议的环节。现行《公司法》第三十四条规定了有限责任公司“新增资本时，股东有权优先按照实缴的出资比例认缴出资。但是，全体股东约定不按照出资比例优先认缴出资的除外”。第七十一、七十二条规定了有限责任公司股权转让时原股东的优先购买权及如何行使。《公司法》未规定股份有限公司增资时原股东的优先认购权，实践中各公司都在章程中做了约定。对于股东优先权如何行使的问题，两级法院在判决书中进行了详尽的释明，大家可以认真阅读，不仅可以很好地理解这个案例，更重要的是，可以从中理解法律对股东权利的正确行使、对股东与其他股东、股东与公司利益发生冲突时所给予尊重和保护的价值取向。

（二）甘肃世恒有色资源再利用有限公司、香港迪亚有限公司与苏州工业园区海富投资有限公司、陆某增资纠纷案

该案历经甘肃兰州市中院一审、甘肃省高院二审和最高人民法院再审，最终，2012 年 12 月 7 日最高人民法院做出（2012）民提字第 11 号民事判决书，为本次纷争画上句号。本案并不复杂，争议的核心是外来投资者对于公司投资时关于业绩对赌和回购的约定是否有效？

现摘录最高院终审判决书部分内容如下。

2009年12月30日，苏州工业园区海富投资有限公司（以下简称海富公司）诉至兰州市中级人民法院，请求判令甘肃世恒有色资源再利用有限公司（以下简称世恒公司）、香港迪亚有限公司（以下简称迪亚公司）和陆某向其支付协议补偿款1998.2095万元并承担本案诉讼费及其他费用。

甘肃省兰州市中级人民法院一审查明如下事实。2007年11月1日前，甘肃众星锌业有限公司（以下简称众星公司）、海富公司、迪亚公司、陆某共同签订了一份《甘肃众星锌业有限公司增资协议书》（以下简称《增资协议书》），约定：众星公司注册资本为384万美元，迪亚公司占投资的100%。各方同意海富公司以现金2000万元人民币对众星公司进行增资，占众星公司增资后注册资本的3.85%，迪亚公司占96.15%。依据协议内容，迪亚公司与海富公司签订合营企业合同及修订公司章程，并于合营企业合同及修订后的章程批准之日起10日内一次性将认缴的增资款汇入众星公司指定的账户……第七条特别约定第一项：本协议签订后，众星公司应尽快成立“公司改制上市工作小组”，着手筹备安排公司改制上市的前期准备工作，工作小组成员由股东代表和主要经营管理人员组成。协议各方应在条件具备时将公司改组成规范的股份有限公司，并争取在境内证券交易所发行上市。第二项业绩目标约定：众星公司2008年净利润不低于3000万元人民币。如果众星公司2008年实际净利润完不成3000万元，海富公司有权要求众星公司予以补偿，如果众星公司未能履行补偿义务，海富公司有权要求迪亚公司履行补偿义务。补偿金额=（1-2008年实际净利润/3000万元）×本次投资金额。第四项股权回购约定：如果至2010年10月20日，由于众星公司的原因而无法完成上市，则海富公司有权在任一时刻要求迪亚公司回购届时海富公司持有之众星公司的全部股权，迪亚公司应自收到海富公司书面通知之日起180日内按以下约定回购金额向海富公司一次性支付全部价款。若自2008年1月1日起，众星公司的净资产年化收益率超过10%，则迪亚公司回购金额为海富公司所持众星公司股份对应的所有者权益账面价值；若自2008年1月1日起，众星公司的净资产年化收益率低于10%，则迪亚公司回购金额为（海富公司的原始投资金额-补偿金额）×（1+10%×投资天数/360）。

2007年11月1日，海富公司、迪亚公司签订《中外合资经营甘肃众星锌业有限公司合同》（以下简称《合资经营合同》），有关约定为：众星公司增资扩股将注册资本增加至399.38万美元，海富公司决定受让部分股权，将众星公司由外资企业变更为中外合资经营企业……海富公司出资15.38万美元，占注册资本的3.85%；迪亚公司出资384万美元，占注册资本的96.15%。海富公司应于本合同生效后十日内一次性向合资公司缴付人民币2000万元，超过其认缴的合资公司注册资本的部分，计入合资公司资本公积金……还特别约定：合资公司完成变更后，应尽快成立“公司改制上市工作小组”，着手筹备公司改制上市的前期准备工作，工作小组成员由股东代表和主要经营管理人员组成。合资公司应在条件具备时改组成立股份有限公司，并争取在境内证券交易所发行上市。如果至2010年10月20日，由于合资公司自身的原因而无法完成上市，则海富公司有权在任一时刻要求迪亚公司回购届时海富公司持有的合资公司的全部股权……之后，海富公司依约于2007年11月2日缴存众星公司银行账户人民币2000万元，其中新增注册资本114.7717万元，资本公积金1885.2283万元。（随后，公司完成了本次增资的商务厅批准手续以及工商变更登记工作——笔者注）……另据工商年检报告登记记载，众星公司2008年实现的净利润总额低于3000万元。

一审法院认为，根据双方的诉辩意见，案件的争议焦点为：①《增资协议书》第七条第（二）项内容是否具有法律效力；②如果有效，世恒公司、迪亚公司、陆某是否应承担补偿责任。

经审查，《增资协议书》系双方真实意思表示，但第七条第（二）项内容即世恒公司2008年实际净利润完不成3000万元，海富公司有权要求世恒公司补偿的约定，不符合《中华人民共和国中外合资经营企业法》第八条关于企业利润根据合营各方注册资本的比例进行分配的规定，同时，该条规定与《公司章程》的有关条款不一致，也损害公司利益及公司债权人的利益，不符合《中华人民共和国公司法》第二十条第一款的规定……陆某虽是世恒公司的法定代表人，但其在世恒公司的行为代表的是公司行为利益，并且《增资协议书》第七条第（二）项内容中，并没有关于由陆某个人承担补偿义务的约定，故海富公司要求陆某个人承担补偿责任的诉请无合同及法律依据，依法应予驳回……

综上，一审法院认为海富公司的诉请依法不能支持，世恒公司、迪亚公司、陆某不承担补偿责任的抗辩理由成立。该院于2010年12月31日做出（2010）兰法民三初字第71号民事判决，驳回海富公司的全部诉讼请求。

海富公司不服一审判决，向甘肃省高级人民法院提起上诉。

二审查明的事实与一审一致。

二审法院认为：当事人争议的焦点为《增资协议书》第七条第（二）项是否具有法律效力。参照《最高人民法院〈关于审理联营合同纠纷案件若干问题的解答〉》第四条第（二）项关于“企业法人、事业法人作为联营一方向联营体投资，但不参加共同经营，也不承担联营的风险责任，不论盈亏均按期收回本息，或者按期收取固定利润的，是明为联营，实为借贷，违反了有关金融法规，应当确认合同无效”之规定，《增资协议书》第七条第（二）项约定内容因违反《中华人民共和国合同法》第五十二条第（五）项之规定应认定无效。海富公司除已计入世恒公司注册资本的114.771万元外，其余1885.2283万元资金性质应属名为投资，实为借贷。世恒公司、迪亚公司对无效的法律后果应负主要过错责任。根据《中华人民共和国合同法》第五十八条之规定，世恒公司与迪亚公司应共同返还海富公司1885.2283万元及占用期间的利息，因海富公司对于无效的法律后果亦有一定过错，如按同期银行贷款利率支付利息不能体现其应承担的过错责任，故世恒公司与迪亚公司应按同期银行定期存款利率计付利息……

该院判决：一、撤销兰州市中级人民法院（2010）兰法民三初字第71号民事判决；二、世恒公司、迪亚公司于判决生效后30日内共同返还海富公司1885.2283万元及利息（自2007年11月3日起至付清之日止按照中国人民银行同期银行定期存款利率计算）。

世恒公司、迪亚公司不服甘肃省高级人民法院（2011）甘民二终字第96号民事判决，向本院申请再审，请求裁定再审，撤销二审判决，维持一审判决。

最高院认为：2009年12月，海富公司向一审法院提起诉讼时的诉讼请求是请求判令世恒公司、迪亚公司、陆某向其支付协议补偿款19982095元并承担本案诉讼费用及其他费用，没有请求返还投资款，因此二审判决判令世恒公司、迪亚公司共同返还投资款及利息超出了海富公司的诉讼请求，是错误的。

海富公司作为企业法人，向世恒公司投资后与迪亚公司合资经营，故世恒公司为合资企业。世恒公司、海富公司、迪亚公司、陆某在《增资协议书》中约定，如果世恒公司实际净利润低于3000万元，则海富公司有权从世恒公司处获得补偿，并约定了计算公式。这一约定使得海富公司的投资可以取得相对固定的收益，该收益脱离了世恒公司的经营业绩，损害了公司利益和公司债权人利益，一审法院、二审法院根据《中华人民共和国公司法》第二十条和《中华人民共和国中外合资经营企业法》第八条的规定认定《增资协议书》中的这部分条款无效是正确的。但二审法院认定海富公司18852283元的投资名为联营、实为借贷，并判决世恒公司和迪亚公司向海富公司返还该笔投资款，没有法律依据，本院予以纠正……

但是，在《增资协议书》中，迪亚公司对于海富公司的补偿承诺并不损害公司及公司债权人的利益，不违反法律法规的禁止性规定，是当事人的真实意思表示，是有效的。迪亚公司对海富公司承诺了众星公司2008年的净利润目标并约定了补偿金额的计算方法。在众星公司2008年的利润未达到约定目标的情况下，迪亚公司应当依约应海富公司的请求对其进行补偿。迪亚公司对海富公司请求的补偿金额及计算方法没有提出异议，本院予以确认。

判决如下：

(1) 撤销甘肃省高级人民法院（2011）甘民二终字第96号民事判决；

(2) 本判决生效后三十日内，迪亚公司向海富公司支付协议补偿款19982095元。如未按本判决指定的期间履行给付义务，则按《中华人民共和国民事诉讼法》第二百二十九条的规定，加倍支付延迟履行期间的债务利息；

(3) 驳回海富公司的其他诉讼请求。

一审案件受理费155612.3元、财产保全费5000元、法院邮寄费700元、二审案件受理费155612.3元，合计316924.6元，均由迪亚公司负担。

本判决为终审判决。

仔细阅读上述判决，本案并不复杂，但就业绩对赌和回购条款是否有效问题，三级法院审判结果截然相反，最终的结论是业绩对赌和回购条款在公司和新投资者之间无效，但在股东和新投资者之间有效。中国虽然不是实行判例法的国家，但最高院上述判决显然会对市场上轰轰烈烈的私募投资热潮给予积极的指导。

需要提及的是九民纪要对上述判决做了修正，投资方与目标公司订正的对赌协议并不当然无效，具体规定附后。

结　语

正如多数投资人、董事、经理所言，设立和运营公司是世界上最难的事，要把钱变成物，再把物变成钱，而且要不断增长，在有限的社会资源中实现公司经营和业绩的无限增长。既要根植于人性，处理各种人的问题，还要应对行业和外部环境的变化以及不确定性。但是换一个角度想，这件事情是多么有意思，因为有公司的平台，你可以聚集社会上的各种资源和力量，包括但不限于资金、人才、社会支持，经过大家的共同努力，眼看着公司一天天拔地而起，从一个 idea 转换成了沉甸甸的财务数据，变成了高楼大厦，引领了行业的高新技术，激发了社会进步，让无数人的理想能够得到实现，同时又能担当更多的社会责任。

在多年公司法律业务实践中，我们对公司是有感情的，虽然不能冲在前线做公司，但可以为它做点贡献，用自己的绵薄之力让公司尽量少犯错误，不犯大错误，能够正确处理公司设立和经营过程中的重大事项，关键几步走好，未来才能够走得更远。

本书成稿之际，笔者正在美国走访，其间参观了肯尼迪航天中心，因此，愿意借用肯尼迪总统 1962 年 9 月 12 日在赖斯大学所做的《我们选择登月》演讲中的一段话作为本书结语并与各位共勉：

We choose to go to the moon. We choose to go to the moon in this decade and do the other things, not because they are easy, but because they are hard, because that goal will serve to organize and measure the best of our energies and skills, because that challenge is one that we are willing to accept, one we are unwilling to postpone, and one which we intend to win, and the others, too.（我们决定登月，我们决定在这个10年间登月，并且完成其他的事，不是因为它们轻而易举，而是因为它们困难重重，因为这个目标将促进我们最佳能源的组织以及最佳技能的检验，因为这个挑战是我们乐于接受的，因为这个挑战是我们不愿推迟的，因为这个挑战我们志在必得，对于其他的挑战也是一样!)

附件 1.《公司法》司法解释（五）

最高人民法院关于适用《中华人民共和国公司法》若干问题的规定（五）【法释（2019）7 号】

(2019 年 4 月 22 日最高人民法院审判委员会第 1766 次会议审议通过，自 2019 年 4 月 29 日起施行)

为正确适用《中华人民共和国公司法》，结合人民法院审判实践，就股东权益保护等纠纷案件适用法律问题作出如下规定。

第一条　关联交易损害公司利益，原告公司依据公司法第二十一条规定请求控股股东、实际控制人、董事、监事、高级管理人员赔偿所造成的损失，被告仅以该交易已经履行了信息披露、经股东会或者股东大会同意等法律、行政法规或者公司章程规定的程序为由抗辩的，人民法院不予支持。

公司没有提起诉讼的，符合公司法第一百五十一条第一款规定条件的股东，可以依据公司法第一百五十一条第二款、第三款规定向人民法院提起诉讼。

第二条　关联交易合同存在无效或者可撤销情形，公司没有起诉合同相对方的，符合公司法第一百五十一条第一款规定条件的股东，可以依据公司法第一百五十一条第二款、第三款规定向人民法院提起诉讼。

第三条　董事任期届满前被股东会或者股东大会有效决议解除职务，其主张解除不发生法律效力的，人民法院不予支持。

董事职务被解除后，因补偿与公司发生纠纷提起诉讼的，人民法院应当依据法律、行政法规、公司章程的规定或者合同的约定，综合考虑解除的原因、剩余任期、董事薪酬等因素，确定是否补偿以及补偿的合理数额。

第四条　分配利润的股东会或者股东大会决议作出后，公司应当在决议载明的时间内完成利润分配。决议没有载明时间的，以公司章程规定的为准。决议、章程中均未规定时间或者时间超过一年的，公司应当自决议作出之日起一年内完成利润分配。

决议中载明的利润分配完成时间超过公司章程规定时间的，股东可以依据公司法第二十二条第二款规定请求人民法院撤销决议中关于该时间的规定。

第五条　人民法院审理涉及有限责任公司股东重大分歧案件时，应当注重调解。当事人协商一致以下列方式解决分歧，且不违反法律、行政法规的强制性规定的，人民法院应予支持：

（一）公司回购部分股东股份；

（二）其他股东受让部分股东股份；

（三）他人受让部分股东股份；

（四）公司减资；

（五）公司分立；

（六）其他能够解决分歧，恢复公司正常经营，避免公司解散的方式。

第六条　本规定自2019年4月29日起施行。

本规定施行后尚未终审的案件，适用本规定；本规定施行前已经终审的案件，或者适用审判监督程序再审的案件，不适用本规定。

本院以前发布的司法解释与本规定不一致的，以本规定为准。

附件 2. 九民纪要《公司法》相关部分

最高人民法院关于印发《全国法院民商事审判工作会议纪要》的通知【法（2019）254 号】

引言

为全面贯彻党的十九大和十九届二中、三中全会以及中央经济工作会议、中央政法工作会议、全国金融工作会议精神，研究当前形势下如何进一步加强人民法院民商事审判工作，着力提升民商事审判工作能力和水平，为我国经济高质量发展提供更加有力的司法服务和保障，最高人民法院于 2019 年 7 月 3 日至 4 日在黑龙江省哈尔滨市召开了全国法院民商事审判工作会议。最高人民法院党组书记、院长周强同志出席会议并讲话。各省、自治区、直辖市高级人民法院分管民商事审判工作的副院长、承担民商事案件审判任务的审判庭庭长、解放军军事法院的代表、最高人民法院有关部门负责人在主会场出席会议，地方各级人民法院的其他负责同志和民商事审判法官在各地分会场通过视频参加会议。中央政法委、全国人大常委会法工委的代表、部分全国人大代表、全国政协委员、最高人民法院特约监督员、专家学者应邀参加会议。

会议认为，民商事审判工作必须坚持正确的政治方向，必须以习近平新时代中国特色社会主义思想武装头脑、指导实践、推动工作。一要坚持党的绝对领导。这是中国特色社会主义司法制度的本质特征和根本要求，是人民法院永远不变的根和魂。在民商事审判工作中，要切实增强“四个意识”、坚定“四个自信”、做到“两个维护”，坚定不移走中国特色社会主义法治道路。二要坚持服务党和国家大局。认清形势，高度关注中国特色社会主义进入新时代背景下经济社会的重大变化、社会主要矛盾的历史性变化、各类风险隐患的多元多变，提高服务大局的自觉性、针对性，主动作为，勇于担当，处理好依法办案和服务大局的辩证关系，着眼于贯彻落实党中央的重大决策部署、维护人民群众的根本利益、维护法治的统一。三要坚持司法为民。牢固树立以人民为中心的发展思想，始终坚守人民立场，胸怀人民群众，满足人民需求，带着对人民群众的深厚感情和强烈责任感去做好民商事审判工作。在民商事审判工作中要弘扬社会主义核心价值观，注意情理法的交融平衡，做到以法为据、以理服人、以情感人，既要义正辞严讲清法理，又要循循善诱讲明事理，还要感同身受讲透情理，争取广大人民群众和社会的理解与支持。要建立健全方便人民群众诉讼的民商事审判工作机制。四要坚持公正司法。公平正义是中国特色社会主义制度的内在要求，也是我党治国理政的一贯主张。司法是维护社会公平正义的最后一道防线，必须把公平正义作为生命线，必须把公平正义作为镌刻在心中的价值坐标，必须把“努力让人民群众在每一个司法案件中感受到公平正义”作为矢志不渝的奋斗目标。

会议指出，民商事审判工作要树立正确的审判理念。注意辩证理解并准确把握契约自由、平等保护、诚实信用、公序良俗等民商事审判基本原则；注意树立请求权基础思维、逻辑和价值相一致思维、同案同判思维，通过检索类案、参考指导案例等方式统一裁判尺度，有效防止滥用自由裁量权；注意处理好民商事审判与行政监管的关系，通过穿透式审判思维，查明当事人的真实意思，探求真实法律关系；特别注意外观主义系民商法上的学理概括，并非现行法律规定的原则，现行法律只是规定了体现外观主义的具体规则，如《物权法》第106条规定的善意取得，《合同法》第49条、《民法总则》第172条规定的表见代理，《合同法》第50条规定的越权代表，审判实务中应当依据有关具体法律规则进行判断，类推适用亦应当以法律规则设定的情形、条件为基础。从现行法律规则看，外观主义是为保护交易安全设置的例外规定，一般适用于因合理信赖权利外观或意思表示外观的交易行为。实际权利人与名义权利人的关系，应注重财产的实质归属，而不单纯地取决于公示外观。总之，审判实务中要准确把握外观主义的适用边界，避免泛化和滥用。

会议对当前民商事审判工作中的一些疑难法律问题取得了基本一致的看法，现纪要如下：

一、关于民法总则适用的法律衔接

会议认为，民法总则施行后至民法典施行前，拟编入民法典但尚未完成修订的物权法、合同法等民商事基本法，以及不编入民法典的公司法、证券法、信托法、保险法、票据法等民商事特别法，均可能存在与民法总则规定不一致的情形。人民法院应当依照《立法法》第92条、《民法总则》第11条等规定，综合考虑新的规定优于旧的规定、特别规定优于一般规定等法律适用规则，依法处理好民法总则与相关法律的衔接问题，主要是处理好与民法通则、合同法、公司法的关系。

……

3.【民法总则与公司法的关系及其适用】民法总则与公司法

的关系，是一般法与商事特别法的关系。民法总则第三章“法人”第一节“一般规定”和第二节“营利法人”基本上是根据公司法的有关规定提炼的，二者的精神大体一致。因此，涉及民法总则这一部分的内容，规定一致的，适用民法总则或者公司法皆可；规定不一致的，根据《民法总则》第11条有关“其他法律对民事关系有特别规定的，依照其规定”的规定，原则上应当适用公司法的规定。但应当注意也有例外情况，主要表现在两个方面：一是就同一事项，民法总则制定时有意修正公司法有关条款的，应当适用民法总则的规定。例如，《公司法》第32条第3款规定：“公司应当将股东的姓名或者名称及其出资额向公司登记机关登记；登记事项发生变更的，应当办理变更登记。未经登记或者变更登记的，不得对抗第三人。”而《民法总则》第65条的规定则把“不得对抗第三人”修正为“不得对抗善意相对人”。经查询有关立法理由，可以认为，此种情况应当适用民法总则的规定。二是民法总则在公司法规定基础上增加了新内容的，如《公司法》第22条第2款就公司决议的撤销问题进行了规定，《民法总则》第85条在该条基础上增加规定：“但是营利法人依据该决议与善意相对人形成的民事法律关系不受影响。”此时，也应当适用民法总则的规定。

二、关于公司纠纷案件的审理

会议认为，审理好公司纠纷案件，对于保护交易安全和投资安全，激发经济活力，增强投资创业信心，具有重要意义。要依法协调好公司债权人、股东、公司等各种利益主体之间的关系，处理好公司外部与内部的关系，解决好公司自治与司法介入的关系。

（一）关于“对赌协议”的效力及履行

实践中俗称的“对赌协议”，又称估值调整协议，是指投资方与融资方在达成股权性融资协议时，为解决交易双方对目标公司未来发展的不确定性、信息不对称以及代理成本而设计的包含了股权回购、金钱补偿等对未来目标公司的估值进行调整的协议。从订立“对赌协议”的主体来看，有投资方与目标公司的股东或者实际控制人“对赌”、投资方与目标公司“对赌”、投资方与目标公司的股东、目标公司“对赌”等形式。人民法院在审理“对赌协议”纠纷案件时，不仅应当适用合同法的相关规定，还应当适用公司法的相关规定；既要坚持鼓励投资方对实体企业特别是科技创新企业投资原则，从而在一定程度上缓解企业融资难问题，又要贯彻资本维持原则和保护债权人合法权益原则，依法平衡投资方、公司债权人、公司之间的利益。对于投资方与目标公司的股东或者实际控制人订立的“对赌协议”，如无其他无效事由，认定有效并支持实际履行，实践中并无争议。但投资方与目标公司订立的“对赌协议”是否有效以及能否实际履行，存在争议。对此，应当把握如下处理规则：

5. 【与目标公司“对赌”】投资方与目标公司订立的“对赌协议”在不存在法定无效事由的情况下，目标公司仅以存在股权回购或者金钱补偿约定为由，主张“对赌协议”无效的，人民法院不予支持，但投资方主张实际履行的，人民法院应当审查是否符合公司法关于“股东不得抽逃出资”及股份回购的强制性规定，判决是否支持其诉讼请求。

投资方请求目标公司回购股权的，人民法院应当依据《公司法》第 35 条关于“股东不得抽逃出资”或者第 142 条关于股份回购的强制性规定进行审查。经审查，目标公司未完成减资程序的，人民法院应当驳回其诉讼请求。

投资方请求目标公司承担金钱补偿义务的，人民法院应当依据《公司法》第35条关于“股东不得抽逃出资”和第166条关于利润分配的强制性规定进行审查。经审查，目标公司没有利润或者虽有利润但不足以补偿投资方的，人民法院应当驳回或者部分支持其诉讼请求。今后目标公司有利润时，投资方还可以依据该事实另行提起诉讼。

（二）关于股东出资加速到期及表决权

6.【股东出资应否加速到期】在注册资本认缴制下，股东依法享有期限利益。债权人以公司不能清偿到期债务为由，请求未届出资期限的股东在未出资范围内对公司不能清偿的债务承担补充赔偿责任的，人民法院不予支持。但是，下列情形除外：（1）公司作为被执行人的案件，人民法院穷尽执行措施无财产可供执行，已具备破产原因，但不申请破产的；

（2）在公司债务产生后，公司股东（大）会决议或以其他方式延长股东出资期限的。

7.【表决权能否受限】股东认缴的出资未届履行期限，对未缴纳部分的出资是否享有以及如何行使表决权等问题，应当根据公司章程来确定。公司章程没有规定的，应当按照认缴出资的比例确定。如果股东（大）会作出不按认缴出资比例而按实际出资比例或者其他标准确定表决权的决议，股东请求确认决议无效的，人民法院应当审查该决议是否符合修改公司章程所要求的表决程序，即必须经代表三分之二以上表决权的股东通过。符合的，人民法院不予支持；反之，则依法予以支持。

（三）关于股权转让

8.【有限责任公司的股权变动】当事人之间转让有限责任公司股权，受让人以其姓名或者名称已记载于股东名册为由主张其已经取得股权的，人民法院依法予以支持，但法律、行政法规规定应当办理批准手续生效的股权转让除外。未向公司登记机关办理股权变更登记的，不得对抗善意相对人。

9.【侵犯优先购买权的股权转让合同的效力】审判实践中，部分人民法院对公司法司法解释（四）第21条规定的理解存在偏差，往往以保护其他股东的优先购买权为由认定股权转让合同无效。准确理解该条规定，既要注意保护其他股东的优先购买权，也要注意保护股东以外的股权受让人的合法权益，正确认定有限责任公司的股东与股东以外的股权受让人订立的股权转让合同的效力。一方面，其他股东依法享有优先购买权，在其主张按照股权转让合同约定的同等条件购买股权的情况下，应当支持其诉讼请求，除非出现该条第1款规定的情形。另一方面，为保护股东以外的股权受让人的合法权益，股权转让合同如无其他影响合同效力的事由，应当认定有效。其他股东行使优先购买权的，虽然股东以外的股权受让人关于继续履行股权转让合同的请求不能得到支持，但不影响其依约请求转让股东承担相应的违约责任。

（四）关于公司人格否认

公司人格独立和股东有限责任是公司法的基本原则。否认公司独立人格，由滥用公司法人独立地位和股东有限责任的股东对公司债务承担连带责任，是股东有限责任的例外情形，旨在矫正有限责任制度在特定法律事实发生时对债权人保护的失衡现象。在审判实践中，要准确把握《公司法》第20条第3款规定的精神。一是只有在股东实施了滥用公司法人独立地位及股东有限责任的行为，且该行为严重损害了公司债权人利益的情况下，才能适用。损害债权人利益，主要是指股东滥用权利使公司财产不足以清偿公司债权人的债权。二是只有实施了滥用法人独立地位和股东有限责任行为的股东才对公司债务承担连带清偿责任，而其他股东不应承担此责任。三是公司人格否认不是全面、彻底、永久地否定公司的法人资格，而只是在具体案件中依据特定的法律事实、法律关系，突破股东对公司债务不承担责任的一般规则，例外地判令其承担连带责任。人民法院在个案中否认公司人格的判决的既判力仅仅约束该诉讼的各方当事人，不当然适用于涉及该公司的其他诉讼，不影响公司独立法人资格的存续。如果其他债权人提起公司人格否认诉讼，已生效判决认定的事实可以作为证据使用。四是《公司法》第20条第3款规定的滥用行为，实践中常见的情形有人格混同、过度支配与控制、资本显著不足等。在审理案件时，需要根据查明的案件事实进行综合判断，既审慎适用，又当用则用。实践中存在标准把握不严而滥用这一例外制度的现象，同时也存在因法律规定较为原则、抽象，适用难度大，而不善于适用、不敢于适用的现象，均应当引起高度重视。

10.【人格混同】认定公司人格与股东人格是否存在混同，最根本的判断标准是公司是否具有独立意思和独立财产，最主要的表现是公司的财产与股东的财产是否混同且无法区分。在认定是否构成人格混同时，应当综合考虑以下因素：

（1）股东无偿使用公司资金或者财产，不作财务记载的；

（2）股东用公司的资金偿还股东的债务，或者将公司的资金供关联公司无偿使用，不作财务记载的；

（3）公司账簿与股东账簿不分，致使公司财产与股东财产无法区分的；

（4）股东自身收益与公司盈利不加区分，致使双方利益不清的；

（5）公司的财产记载于股东名下，由股东占有、使用的；

（6）人格混同的其他情形。

在出现人格混同的情况下，往往同时出现以下混同：公司业务和股东业务混同；公司员工与股东员工混同，特别是财务人员混同；公司住所与股东住所混同。人民法院在审理案件时，关键要审查是否构成人格混同，而不要求同时具备其他方面的混同，其他方面的混同往往只是人格混同的补强。

11. 【过度支配与控制】公司控制股东对公司过度支配与控制，操纵公司的决策过程，使公司完全丧失独立性，沦为控制股东的工具或躯壳，严重损害公司债权人利益，应当否认公司人格，由滥用控制权的股东对公司债务承担连带责任。实践中常见的情形包括：

（1）母子公司之间或者子公司之间进行利益输送的；

（2）母子公司或者子公司之间进行交易，收益归一方，损失却由另一方承担的；

（3）先从原公司抽走资金，然后再成立经营目的相同或者类似的公司，逃避原公司债务的；

（4）先解散公司，再以原公司场所、设备、人员及相同或者相似的经营目的另设公司，逃避原公司债务的；

（5）过度支配与控制的其他情形。

控制股东或实际控制人控制多个子公司或者关联公司，滥用控制权使多个子公司或者关联公司财产边界不清、财务混同，利益相互输送，丧失人格独立性，沦为控制股东逃避债务、非法经营，甚至违法犯罪工具的，可以综合案件事实，否认子公司或者关联公司法人人格，判令承担连带责任。

12. 【资本显著不足】资本显著不足指的是，公司设立后在经营过程中，股东实际投入公司的资本数额与公司经营所隐含的风险相比明显不匹配。股东利用较少资本从事力所不及的经营，表明其没有从事公司经营的诚意，实质是恶意利用公司独立人格和股东有限责任把投资风险转嫁给债权人。由于资本显著不足的判断标准有很大的模糊性，特别是要与公司采取“以小博大”的正常经营方式相区分，因此在适用时要十分谨慎，应当与其他因素结合起来综合判断。

13. 【诉讼地位】人民法院在审理公司人格否认纠纷案件时，应当根据不同情形确定当事人的诉讼地位：

（1）债权人对债务人公司享有的债权已经由生效裁判确认，其另行提起公司人格否认诉讼，请求股东对公司债务承担连带责任的，列股东为被告，公司为第三人；

（2）债权人对债务人公司享有的债权提起诉讼的同时，一并提起公司人格否认诉讼，请求股东对公司债务承担连带责任的，列公司和股东为共同被告；

（3）债权人对债务人公司享有的债权尚未经生效裁判确认，直接提起公司人格否认诉讼，请求公司股东对公司债务承担连带责任的，人民法院应当向债权人释明，告知其追加公司为共同被告。债权人拒绝追加的，人民法院应当裁定驳回起诉。

（五）关于有限责任公司清算义务人的责任

关于有限责任公司股东清算责任的认定，一些案件的处理结果不适当地扩大了股东的清算责任。特别是实践中出现了一些职业债权人，从其他债权人处大批量超低价收购僵尸企业的“陈年旧账”后，对批量僵尸企业提起强制清算之诉，在获得人民法院对公司主要财产、账册、重要文件等灭失的认定后，根据公司法司法解释（二）第18条第2款的规定，请求有限责任公司的股东对公司债务承担连带清偿责任。有的人民法院没有准确把握上述规定的适用条件，判决没有“怠于履行义务”的小股东或者虽“怠于履行义务”

但与公司主要财产、账册、重要文件等灭失没有因果关系的小股东对公司债务承担远远超过其出资数额的责任，导致出现利益明显失衡的现象。需要明确的是，上述司法解释关于有限责任公司股东清算责任的规定，其性质是因股东怠于履行清算义务致使公司无法清算所应当承担的侵权责任。在认定有限责任公司股东是否应当对债权人承担侵权赔偿责任时，应当注意以下问题：

14. 【怠于履行清算义务的认定】公司法司法解释（二）第18条第2款规定的“怠于履行义务”，是指有限责任公司的股东在法定清算事由出现后，在能够履行清算义务的情况下，故意拖延、拒绝履行清算义务，或者因过失导致无法进行清算的消极行为。股东举证证明其已经为履行清算义务采取了积极措施，或者小股东举证证明其既不是公司董事会或者监事会成员，也没有选派人员担任该机关成员，且从未参与公司经营管理，以不构成“怠于履行义务”为由，主张其不应当对公司债务承担连带清偿责任的，人民法院依法予以支持。

15. 【因果关系抗辩】有限责任公司的股东举证证明其“怠于履行义务”的消极不作为与“公司主要财产、账册、重要文件等灭失，无法进行清算”的结果之间没有因果关系，主张其不应对公司债务承担连带清偿责任的，人民法院依法予以支持。

16. 【诉讼时效期间】公司债权人请求股东对公司债务承担连带清偿责任，股东以公司债权人对公司的债权已经超过诉讼时效期间为由抗辩，经查证属实的，人民法院依法予以支持。

公司债权人以公司法司法解释（二）第18条第2款为依据，请求有限责任公司的股东对公司债务承担连带清偿责任的，诉讼时效期间自公司债权人知道或者应当知道公司无法进行清算之日起计算。

（六）关于公司为他人提供担保

关于公司为他人提供担保的合同效力问题，审判实践中裁判尺度不统一，严重影响了司法公信力，有必要予以规范。对此，应当把握以下几点：

17.【违反《公司法》第16条构成越权代表】为防止法定代表人随意代表公司为他人提供担保给公司造成损失，损害中小股东利益，《公司法》第16条对法定代表人的代表权进行了限制。根据该条规定，担保行为不是法定代表人所能单独决定的事项，而必须以公司股东（大）会、董事会等公司机关的决议作为授权的基础和来源。法定代表人未经授权擅自为他人提供担保的，构成越权代表，人民法院应当根据《合同法》第50条关于法定代表人越权代表的规定，区分订立合同时债权人是否善意分别认定合同效力：债权人善意的，合同有效；反之，合同无效。

18.【善意的认定】前条所称的善意，是指债权人不知道或者不应当知道法定代表人超越权限订立担保合同。《公司法》第16条对关联担保和非关联担保的决议机关作出了区别规定，相应地，在善意的判断标准上也应当有所区别。一种情形是，为公司股东或者实际控制人提供关联担保，《公司法》第16条明确规定必须由股东（大）会决议，未经股东（大）会决议，构成越权代表。在此情况下，债权人主张担保合同有效，应当提供证据证明其在订立合同时对股东（大）会决议进行了审查，决议的表决程序符合《公司法》第16条的规定，即在排除被担保股东表决权的情况下，该项表决由出席会议的其他股东所持表决权的过半数通过，签字人员也符合公司章程的规定。另一种情形是，公司为公司股东或者实际控制人以外的人提供非关联担保，根据《公司法》第16条的规定，此时由公司章程规定是由董事会决议还是股东

（大）会决议。无论章程是否对决议机关作出规定，也无论章程规定决议机关为董事会还是股东（大）会，根据《民法总则》第61条第3款关于“法人章程或者法人权力机构对法定代表人代表权的限制，不得对抗善意相对人”的规定，只要债权人能够证明其在订立担保合同时对董事会决议或者股东（大）会决议进行了审查，同意决议的人数及签字人员符合公司章程的规定，就应当认定其构成善意，但公司能够证明债权人明知公司章程对决议机关有明确规定的除外。

债权人对公司机关决议内容的审查一般限于形式审查，只要求尽到必要的注意义务即可，标准不宜太过严苛。公司以机关决议系法定代表人伪造或者变造、决议程序违法、签章（名）不实、担保金额超过法定限额等事由抗辩债权人非善意的，人民法院一般不予支持。但是，公司有证据证明债权人明知决议系伪造或者变造的除外。

19.【无须机关决议的例外情况】存在下列情形的，即便债权人知道或者应当知道没有公司机关决议，也应当认定担保合同符合公司的真实意思表示，合同有效：

（1）公司是以为他人提供担保为主营业务的担保公司，或者是开展保函业务的银行或者非银行金融机构；

（2）公司为其直接或者间接控制的公司开展经营活动向债权人提供担保；

（3）公司与主债务人之间存在相互担保等商业合作关系；

（4）担保合同系由单独或者共同持有公司三分之二以上有表决权的股东签字同意。

20.【越权担保的民事责任】依据前述3条规定，担保合同有效，债权人请求公司承担担保责任的，人民法院依法予以支持；

担保合同无效，债权人请求公司承担担保责任的，人民法院不予支持，但可以按照担保法及有关司法解释关于担保无效的规定处理。公司举证证明债权人明知法定代表人超越权限或者机关决议系伪造或者变造，债权人请求公司承担合同无效后的民事责任的，人民法院不予支持。

21.【权利救济】法定代表人的越权担保行为给公司造成损失，公司请求法定代表人承担赔偿责任的，人民法院依法予以支持。公司没有提起诉讼，股东依据《公司法》第151条的规定请求法定代表人承担赔偿责任的，人民法院依法予以支持。

22.【上市公司为他人提供担保】债权人根据上市公司公开披露的关于担保事项已经董事会或者股东大会决议通过的信息订立的担保合同，人民法院应当认定有效。

23.【债务加入准用担保规则】法定代表人以公司名义与债务人约定加入债务并通知债权人或者向债权人表示愿意加入债务，该约定的效力问题，参照本纪要关于公司为他人提供担保的有关规则处理。

（七）关于股东代表诉讼

24.【何时成为股东不影响起诉】股东提起股东代表诉讼，被告以行为发生时原告尚未成为公司股东为由抗辩该股东不是适格原告的，人民法院不予支持。

25.【正确适用前置程序】根据《公司法》第151条的规定，股东提起代表诉讼的前置程序之一是，股东必须先书面请求公司有关机关向人民法院提起诉讼。一般情况下，股东没有履行该前置程序的，应当驳回起诉。但是，该项前置程序针对的是公司治理的一般情况，即在股东向公司有关机关提出书面申请之时，存在公司有关机关提起诉讼的可能性。如果查明的相关事实表明，根本不存在该种可能性的，人民法院不应当以原告未履行前置程序为由驳回起诉。

26. 【股东代表诉讼的反诉】股东依据《公司法》第 151 条第 3 款的规定提起股东代表诉讼后，被告以原告股东恶意起诉侵犯其合法权益为由提起反诉的，人民法院应予受理。被告以公司在案涉纠纷中应当承担侵权或者违约等责任为由对公司提出的反诉，因不符合反诉的要件，人民法院应当裁定不予受理；已经受理的，裁定驳回起诉。

27. 【股东代表诉讼的调解】公司是股东代表诉讼的最终受益人，为避免因原告股东与被告通过调解损害公司利益，人民法院应当审查调解协议是否为公司的意思。只有在调解协议经公司股东（大）会、董事会决议通过后，人民法院才能出具调解书予以确认。至于具体决议机关，取决于公司章程的规定。公司章程没有规定的，人民法院应当认定公司股东（大）会为决议机关。

（八）其他问题

28. 【实际出资人显名的条件】实际出资人能够提供证据证明有限责任公司过半数的其他股东知道其实际出资的事实，且对其实际行使股东权利未曾提出异议的，对实际出资人提出的登记为公司股东的请求，人民法院依法予以支持。公司以实际出资人的请求不符合公司法司法解释（三）第 24 条的规定为由抗辩的，人民法院不予支持。

29. 【请求召开股东（大）会不可诉】公司召开股东（大）会本质上属于公司内部治理范围。股东请求判令公司召开股东（大）会的，人民法院应当告知其按照《公司法》第 40 条或者第 101 条规定的程序自行召开。股东坚持起诉的，人民法院应当裁定不予受理；已经受理的，裁定驳回起诉。

附件 3.《企业内部控制应用指引》(内控 18 条)

企业内部控制应用指引第 1 号——组织架构

第一章　总则

第一条　为了促进企业实现发展战略，优化治理结构、管理体制和运行机制，建立现代企业制度，根据《中华人民共和国公司法》等有关法律法规和《企业内部控制基本规范》，制定本指引。

第二条　本指引所称组织架构，是指企业按照国家有关法律法规、股东（大）会决议和企业章程，结合本企业实际，明确股东（大）会、董事会、监事会、经理层和企业内部各层级机构设置、职责权限、人员编制、工作程序和相关要求的制度安排。

第三条　企业至少应当关注组织架构设计与运行中的下列风险：

（一）治理结构形同虚设，缺乏科学决策、良性运行机制和执行力，可能导致企业经营失败，难以实现发展战略。

（二）内部机构设计不科学，权责分配不合理，可能导致机构重叠、职能交叉或缺失、推诿扯皮，运行效率低下。

第二章　组织架构的设计

第四条　企业应当根据国家有关法律法规的规定，明确董事会、监事会和经理层的职责权限、任职条件、议事规则和工作程序，确保决策、执行和监督相互分离，形成制衡。

董事会对股东（大）会负责，依法行使企业的经营决策权。可按照股东（大）会的有关决议，设立战略、审计、提名、薪酬与考核等专门委员会，明确各专门委员会的职责权限、任职资格、议事规则和工作程序，为董事会科学决策提供支持。

监事会对股东（大）会负责，监督企业董事、经理和其他高级管理人员依法履行职责。

经理层对董事会负责，主持企业的生产经营管理工作。经理和其他高级管理人员的职责分工应当明确。

董事会、监事会和经理层的产生程序应当合法合规，其人员构成、知识结构、能力素质应当满足履行职责的要求。

第五条　企业的重大决策、重大事项、重要人事任免及大额资金支付业务等，应当按照规定的权限和程序实行集体决策审批或者联签制度。任何个人不得单独进行决策或者擅自改变集体决策意见。

重大决策、重大事项、重要人事任免及大额资金支付业务的具体标准由企业自行确定。

第六条　企业应当按照科学、精简、高效、透明、制衡的原则，综合考虑企业性质、发展战略、文化理念和管理要求等因素，合理设置内部职能机构，明确各机构的职责权限，避免职能交叉、缺失或权责过于集中，形成各司其职、各负其责、相互制约、相互协调的工作机制。

第七条　企业应当对各机构的职能进行科学合理的分解，确定具体岗位的名称、职责和工作要求等，明确各个岗位的权限和相互关系。

企业在确定职权和岗位分工过程中，应当体现不相容职务相互分离的要求。不相容职务通常包括：可行性研究与决策审批；决策审批与执行；执行与监督检查等。

第八条　企业应当制定组织结构图、业务流程图、岗（职）位说明书和权限指引等内部管理制度或相关文件，使员工了解和掌握组织架构设计及权责分配情况，正确履行职责。

第三章　组织架构的运行

第九条　企业应当根据组织架构的设计规范，对现有治理结构和内部机构设置进行全面梳理，确保本企业治理结构、内部机构设置和运行机制等符合现代企业制度要求。

企业梳理治理结构，应当重点关注董事、监事、经理及其他高级管理人员的任职资格和履职情况，以及董事会、监事会和经理层的运行效果。治理结构存在问题的，应当采取有效措施加以改进。

企业梳理内部机构设置，应当重点关注内部机构设置的合理性和运行的高效性等。内部机构设置和运行中存在职能交叉、缺失或运行效率低下的，应当及时解决。

第十条　企业拥有子公司的，应当建立科学的投资管控制度，通过合法有效的形式履行出资人职责、维护出资人权益，重点关注子公司特别是异地、境外子公司的发展战略、年度财务预决算、重大投融资、重大担保、大额资金使用、主要资产处置、重要人事任免、内部控制体系建设等重要事项。

第十一条　企业应当定期对组织架构设计与运行的效率和效果进行全面评估，发现组织架构设计与运行中存在缺陷的，应当进行优化调整。

企业组织架构调整应当充分听取董事、监事、高级管理人员和其他员工的意见，按照规定的权限和程序进行决策审批。

企业内部控制应用指引第 2 号——发展战略

第一章　总则

第一条　为了促进企业增强核心竞争力和可持续发展能力，根据有关法律法规和《企业内部控制基本规范》，制定本指引。

第二条　本指引所称发展战略，是指企业在对现实状况和未来趋势进行综合分析和科学预测的基础上，制定并实施的长远发展目标与战略规划。

第三条　企业制定与实施发展战略至少应当关注下列风险：

（一）缺乏明确的发展战略或发展战略实施不到位，可能导致企业盲目发展，难以形成竞争优势，丧失发展机遇和动力。

（二）发展战略过于激进，脱离企业实际能力或偏离主业，可能导致企业过度扩张，甚至经营失败。

（三）发展战略因主观原因频繁变动，可能导致资源浪费，甚至危及企业的生存和持续发展。

第二章　发展战略的制定

第四条　企业应当在充分调查研究、科学分析预测和广泛征求意见的基础上制定发展目标。

企业在制定发展目标过程中，应当综合考虑宏观经济政策、国内外市场需求变化、技术发展趋势、行业及竞争对手状况、可利用资源水平和自身优势与劣势等影响因素。

第五条　企业应当根据发展目标制定战略规划。战略规划应当明确发展的阶段性和发展程度，确定每个发展阶段的具体目标、工作任务和实施路径。

第六条　企业应当在董事会下设立战略委员会，或指定相关机构负责发展战略管理工作，履行相应职责。

企业应当明确战略委员会的职责和议事规则，对战略委员会会议的召开程序、表决方式、提案审议、保密要求和会议记录等作出规定，确保议事过程规范透明、决策程序科学民主。战略委员会应当组织有关部门对发展目标和战略规划进行可行性研究和科学论证，形成发展战略建议方案；必要时，可借助中介机构和外部专家的力量为其履行职责提供专业咨询意见。

战略委员会成员应当具有较强的综合素质和实践经验，其任职资格和选任程序应当符合有关法律法规和企业章程的规定。

第七条　董事会应当严格审议战略委员会提交的发展战略方案，重点关注其全局性、长期性和可行性。董事会在审议方案中如果发现重大问题，应当责成战略委员会对方案作出调整。

企业的发展战略方案经董事会审议通过后，报经股东（大）会批准实施。

第三章　发展战略的实施

第八条　企业应当根据发展战略，制定年度工作计划，编制全面预算，将年度目标分解、落实；同时完善发展战略管理制度，确保发展战略有效实施。

第九条　企业应当重视发展战略的宣传工作，通过内部各层级会议和教育培训等有效方式，将发展战略及其分解落实情况传递到内部各管理层级和全体员工。

第十条　战略委员会应当加强对发展战略实施情况的监控，

定期收集和分析相关信息，对于明显偏离发展战略的情况，应当及时报告。

第十一条　由于经济形势、产业政策、技术进步、行业状况以及不可抗力等因素发生重大变化，确需对发展战略作出调整的，应当按照规定权限和程序调整发展战略。

企业内部控制应用指引第 3 号——人力资源

第一章　总则

第一条　为了促进企业加强人力资源建设，充分发挥人力资源对实现企业发展战略的重要作用，根据有关法律法规和《企业内部控制基本规范》，制定本指引。

第二条　本指引所称人力资源，是指企业组织生产经营活动而录（任）用的各种人员，包括董事、监事、高级管理人员和全体员工。

第三条　企业人力资源管理至少应当关注下列风险：

（一）人力资源缺乏或过剩、结构不合理、开发机制不健全，可能导致企业发展战略难以实现。

（二）人力资源激励约束制度不合理、关键岗位人员管理不完善，可能导致人才流失、经营效率低下或关键技术、商业秘密和国家机密泄露。

（三）人力资源退出机制不当，可能导致法律诉讼或企业声誉受损。

第四条　企业应当重视人力资源建设，根据发展战略，结合人力资源现状和未来需求预测，建立人力资源发展目标，制定人力资源总体规划和能力框架体系，优化人力资源整体布局，明确人力资源的引进、开发、使用、培养、考核、激励、退出等管理要求，实现人力资源的合理配置，全面提升企业核心竞争力。

第二章　人力资源的引进与开发

第五条　企业应当根据人力资源总体规划，结合生产经营实际需要，制定年度人力资源需求计划，完善人力资源引进制度，规范工作流程，按照计划、制度和程序组织人力资源引进工作。

第六条　企业应当根据人力资源能力框架要求，明确各岗位的职责权限、任职条件和工作要求，遵循德才兼备、以德为先和公开、公平、公正的原则，通过公开招聘、竞争上岗等多种方式选聘优秀人才，重点关注选聘对象的价值取向和责任意识。企业选拔高级管理人员和聘用中层及以下员工，应当切实做到因事设岗、以岗选人，避免因人设事或设岗，确保选聘人员能够胜任岗位职责要求。

企业选聘人员应当实行岗位回避制度。

第七条　企业确定选聘人员后，应当依法签订劳动合同，建立劳动用工关系。企业对于在产品技术、市场、管理等方面掌握或涉及关键技术、知识产权、商业秘密或国家机密的工作岗位，应当与该岗位员工签订有关岗位保密协议，明确保密义务。

第八条　企业应当建立选聘人员试用期和岗前培训制度，对试用人员进行严格考察，促进选聘员工全面了解岗位职责，掌握岗位基本技能，适应工作要求。试用期满考核合格后，方可正式上岗；试用期满考核不合格者，应当及时解除劳动关系。

第九条　企业应当重视人力资源开发工作，建立员工培训长效机制，营造尊重知识、尊重人才和关心员工职业发展的文化氛围，加强后备人才队伍建设，促进全体员工的知识、技能持续更新，不断提升员工的服务效能。

第三章 人力资源的使用与退出

第十条 企业应当建立和完善人力资源的激励约束机制，设置科学的业绩考核指标体系，对各级管理人员和全体员工进行严格考核与评价，以此作为确定员工薪酬、职级调整和解除劳动合同等的重要依据，确保员工队伍处于持续优化状态。

第十一条 企业应当制定与业绩考核挂钩的薪酬制度，切实做到薪酬安排与员工贡献相协调，体现效率优先，兼顾公平。

第十二条 企业应当制定各级管理人员和关键岗位员工定期轮岗制度，明确轮岗范围、轮岗周期、轮岗方式等，形成相关岗位员工的有序持续流动，全面提升员工素质。

第十三条 企业应当按照有关法律法规规定，结合企业实际，建立健全员工退出（辞职、解除劳动合同、退休等）机制，明确退出的条件和程序，确保员工退出机制得到有效实施。

企业对考核不能胜任岗位要求的员工，应当及时暂停其工作，安排再培训，或调整工作岗位，安排转岗培训；仍不能满足岗位职责要求的，应当按照规定的权限和程序解除劳动合同。

企业应当与退出员工依法约定保守关键技术、商业秘密、国家机密和竞业限制的期限，确保知识产权、商业秘密和国家机密的安全。

企业关键岗位人员离职前，应当根据有关法律法规的规定进行工作交接或离任审计。

第十四条 企业应当定期对年度人力资源计划执行情况进行评估，总结人力资源管理经验，分析存在的主要缺陷和不足，完善人力资源政策，促进企业整体团队充满生机和活力。

企业内部控制应用指引第4号——社会责任

第一章　总则

第一条　为了促进企业履行社会责任，实现企业与社会的协调发展，根据国家有关法律法规和《企业内部控制基本规范》，制定本指引。

第二条　本指引所称社会责任，是指企业在经营发展过程中应当履行的社会职责和义务，主要包括安全生产、产品质量（含服务，下同）、环境保护、资源节约、促进就业、员工权益保护等。

第三条　企业至少应当关注在履行社会责任方面的下列风险：

（一）安全生产措施不到位，责任不落实，可能导致企业发生安全事故。

（二）产品质量低劣，侵害消费者利益，可能导致企业巨额赔偿、形象受损，甚至破产。

（三）环境保护投入不足，资源耗费大，造成环境污染或资源枯竭，可能导致企业巨额赔偿、缺乏发展后劲，甚至停业。

（四）促进就业和员工权益保护不够，可能导致员工积极性受挫，影响企业发展和社会稳定。

第四条　企业应当重视履行社会责任，切实做到经济效益与社会效益、短期利益与长远利益、自身发展与社会发展相互协调，实现企业与员工、企业与社会、企业与环境的健康和谐发展。

第二章　安全生产

第五条　企业应当根据国家有关安全生产的规定，结合本企业实际情况，建立严格的安全生产管理体系、操作规范和应急预案，强化安全生产责任追究制度，切实做到安全生产。

企业应当设立安全管理部门和安全监督机构，负责企业安全生产的日常监督管理工作。

第六条　企业应当重视安全生产投入，在人力、物力、资金、技术等方面提供必要的保障，健全检查监督机制，确保各项安全措施落实到位，不得随意降低保障标准和要求。

第七条　企业应当贯彻预防为主的原则，采用多种形式增强员工安全意识，重视岗位培训，对于特殊岗位实行资格认证制度。

企业应当加强生产设备的经常性维护管理，及时排除安全隐患。

第八条　企业如果发生生产安全事故，应当按照安全生产管理制度妥善处理，排除故障，减轻损失，追究责任。重大生产安全事故应当启动应急预案，同时按照国家有关规定及时报告，严禁迟报、谎报和瞒报。

第三章　产品质量

第九条　企业应当根据国家和行业相关产品质量的要求，从事生产经营活动，切实提高产品质量和服务水平，努力为社会提供优质安全健康的产品和服务，最大限度地满足消费者的需求，对社会和公众负责，接受社会监督，承担社会责任。

第十条　企业应当规范生产流程，建立严格的产品质量控制和检验制度，严把质量关，禁止缺乏质量保障、危害人民生命健康的产品流向社会。

第十一条　企业应当加强产品的售后服务。售后发现存在严重质量缺陷、隐患的产品，应当及时召回或采取其他有效措施，最大限度地降低或消除缺陷、隐患产品的社会危害。

企业应当妥善处理消费者提出的投诉和建议，切实保护消费者权益。

第四章　环境保护与资源节约

第十二条　企业应当按照国家有关环境保护与资源节约的规定，结合本企业实际情况，建立环境保护与资源节约制度，认真落实节能减排责任，积极开发和使用节能产品，发展循环经济，降低污染物排放，提高资源综合利用效率。

企业应当通过宣传教育等有效形式，不断提高员工的环境保护和资源节约意识。

第十三条　企业应当重视生态保护，加大对环保工作的人力、物力、财力的投入和技术支持，不断改进工艺流程，降低能耗和污染物排放水平，实现清洁生产。

企业应当加强对废气、废水、废渣的综合治理，建立废料回收和循环利用制度。

第十四条　企业应当重视资源节约和资源保护，着力开发利用可再生资源，防止对不可再生资源进行掠夺性或毁灭性开发。

企业应当重视国家产业结构相关政策，特别关注产业结构调整的发展要求，加快高新技术开发和传统产业改造，切实转变发展方式，实现低投入、低消耗、低排放和高效率。

第十五条　企业应当建立环境保护和资源节约的监控制度，定期开展监督检查，发现问题，及时采取措施予以纠正。污染物排放超过国家有关规定的，企业应当承担治理或相关法律责任。发生紧急、重大环境污染事件时，应当启动应急机制，及时报告和处理，并依法追究相关责任人的责任。

第五章　促进就业与员工权益保护

第十六条　企业应当依法保护员工的合法权益，贯彻人力资源政策，保护员工依法享有劳动权利和履行劳动义务，保持工作岗位相对稳定，积极促进充分就业，切实履行社会责任。

企业应当避免在正常经营情况下批量辞退员工，增加社会负担。

第十七条　企业应当与员工签订并履行劳动合同，遵循按劳分配、同工同酬的原则，建立科学的员工薪酬制度和激励机制，不得克扣或无故拖欠员工薪酬。

企业应当建立高级管理人员与员工薪酬的正常增长机制，切实保持合理水平，维护社会公平。

第十八条　企业应当及时办理员工社会保险，足额缴纳社会保险费，保障员工依法享受社会保险待遇。

企业应当按照有关规定做好健康管理工作，预防、控制和消除职业危害；按期对员工进行非职业性健康监护，对从事有职业危害作业的员工进行职业性健康监护。

企业应当遵守法定的劳动时间和休息休假制度，确保员工的休息休假权利。

第十九条　企业应当加强职工代表大会和工会组织建设，维护员工合法权益，积极开展员工职业教育培训，创造平等发展机会。

企业应当尊重员工人格，维护员工尊严，杜绝性别、民族、宗教、年龄等各种歧视，保障员工身心健康。

第二十条　企业应当按照产学研用相结合的社会需求，积极创建实习基地，大力支持社会有关方面培养、锻炼社会需要的应用型人才。

第二十一条　企业应当积极履行社会公益方面的责任和义务，关心帮助社会弱势群体，支持慈善事业。

企业内部控制应用指引第5号——企业文化

第一章　总则

第一条　为了加强企业文化建设，发挥企业文化在企业发展中的重要作用，根据《企业内部控制基本规范》，制定本指引。

第二条　本指引所称企业文化，是指企业在生产经营实践中逐步形成的、为整体团队所认同并遵守的价值观、经营理念和企业精神，以及在此基础上形成的行为规范的总称。

第三条　加强企业文化建设至少应当关注下列风险：

（一）缺乏积极向上的企业文化，可能导致员工丧失对企业的信心和认同感，企业缺乏凝聚力和竞争力。

（二）缺乏开拓创新、团队协作和风险意识，可能导致企业发展目标难以实现，影响可持续发展。

（三）缺乏诚实守信的经营理念，可能导致舞弊事件的发生，造成企业损失，影响企业信誉。

（四）忽视企业间的文化差异和理念冲突，可能导致并购重组失败。

第二章　企业文化的建设

第四条　企业应当采取切实有效的措施，积极培育具有自身特色的企业文化，引导和规范员工行为，打造以主业为核心的企业品牌，形成整体团队的向心力，促进企业长远发展。

第五条　企业应当培育体现企业特色的发展愿景、积极向上的价值观、诚实守信的经营理念、履行社会责任和开拓创新的企业精神，以及团队协作和风险防范意识。

企业应当重视并购重组后的企业文化建设，平等对待被并购方的员工，促进并购双方的文化融合。

第六条　企业应当根据发展战略和实际情况，总结优良传统，挖掘文化底蕴，提炼核心价值，确定文化建设的目标和内容，形成企业文化规范，使其构成员工行为守则的重要组成部分。

第七条　董事、监事、经理和其他高级管理人员应当在企业文化建设中发挥主导和垂范作用，以自身的优秀品格和脚踏实地的工作作风，带动影响整个团队，共同营造积极向上的企业文化环境。

企业应当促进文化建设在内部各层级的有效沟通，加强企业文化的宣传贯彻，确保全体员工共同遵守。

第八条　企业文化建设应当融入生产经营全过程，切实做到文化建设与发展战略的有机结合，增强员工的责任感和使命感，规范员工行为方式，使员工自身价值在企业发展中得到充分体现。

企业应当加强对员工的文化教育和熏陶，全面提升员工的文化修养和内在素质。

第三章　企业文化的评估

第九条　企业应当建立企业文化评估制度，明确评估的内容、程序和方法，落实评估责任制，避免企业文化建设流于形式。

第十条　企业文化评估，应当重点关注董事、监事、经理和其他高级管理人员在企业文化建设中的责任履行情况、全体员工对企业核心价值观的认同感、企业经营管理行为与企业文化的一致性、企业品牌的社会影响力、参与企业并购重组各方文化的融合度，以及员工对企业未来发展的信心。

第十一条　企业应当重视企业文化的评估结果，巩固和发扬文化建设成果，针对评估过程中发现的问题，研究影响企业文化建设的不利因素，分析深层次的原因，及时采取措施加以改进。

企业内部控制应用指引第 6 号——资金活动

第一章　总则

第一条　为了促进企业正常组织资金活动，防范和控制资金风险，保证资金安全，提高资金使用效益，根据有关法律法规和《企业内部控制基本规范》，制定本指引。

第二条　本指引所称资金活动，是指企业筹资、投资和资金营运等活动的总称。

第三条　企业资金活动至少应当关注下列风险：

（一）筹资决策不当，引发资本结构不合理或无效融资，可能导致企业筹资成本过高或债务危机。

（二）投资决策失误，引发盲目扩张或丧失发展机遇，可能导致资金链断裂或资金使用效益低下。

（三）资金调度不合理、营运不畅，可能导致企业陷入财务困境或资金冗余。

（四）资金活动管控不严，可能导致资金被挪用、侵占、抽逃或遭受欺诈。

第四条　企业应当根据自身发展战略，科学确定投融资目标和规划，完善严格的资金授权、批准、审验等相关管理制度，加强资金活动的集中归口管理，明确筹资、投资、营运等各环节的职责权限和岗位分离要求，定期或不定期检查和评价资金活动情况，落实责任追究制度，确保资金安全和有效运行。

企业财会部门负责资金活动的日常管理，参与投融资方案等可行性研究。总会计师或分管会计工作的负责人应当参与投融资决策过程。

企业有子公司的，应当采取合法有效措施，强化对子公司资金业务的统一监控。有条件的企业集团，应当探索财务公司、资金结算中心等资金集中管控模式。

第二章　筹资

第五条　企业应当根据筹资目标和规划，结合年度全面预算，拟订筹资方案，明确筹资用途、规模、结构和方式等相关内容，对筹资成本和潜在风险作出充分估计。

境外筹资还应考虑所在地的政治、经济、法律、市场等因素。

第六条　企业应当对筹资方案进行科学论证，不得依据未经论证的方案开展筹资活动。重大筹资方案应当形成可行性研究报告，全面反映风险评估情况。

企业可以根据实际需要，聘请具有相应资质的专业机构进行可行性研究。

第七条　企业应当对筹资方案进行严格审批，重点关注筹资用途的可行性和相应的偿债能力。重大筹资方案，应当按照规定的权限和程序实行集体决策或者联签制度。

筹资方案需经有关部门批准的，应当履行相应的报批程序。筹资方案发生重大变更的，应当重新进行可行性研究并履行相应审批程序。

第八条　企业应当根据批准的筹资方案，严格按照规定权限和程序筹集资金。银行借款或发行债券，应当重点关注利率风险、筹资成本、偿还能力以及流动性风险等；发行股票应当重点关注发行风险、市场风险、政策风险以及公司控制权风险等。

企业通过银行借款方式筹资的，应当与有关金融机构进行洽谈，明确借款规模、利率、期限、担保、还款安排、相关的权利义务和违约责任等内容。双方达成一致意见后签署借款合同，据此办理相关借款业务。

企业通过发行债券方式筹资的，应当合理选择债券种类，对还本付息方案作出系统安排，确保按期、足额偿还到期本金和利息。

企业通过发行股票方式筹资的，应当依照《中华人民共和国证券法》等有关法律法规和证券监管部门的规定，优化企业组织架构，进行业务整合，并选择具备相应资质的中介机构协助企业做好相关工作，确保符合股票发行条件和要求。

第九条　企业应当严格按照筹资方案确定的用途使用资金。筹资用于投资的，应当分别按照本指引第三章和《企业内部控制应用指引第 11 号——工程项目》规定，防范和控制资金使用的风险。

由于市场环境变化等确需改变资金用途的，应当履行相应的审批程序。严禁擅自改变资金用途。

第十条　企业应当加强债务偿还和股利支付环节的管理，对偿还本息和支付股利等作出适当安排。

企业应当按照筹资方案或合同约定的本金、利率、期限、汇率及币种，准确计算应付利息，与债权人核对无误后按期支付。

企业应当选择合理的股利分配政策，兼顾投资者近期和长远利益，避免分配过度或不足。股利分配方案应当经过股东（大）会批准，并按规定履行披露义务。

第十一条　企业应当加强筹资业务的会计系统控制，建立筹资业务的记录、凭证和账簿，按照国家统一会计准则制度，正确核算和监督资金筹集、本息偿还、股利支付等相关业务，妥善保管筹资合同或协议、收款凭证、入库凭证等资料，定期与资金提供方进行账务核对，确保筹资活动符合筹资方案的要求。

第三章　投资

第十二条　企业应当根据投资目标和规划，合理安排资金投放结构，科学确定投资项目，拟订投资方案，重点关注投资项目的收益和风险。企业选择投资项目应当突出主业，谨慎从事股票投资或衍生金融产品等高风险投资。境外投资还应考虑政治、经济、法律、市场等因素的影响。

企业采用并购方式进行投资的，应当严格控制并购风险，重点关注并购对象的隐性债务、承诺事项、可持续发展能力、员工状况及其与本企业治理层及管理层的关联关系，合理确定支付对价，确保实现并购目标。

第十三条　企业应当加强对投资方案的可行性研究，重点对投资目标、规模、方式、资金来源、风险与收益等作出客观评价。

企业根据实际需要，可以委托具备相应资质的专业机构进行可行性研究，提供独立的可行性研究报告。

第十四条　企业应当按照规定的权限和程序对投资项目进行决策审批，重点审查投资方案是否可行、投资项目是否符合国家产业政策及相关法律法规的规定，是否符合企业投资战略目标和规划、是否具有相应的资金能力、投入资金能否按时收回、预期收益能否实现，以及投资和并购风险是否可控等。重大投资项目，应当按照规定的权限和程序实行集体决策或者联签制度。

投资方案需经有关管理部门批准的，应当履行相应的报批程序。投资方案发生重大变更的，应当重新进行可行性研究并履行相应审批程序。

第十五条　企业应当根据批准的投资方案，与被投资方签订投资合同或协议，明确出资时间、金额、方式、双方权利义务和违约责任等内容，按规定的权限和程序审批后履行投资合同或协议。

企业应当指定专门机构或人员对投资项目进行跟踪管理，及时收集被投资方经审计的财务报告等相关资料，定期组织投资效益分析，关注被投资方的财务状况、经营成果、现金流量以及投资合同履行情况，发现异常情况，应当及时报告并妥善处理。

第十六条　企业应当加强对投资项目的会计系统控制，根据对被投资方的影响程度，合理确定投资会计政策，建立投资管理台账，详细记录投资对象、金额、持股比例、期限、收益等事项，妥善保管投资合同或协议、出资证明等资料。

企业财会部门对于被投资方出现财务状况恶化、市价当期大幅下跌等情形的，应当根据国家统一的会计准则制度规定，合理计提减值准备、确认减值损失。

第十七条　企业应当加强投资收回和处置环节的控制，对投资收回、转让、核销等决策和审批程序作出明确规定。企业应当重视投资到期本金的回收。转让投资应当由相关机构或人员合理确定转让价格，报授权批准部门批准，必要时可委托具有相应资质的专门机构进行评估。核销投资应当取得不能收回投资的法律文书和相关证明文件。

企业对于到期无法收回的投资，应当建立责任追究制度。

第四章　营运

第十八条　企业应当加强资金营运全过程的管理，统筹协调内部各机构在生产经营过程中的资金需求，切实做好资金在采购、生产、销售等各环节的综合平衡，全面提升资金营运效率。

第十九条　企业应当充分发挥全面预算管理在资金综合平衡中的作用，严格按照预算要求组织协调资金调度，确保资金及时收付，实现资金的合理占用和营运良性循环。

企业应当严禁资金的体外循环，切实防范资金营运中的风险。

第二十条　企业应当定期组织召开资金调度会或资金安全检查，对资金预算执行情况进行综合分析，发现异常情况，及时采取措施妥善处理，避免资金冗余或资金链断裂。

企业在营运过程中出现临时性资金短缺的，可以通过短期融资等方式获取资金。资金出现短期闲置的，在保证安全性和流动性的前提下，可以通过购买国债等多种方式，提高资金效益。

第二十一条　企业应当加强对营运资金的会计系统控制，严格规范资金的收支条件、程序和审批权限。

企业在生产经营及其他业务活动中取得的资金收入应当及时入账，不得账外设账，严禁收款不入账、设立“小金库”。

企业办理资金支付业务，应当明确支出款项的用途、金额、预算、限额、支付方式等内容，并附原始单据或相关证明，履行严格的授权审批程序后，方可安排资金支出。

企业办理资金收付业务，应当遵守现金和银行存款管理的有关规定，不得由一人办理货币资金全过程业务，严禁将办理资金支付业务的相关印章和票据集中一人保管。

企业内部控制应用指引第7号——采购业务

第一章　总则

第一条　为了促进企业合理采购，满足生产经营需要，规范采购行为，防范采购风险，根据有关法律法规和《企业内部控制基本规范》，制定本指引。

第二条　本指引所称采购，是指购买物资（或接受劳务）及支付款项等相关活动。

第三条　企业采购业务至少应当关注下列风险：

（一）采购计划安排不合理，市场变化趋势预测不准确，造成库存短缺或积压，可能导致企业生产停滞或资源浪费。

（二）供应商选择不当，采购方式不合理，招投标或定价机制不科学，授权审批不规范，可能导致采购物资质次价高，出现舞弊或遭受欺诈。

（三）采购验收不规范，付款审核不严，可能导致采购物资、资金损失或信用受损。

第四条　企业应当结合实际情况，全面梳理采购业务流程，完善采购业务相关管理制度，统筹安排采购计划，明确请购、审批、购买、验收、付款、采购后评估等环节的职责和审批权限，按照规定的审批权限和程序办理采购业务，建立价格监督机制，定期检查和评价采购过程中的薄弱环节，采取有效控制措施，确保物资采购满足企业生产经营需要。

第二章　购买

第五条　企业的采购业务应当集中，避免多头采购或分散采购，以提高采购业务效率，降低采购成本，堵塞管理漏洞。企业应当对办理采购业务的人员定期进行岗位轮换。重要和技术性较强的采购业务，应当组织相关专家进行论证，实行集体决策和审批。

企业除小额零星物资或服务外，不得安排同一机构办理采购业务全过程。

第六条　企业应当建立采购申请制度，依据购买物资或接受劳务的类型，确定归口管理部门，授予相应的请购权，明确相关部门或人员的职责权限及相应的请购和审批程序。

企业可以根据实际需要设置专门的请购部门，对需求部门提出的采购需求进行审核，并进行归类汇总，统筹安排企业的采购计划。

具有请购权的部门对于预算内采购项目，应当严格按照预算执行进度办理请购手续，并根据市场变化提出合理采购申请。对于超预算和预算外采购项目，应先履行预算调整程序，由具备相应审批权限的部门或人员审批后，再行办理请购手续。

第七条　企业应当建立科学的供应商评估和准入制度，确定合格供应商清单，与选定的供应商签订质量保证协议，建立供应商管理信息系统，对供应商提供物资或劳务的质量、价格、交货及时性、供货条件及其资信、经营状况等进行实时管理和综合评价，根据评价结果对供应商进行合理选择和调整。

企业可委托具有相应资质的中介机构对供应商进行资信调查。

第八条　企业应当根据市场情况和采购计划合理选择采购方式。大宗采购应当采用招标方式，合理确定招投标的范围、标准、实施程序和评标规则；一般物资或劳务等的采购可以采用询价或定向采购的方式并签订合同协议；小额零星物资或劳务等的采购可以采用直接购买等方式。

第九条　企业应当建立采购物资定价机制，采取协议采购、招标采购、谈判采购、询比价采购等多种方式合理确定采购价格，最大限度地减小市场变化对企业采购价格的影响。

大宗采购等应当采用招投标方式确定采购价格，其他商品或劳务的采购，应当根据市场行情制定最高采购限价，并对最高采购限价适时调整。

第十条　企业应当根据确定的供应商、采购方式、采购价格等情况拟订采购合同，准确描述合同条款，明确双方权利、义务和违约责任，按照规定权限签订采购合同。

企业应当根据生产建设进度和采购物资特性，选择合理的运输工具和运输方式，办理运输、投保等事宜。

第十一条　企业应当建立严格的采购验收制度，确定检验方式，由专门的验收机构或验收人员对采购项目的品种、规格、数量、质量等相关内容进行验收，出具验收证明。涉及大宗和新、特物资采购的，还应进行专业测试。

验收过程中发现的异常情况，负责验收的机构或人员应当立即向企业有权管理的相关机构报告，相关机构应当查明原因并及时处理。

第十二条　企业应当加强物资采购供应过程的管理，依据采购合同中确定的主要条款跟踪合同履行情况，对有可能影响生产或工程进度的异常情况，应出具书面报告并及时提出解决方案。

企业应当做好采购业务各环节的记录，实行全过程的采购登记制度或信息化管理，确保采购过程的可追溯性。

第三章　付款

第十三条　企业应当加强采购付款的管理，完善付款流程，明确付款审核人的责任和权力，严格审核采购预算、合同、相关单据凭证、

审批程序等相关内容，审核无误后按照合同规定及时办理付款。企业在付款过程中，应当严格审查采购发票的真实性、合法性和有效性。发现虚假发票的，应查明原因，及时报告处理。

企业应当重视采购付款的过程控制和跟踪管理，发现异常情况的，应当拒绝付款，避免出现资金损失和信用受损。

企业应当合理选择付款方式，并严格遵循合同规定，防范付款方式不当带来的法律风险，保证资金安全。

第十四条　企业应当加强预付账款和定金的管理。涉及大额或长期的预付款项，应当定期进行追踪核查，综合分析预付账款的期限、占用款项的合理性、不可收回风险等情况，发现有疑问的预付款项，应当及时采取措施。

第十五条　企业应当加强对购买、验收、付款业务的会计系统控制，详细记录供应商情况、请购申请、采购合同、采购通知、验收证明、入库凭证、商业票据、款项支付等情况，确保会计记录、采购记录与仓储记录核对一致。

企业应当指定专人通过函证等方式，定期与供应商核对应付账款、应付票据、预付账款等往来款项。

第十六条　企业应当建立退货管理制度，对退货条件、退货手续、货物出库、退货货款回收等作出明确规定，并在与供应商的合同中明确退货事宜，及时收回退货货款。涉及符合索赔条件的退货，应在索赔期内及时办理索赔。

企业内部控制应用指引第 8 号——资产管理

第一章　总则

第一条　为了提高资产使用效能，保证资产安全，根据有关法律法规和《企业内部控制基本规范》，制定本指引。

第二条　本指引所称资产，是指企业拥有或控制的存货、固定资产和无形资产。

第三条　企业资产管理至少应当关注下列风险：

（一）存货积压或短缺，可能导致流动资金占用过量、存货价值贬损或生产中断。

（二）固定资产更新改造不够、使用效能低下、维护不当、产能过剩，可能导致企业缺乏竞争力、资产价值贬损、安全事故频发或资源浪费。

（三）无形资产缺乏核心技术、权属不清、技术落后、存在重大技术安全隐患，可能导致企业法律纠纷、缺乏可持续发展能力。

第四条　企业应当加强各项资产管理，全面梳理资产管理流程，及时发现资产管理中的薄弱环节，切实采取有效措施加以改进，并关注资产减值迹象，合理确认资产减值损失，不断提高企业资产管理水平。

企业应当重视和加强各项资产的投保工作，采用招标等方式确定保险人，降低资产损失风险，防范资产投保舞弊。

第二章　存货

第五条　企业应当采用先进的存货管理技术和方法，规范存货管理流程，明确存货取得、验收入库、原料加工、仓储保管、领用发出、盘点处置等环节的管理要求，充分利用信息系统，强化会计、出入库等相关记录，确保存货管理全过程的风险得到有效控制。

第六条　企业应当建立存货管理岗位责任制，明确内部相关部门和岗位的职责权限，切实做到不相容岗位相互分离、制约和监督。

企业内部除存货管理、监督部门及仓储人员外，其他部门和人员接触存货，应当经过相关部门特别授权。

第七条　企业应当重视存货验收工作，规范存货验收程序和方法，对入库存货的数量、质量、技术规格等方面进行查验，验收无误方可入库。

外购存货的验收，应当重点关注合同、发票等原始单据与存货的数量、质量、规格等核对一致。涉及技术含量较高的货物，必要时可委托具有检验资质的机构或聘请外部专家协助验收。

自制存货的验收，应当重点关注产品质量，通过检验合格的半成品、产成品才能办理入库手续，不合格品应及时查明原因、落实责任、报告处理。

其他方式取得存货的验收，应当重点关注存货来源、质量状况、实际价值是否符合有关合同或协议的约定。

第八条　企业应当建立存货保管制度，定期对存货进行检查，重点关注下列事项：

（一）存货在不同仓库之间流动时应当办理出入库手续。

（二）应当按仓储物资所要求的储存条件贮存，并健全防火、防洪、防盗、防潮、防病虫害和防变质等管理规范。

（三）加强生产现场的材料、周转材料、半成品等物资的管理，防止浪费、被盗和流失。

（四）对代管、代销、暂存、受托加工的存货，应单独存放和记录，避免与本单位存货混淆。

（五）结合企业实际情况，加强存货的保险投保，保证存货安全，合理降低存货意外损失风险。

第九条　企业应当明确存货发出和领用的审批权限，大批存货、贵重商品或危险品的发出应当实行特别授权。仓储部门应当根据经审批的销售（出库）通知单发出货物。

第十条　企业仓储部门应当详细记录存货入库、出库及库存情况，做到存货记录与实际库存相符，并定期与财会部门、存货管理部门进行核对。

第十一条　企业应当根据各种存货采购间隔期和当前库存，综合考虑企业生产经营计划、市场供求等因素，充分利用信息系统，合理确定存货采购日期和数量，确保存货处于最佳库存状态。

第十二条　企业应当建立存货盘点清查制度，结合本企业实际情况确定盘点周期、盘点流程等相关内容，核查存货数量，及时发现存货减值迹象。企业至少应当于每年年度终了开展全面盘点清查，盘点清查结果应当形成书面报告。

盘点清查中发现的存货盘盈、盘亏、毁损、闲置以及需要报废的存货，应当查明原因、落实并追究责任，按照规定权限批准后处置。

第三章　固定资产

第十三条　企业应当加强房屋建筑物、机器设备等各类固定资产的管理，重视固定资产维护和更新改造，不断提升固定资产的使用效能，积极促进固定资产处于良好运行状态。

第十四条　企业应当制定固定资产目录，对每项固定资产进行编号，按照单项资产建立固定资产卡片，详细记录各项固定资产的来源、验收、使用地点、责任单位和责任人、运转、维修、改造、折旧、盘点等相关内容。

企业应当严格执行固定资产日常维修和大修理计划，定期对固定资产进行维护保养，切实消除安全隐患。

企业应当强化对生产线等关键设备运转的监控，严格操作流程，实行岗前培训和岗位许可制度，确保设备安全运转。

第十五条　企业应当根据发展战略，充分利用国家有关自主创新政策，加大技改投入，不断促进固定资产技术升级，淘汰落后设备，切实做到保持本企业固定资产技术的先进性和企业发展的可持续性。

第十六条　企业应当严格执行固定资产投保政策，对应投保的固定资产项目按规定程序进行审批，及时办理投保手续。

第十七条　企业应当规范固定资产抵押管理，确定固定资产抵押程序和审批权限等。

企业将固定资产用作抵押的，应由相关部门提出申请，经企业授权部门或人员批准后，由资产管理部门办理抵押手续。企业应当加强对接收的抵押资产的管理，编制专门的资产目录，合理评估抵押资产的价值。

第十八条　企业应当建立固定资产清查制度，至少每年进行全面清查。对固定资产清查中发现的问题，应当查明原因，追究责任，妥善处理。

企业应当加强固定资产处置的控制，关注固定资产处置中的关联交易和处置定价，防范资产流失。

第四章　无形资产

第十九条　企业应当加强对品牌、商标、专利、专有技术、土地使用权等无形资产的管理，分类制定无形资产管理办法，落实无形资产管理责任制，促进无形资产有效利用，充分发挥无形资产对提升企业核心竞争力的作用。

第二十条　企业应当全面梳理外购、自行开发以及其他方式取得的各类无形资产的权属关系，加强无形资产权益保护，防范侵权行为和法律风险。无形资产具有保密性质的，应当采取严格保密措施，严防泄露商业秘密。

企业购入或者以支付土地出让金等方式取得的土地使用权，应当取得土地使用权有效证明文件。

第二十一条　企业应当定期对专利、专有技术等无形资产的先进性进行评估，淘汰落后技术，加大研发投入，促进技术更新换代，不断提升自主创新能力，努力做到核心技术处于同行业领先水平。

第二十二条　企业应当重视品牌建设，加强商誉管理，通过提供高质量产品和优质服务等多种方式，不断打造和培育主业品牌，切实维护和提升企业品牌的社会认可度。

企业内部控制应用指引第9号——销售业务

第一章　总则

第一条　为了促进企业销售稳定增长，扩大市场份额，规范销售行为，防范销售风险，根据有关法律法规和《企业内部控制基本规范》，制定本指引。

第二条　本指引所称销售，是指企业出售商品（或提供劳务）及收取款项等相关活动。

第三条　企业销售业务至少应当关注下列风险：

（一）销售政策和策略不当，市场预测不准确，销售渠道管理不当等，可能导致销售不畅、库存积压、经营难以为继。

（二）客户信用管理不到位，结算方式选择不当，账款回收不力等，可能导致销售款项不能收回或遭受欺诈。

（三）销售过程存在舞弊行为，可能导致企业利益受损。

第四条　企业应当结合实际情况，全面梳理销售业务流程，完善销售业务相关管理制度，确定适当的销售政策和策略，明确销售、发货、收款等环节的职责和审批权限，按照规定的权限和程序办理销售业务，定期检查分析销售过程中的薄弱环节，采取有效控制措施，确保实现销售目标。

第二章　销售

第五条　企业应当加强市场调查，合理确定定价机制和信用方式，根据市场变化及时调整销售策略，灵活运用销售折扣、销售折让、信用销售、代销和广告宣传等多种策略和营销方式，促进销售目标实现，不断提高市场占有率。

企业应当健全客户信用档案，关注重要客户资信变动情况，采取有效措施，防范信用风险。

企业对于境外客户和新开发客户，应当建立严格的信用保证制度。

第六条　企业在销售合同订立前，应当与客户进行业务洽谈、磋商或谈判，关注客户信用状况、销售定价、结算方式等相关内容。重大的销售业务谈判应当吸收财会、法律等专业人员参加，并形成完整的书面记录。

销售合同应当明确双方的权利和义务，审批人员应当对销售合同草案进行严格审核。重要的销售合同，应当征询法律顾问或专家的意见。

第七条　企业销售部门应当按照经批准的销售合同开具相关销售通知。发货和仓储部门应当对销售通知进行审核，严格按照所列项目组织发货，确保货物的安全发运。企业应当加强销售退回管理，分析销售退回原因，及时妥善处理。

企业应当严格按照发票管理规定开具销售发票。严禁开具虚假发票。

第八条　企业应当做好销售业务各环节的记录，填制相应的凭证，设置销售台账，实行全过程的销售登记制度。

第九条　企业应当完善客户服务制度，加强客户服务和跟踪，提升客户满意度和忠诚度，不断改进产品质量和服务水平。

第三章　收款

第十条　企业应当完善应收款项管理制度，严格考核，实行奖惩。销售部门负责应收款项的催收，催收记录（包括往来函电）应妥善保存；财会部门负责办理资金结算并监督款项回收。

第十一条　企业应当加强商业票据管理，明确商业票据的受理范围，严格审查商业票据的真实性和合法性，防止票据欺诈。

企业应当关注商业票据的取得、贴现和背书，对已贴现但仍承担收款风险的票据以及逾期票据，应当进行追索监控和跟踪管理。

第十二条　企业应当加强对销售、发货、收款业务的会计系统控制，详细记录销售客户、销售合同、销售通知、发运凭证、商业票据、款项收回等情况，确保会计记录、销售记录与仓储记录核对一致。

企业应当指定专人通过函证等方式，定期与客户核对应收账款、应收票据、预收账款等往来款项。

企业应当加强应收款项坏账的管理。应收款项全部或部分无法收回的，应当查明原因，明确责任，并严格履行审批程序，按照国家统一的会计准则制度进行处理。

企业内部控制应用指引第 10 号——研究与开发

第一章　总则

第一条　为了促进企业自主创新，增强核心竞争力，有效控制研发风险，实现发展战略，根据有关法律法规和《企业内部控制基本规范》，制定本指引。

第二条　本指引所称研究与开发，是指企业为获取新产品、新技术、新工艺等所开展的各种研发活动。

第三条　企业开展研发活动至少应当关注下列风险：

（一）研究项目未经科学论证或论证不充分，可能导致创新不足或资源浪费。

（二）研发人员配备不合理或研发过程管理不善，可能导致研发成本过高、舞弊或研发失败。

（三）研究成果转化应用不足、保护措施不力，可能导致企业利益受损。

第四条　企业应当重视研发工作，根据发展战略，结合市场开拓和技术进步要求，科学制定研发计划，强化研发全过程管理，规范研发行为，促进研发成果的转化和有效利用，不断提升企业自主创新能力。

第二章　立项与研究

第五条　企业应当根据实际需要，结合研发计划，提出研究项目立项申请，开展可行性研究，编制可行性研究报告。

企业可以组织独立于申请及立项审批之外的专业机构和人员进行评估论证，出具评估意见。

第六条　研究项目应当按照规定的权限和程序进行审批，重大研究项目应当报经董事会或类似权力机构集体审议决策。审批过程中，应当重点关注研究项目促进企业发展的必要性、技术的先进性以及成果转化的可行性。

第七条　企业应当加强对研究过程的管理，合理配备专业人员，严格落实岗位责任制，确保研究过程高效、可控。

企业应当跟踪检查研究项目进展情况，评估各阶段研究成果，提供足够的经费支持，确保项目按期、保质完成，有效规避研究失败风险。

企业研究项目委托外单位承担的，应当采用招标、协议等适当方式确定受托单位，签订外包合同，约定研究成果的产权归属、研究进度和质量标准等相关内容。

第八条　企业与其他单位合作进行研究的，应当对合作单位进行尽职调查，签订书面合作研究合同，明确双方投资、分工、权利义务、研究成果产权归属等。

第九条　企业应当建立和完善研究成果验收制度，组织专业人员对研究成果进行独立评审和验收。

企业对于通过验收的研究成果，可以委托相关机构进行审查，确认是否申请专利或作为非专利技术、商业秘密等进行管理。企业对于需要申请专利的研究成果，应当及时办理有关专利申请手续。

第十条　企业应当建立严格的核心研究人员管理制度，明确界定核心研究人员范围和名册清单，签署符合国家有关法律法规要求的保密协议。

企业与核心研究人员签订劳动合同时，应当特别约定研究成果归属、离职条件、离职移交程序、离职后保密义务、离职后竞业限制年限及违约责任等内容。

第三章　开发与保护

第十一条　企业应当加强研究成果的开发，形成科研、生产、市场一体化的自主创新机制，促进研究成果转化。

研究成果的开发应当分步推进，通过试生产充分验证产品性能，在获得市场认可后方可进行批量生产。

第十二条　企业应当建立研究成果保护制度，加强对专利权、非专利技术、商业秘密及研发过程中形成的各类涉密图纸、程序、资料的管理，严格按照制度规定借阅和使用。禁止无关人员接触研究成果。

第十三条　企业应当建立研发活动评估制度，加强对立项与研究、开发与保护等过程的全面评估，认真总结研发管理经验，分析存在的薄弱环节，完善相关制度和办法，不断改进和提升研发活动的管理水平。

企业内部控制应用指引第 11 号——工程项目

第一章　总则

第一条　为了加强工程项目管理，提高工程质量，保证工程进度，控制工程成本，防范商业贿赂等舞弊行为，根据有关法律法规和《企业内部控制基本规范》，制定本指引。

第二条　本指引所称工程项目，是指企业自行或者委托其他单位所进行的建造、安装工程。

第三条　企业工程项目至少应当关注下列风险：

（一）立项缺乏可行性研究或者可行性研究流于形式，决策不当，盲目上马，可能导致难以实现预期效益或项目失败。

（二）项目招标暗箱操作，存在商业贿赂，可能导致中标人实质上难以承担工程项目、中标价格失实及相关人员涉案。

（三）工程造价信息不对称，技术方案不落实，概预算脱离实际，可能导致项目投资失控。

（四）工程物资质次价高，工程监理不到位，项目资金不落实，可能导致工程质量低劣，进度延迟或中断。

（五）竣工验收不规范，最终把关不严，可能导致工程交付使用后存在重大隐患。

第四条　企业应当建立和完善工程项目各项管理制度，全面梳理各个环节可能存在的风险点，规范工程立项、招标、造价、建设、验收等环节的工作流程，明确相关部门和岗位的职责权限，做到可行性研究与决策、概预算编制与审核、项目实施与价款支付、竣工决算与审计等不相容职务相互分离，强化工程建设全过程的监控，确保工程项目的质量、进度和资金安全。

第二章　工程立项

第五条　企业应当指定专门机构归口管理工程项目，根据发展战略和年度投资计划，提出项目建议书，开展可行性研究，编制可行性研究报告。

项目建议书的主要内容包括：项目的必要性和依据、产品方案、拟建规模、建设地点、投资估算、资金筹措、项目进度安排、经济效果和社会效益的估计、环境影响的初步评价等。

可行性研究报告的内容主要包括：项目概况，项目建设的必要性，市场预测，项目建设选址及建设条件论证，建设规模和建设内容，项目外部配套建设，环境保护，劳动保护与卫生防疫，消防、节能、节水，总投资及资金来源，经济、社会效益，项目建设周期及进度安排，招投标法规定的相关内容等。

企业可以委托具有相应资质的专业机构开展可行性研究，并按照有关要求形成可行性研究报告。

第六条　企业应当组织规划、工程、技术、财会、法律等部门的专家对项目建议书和可行性研究报告进行充分论证和评审，出具评审意见，作为项目决策的重要依据。

在项目评审过程中，应当重点关注项目投资方案、投资规模、资金筹措、生产规模、投资效益、布局选址、技术、安全、设备、环境保护等方面，核实相关资料的来源和取得途径是否真实、可靠和完整。

企业可以委托具有相应资质的专业机构对可行性研究报告进行评审，出具评审意见。从事项目可行性研究的专业机构不得再从事可行性研究报告的评审。

第七条　企业应当按照规定的权限和程序对工程项目进行决策，决策过程应有完整的书面记录。重大工程项目的立项，应当报经董事会或类似权力机构集体审议批准。总会计师或分管会计工作的负责人应当参与项目决策。

任何个人不得单独决策或者擅自改变集体决策意见。工程项目决策失误应当实行责任追究制度。

第八条　企业应当在工程项目立项后、正式施工前，依法取得建设用地、城市规划、环境保护、安全、施工等方面的许可。

第三章　工程招标

第九条　企业的工程项目一般应当采用公开招标的方式，择优选择具有相应资质的承包单位和监理单位。

在选择承包单位时，企业可以将工程的勘察、设计、施工、设备采购一并发包给一个项目总承包单位，也可以将其中的一项或者多项发包给一个工程总承包单位，但不得违背工程施工组织设计和招标设计计划，将应由一个承包单位完成的工程肢解为若干部分发包给几个承包单位。

企业应当依照国家招投标法的规定，遵循公开、公正、平等竞争的原则，发布招标公告，提供载有招标工程的主要技术要求、主要合同条款、评标的标准和方法，以及开标、评标、定标的程序等内容的招标文件。

企业可以根据项目特点决定是否编制标底。需要编制标底的，标底编制过程和标底应当严格保密。在确定中标人前，企业不得与投标人就投标价格、投标方案等实质性内容进行谈判。

第十条　企业应当依法组织工程招标的开标、评标和定标，并接受有关部门的监督。

第十一条　企业应当依法组建评标委员会。评标委员会由企业的代表和有关技术、经济方面的专家组成。评标委员会应当客观、公正地履行职务、遵守职业道德，对所提出的评审意见承担责任。

企业应当采取必要的措施，保证评标在严格保密的情况下进行。评标委员会应当按照招标文件确定的标准和方法，对投标文件进行评审和比较，择优选择中标候选人。

第十二条　评标委员会成员和参与评标的有关工作人员不得透露对投标文件的评审和比较、中标候选人的推荐情况以及与评标有关的其他情况，不得私下接触投标人，不得收受投标人的财物或者其他好处。

第十三条　企业应当按照规定的权限和程序从中标候选人中确定中标人，及时向中标人发出中标通知书，在规定的期限内与中标人订立书面合同，明确双方的权利、义务和违约责任。

企业和中标人不得再行订立背离合同实质性内容的其他协议。

第四章　工程造价

第十四条　企业应当加强工程造价管理，明确初步设计概算和施工图预算的编制方法，按照规定的权限和程序进行审核批准，确保概预算科学合理。

企业可以委托具备相应资质的中介机构开展工程造价咨询工作。

第十五条　企业应当向招标确定的设计单位提供详细的设计要求和基础资料，进行有效的技术、经济交流。初步设计应当在技术、经济交流的基础上，采用先进的设计管理实务技术，进行多方案比选。施工图设计深度及图纸交付进度应当符合项目要求，防止因设计深度不足、设计缺陷，造成施工组织、工期、工程质量、投资失控以及生产运行成本过高等问题。

第十六条　企业应当建立设计变更管理制度。设计单位应当提供全面、及时的现场服务。因过失造成设计变更的，应当实行责任追究制度。

第十七条　企业应当组织工程、技术、财会等部门的相关专业人员或委托具有相应资质的中介机构对编制的概预算进行审核，重点审查编制依据、项目内容、工程量的计算、定额套用等是否真实、完整和准确。工程项目概预算按照规定的权限和程序审核批准后执行。

第五章　工程建设

第十八条　企业应当加强对工程建设过程的监控，实行严格的概预算管理，切实做到及时备料，科学施工，保障资金，落实责任，确保工程项目达到设计要求。

第十九条　按照合同约定，企业自行采购工程物资的，应当按照《企业内部控制应用指引第7号——采购业务》等相关指引的规定，组织工程物资采购、验收和付款；由承包单位采购工程物资的，企业应当加强监督，确保工程物资采购符合设计标准和合同要求。严禁不合格工程物资投入工程项目建设。重大设备和大宗材料的采购应当根据有关招标采购的规定执行。

第二十条　企业应当实行严格的工程监理制度，委托经过招标确定的监理单位进行监理。工程监理单位应当依照国家法律法规及相关技术标准、设计文件和工程承包合同，对承包单位在施工质量、工期、进度、安全和资金使用等方面实施监督。工程监理人员应当具备良好的职业操守，客观公正地执行监理任务，发现工程施工不符合设计要求、施工技术标准和合同约定的，应当要求承包单位改正；发现工程设计不符合建筑工程质量标准或者合同约定的质量要求的，应当报告企业要求设计单位改正。未经工程监理人员签字，工程物资不得在工程上使用或者安装，不得进行下一道工序施工，不得拨付工程价款，不得进行竣工验收。

第二十一条　企业财会部门应当加强与承包单位的沟通，准确掌握工程进度，根据合同约定，按照规定的审批权限和程序办理工程价款结算，不得无故拖欠。

第二十二条　企业应当严格控制工程变更，确需变更的，应当按照规定的权限和程序进行审批。

重大的项目变更应当按照项目决策和概预算控制的有关程序和要求重新履行审批手续。

因工程变更等原因造成价款支付方式及金额发生变动的，应当提供完整的书面文件和其他相关资料，并对工程变更价款的支付进行严格审核。

第六章　工程验收

第二十三条　企业收到承包单位的工程竣工报告后，应当及时编制竣工决算，开展竣工决算审计，组织设计、施工、监理等有关单位进行竣工验收。

第二十四条　企业应当组织审核竣工决算，重点审查决算依据是否完备，相关文件资料是否齐全，竣工清理是否完成，决算编制是否正确。

企业应当加强竣工决算审计，未实施竣工决算审计的工程项目，不得办理竣工验收手续。

第二十五条　企业应当及时组织工程项目竣工验收。交付竣工验收的工程项目，应当符合规定的质量标准，有完整的工程技术经济资料，并具备国家规定的其他竣工条件。验收合格的工程项目，应当编制交付使用财产清单，及时办理交付使用手续。

第二十六条　企业应当按照国家有关档案管理的规定，及时收集、整理工程建设各环节的文件资料，建立完整的工程项目档案。

第二十七条　企业应当建立完工项目后评估制度，重点评价工程项目预期目标的实现情况和项目投资效益等，并以此作为绩效考核和责任追究的依据。

企业内部控制应用指引第12号——担保业务

第一章　总则

第一条　为了加强企业担保业务管理，防范担保业务风险，根据《中华人民共和国担保法》等有关法律法规和《企业内部控制基本规范》，制定本指引。

第二条　本指引所称担保，是指企业作为担保人按照公平、自愿、互利的原则与债权人约定，当债务人不履行债务时，依照法律规定和合同协议承担相应法律责任的行为。

第三条　企业办理担保业务至少应当关注下列风险：

（一）对担保申请人的资信状况调查不深，审批不严或越权审批，可能导致企业担保决策失误或遭受欺诈。

（二）对被担保人出现财务困难或经营陷入困境等状况监控不力，应对措施不当，可能导致企业承担法律责任。

（三）担保过程中存在舞弊行为，可能导致经办审批等相关人员涉案或企业利益受损。

第四条　企业应当依法制定和完善担保业务政策及相关管理制度，明确担保的对象、范围、方式、条件、程序、担保限额和禁止担保等事项，规范调查评估、审核批准、担保执行等环节的工作流程，按照政策、制度、流程办理担保业务，定期检查担保政策的执行情况及效果，切实防范担保业务风险。

第二章　调查评估与审批

第五条　企业应当指定相关部门负责办理担保业务，对担保申请人进行资信调查和风险评估，评估结果应出具书面报告。企业也可委托中介机构对担保业务进行资信调查和风险评估工作。

企业在对担保申请人进行资信调查和风险评估时，应当重点关注以下事项：

（一）担保业务是否符合国家法律法规和本企业担保政策等相关要求。

（二）担保申请人的资信状况，一般包括：基本情况、资产质量、经营情况、偿债能力、盈利水平、信用程度、行业前景等。

（三）担保申请人用于担保和第三方担保的资产状况及其权利归属。

（四）企业要求担保申请人提供反担保的，还应当对与反担保有关的资产状况进行评估。

第六条　企业对担保申请人出现以下情形之一的，不得提供担保：

（一）担保项目不符合国家法律法规和本企业担保政策的。

（二）已进入重组、托管、兼并或破产清算程序的。

（三）财务状况恶化、资不抵债、管理混乱、经营风险较大的。

（四）与其他企业存在较大经济纠纷，面临法律诉讼且可能承担较大赔偿责任的。

（五）与本企业已经发生过担保纠纷且仍未妥善解决的，或不能及时足额交纳担保费用的。

第七条　企业应当建立担保授权和审批制度，规定担保业务的授权批准方式、权限、程序、责任和相关控制措施，在授权范围内进行审批，不得超越权限审批。重大担保业务，应当报经董事会或类似权力机构批准。

经办人员应当在职责范围内，按照审批人员的批准意见办理担保业务。对于审批人超越权限审批的担保业务，经办人员应当拒绝办理。

第八条　企业应当采取合法有效的措施加强对子公司担保业务的统一监控。企业内设机构未经授权不得办理担保业务。

企业为关联方提供担保的，与关联方存在经济利益或近亲属关系的有关人员在评估与审批环节应当回避。

对境外企业进行担保的，应当遵守外汇管理规定，并关注被担保人所在国家的政治、经济、法律等因素。

第九条　被担保人要求变更担保事项的，企业应当重新履行调查评估与审批程序。

第三章　执行与监控

第十条　企业应当根据审核批准的担保业务订立担保合同。担保合同应明确被担保人的权利、义务、违约责任等相关内容，并要求被担保人定期提供财务报告与有关资料，及时通报担保事项的实施情况。

担保申请人同时向多方申请担保的，企业应当在担保合同中明确约定本企业的担保份额和相应的责任。

第十一条　企业担保经办部门应当加强担保合同的日常管理，定期监测被担保人的经营情况和财务状况，对被担保人进行跟踪和监督，了解担保项目的执行、资金的使用、贷款的归还、财务运行及风险等情况，确保担保合同有效履行。担保合同履行过程中，如果被担保人出现异常情况，应当及时报告，妥善处理。

对于被担保人未按有法律效力的合同条款偿付债务或履行相关合同项下的义务的，企业应当按照担保合同履行义务，同时主张对被担保人的追索权。

第十二条　企业应当加强对担保业务的会计系统控制，及时足额收取担保费用，建立担保事项台账，详细记录担保对象、金额、期限、用于抵押和质押的物品或权利以及其他有关事项。企业财会部门应当及时收集、分析被担保人担保期内经审计的财务报告等相关资料，持续关注被担保人的财务状况、经营成果、现金流量以及担保合同的履行情况，积极配合担保经办部门防范担保业务风险。

对于被担保人出现财务状况恶化、资不抵债、破产清算等情形的，企业应当根据国家统一的会计准则制度规定，合理确认预计负债和损失。

第十三条　企业应当加强对反担保财产的管理，妥善保管被担保人用于反担保的权利凭证，定期核实财产的存续状况和价值，发现问题及时处理，确保反担保财产安全完整。

第十四条　企业应当建立担保业务责任追究制度，对在担保中出现重大决策失误、未履行集体审批程序或不按规定管理担保业务的部门及人员，应当严格追究相应的责任。

第十五条　企业应当在担保合同到期时，全面清查用于担保的财产、权利凭证，按照合同约定及时终止担保关系。企业应当妥善保管担保合同、与担保合同相关的主合同、反担保函或反担保合同，以及抵押、质押的权利凭证和有关原始资料，切实做到担保业务档案完整无缺。

企业内部控制应用指引第13号——业务外包

第一章　总则

第一条　为了加强业务外包管理，规范业务外包行为，防范业务外包风险，根据有关法律法规和《企业内部控制基本规范》，制定本指引。

第二条　本指引所称业务外包，是指企业利用专业化分工优势，将日常经营中的部分业务委托给本企业以外的专业服务机构或其他经济组织（以下简称承包方）完成的经营行为。

本指引不涉及工程项目外包。

第三条　企业应当对外包业务实施分类管理，通常划分为重大外包业务和一般外包业务。重大外包业务是指对企业生产经营有重大影响的外包业务。外包业务通常包括：研发、资信调查、可行性研究、委托加工、物业管理、客户服务、IT服务等。

第四条　企业的业务外包至少应当关注下列风险：

（一）外包范围和价格确定不合理，承包方选择不当，可能导致企业遭受损失。

（二）业务外包监控不严、服务质量低劣，可能导致企业难以发挥业务外包的优势。

（三）业务外包存在商业贿赂等舞弊行为，可能导致企业相关人员涉案。

第五条　企业应当建立和完善业务外包管理制度，规定业务外包的范围、方式、条件、程序和实施等相关内容，明确相关部门和岗位的职责权限，强化业务外包全过程的监控，防范外包风险，充分发挥业务外包的优势。

企业应当权衡利弊，避免核心业务外包。

第二章　承包方选择

第六条　企业应当根据年度生产经营计划和业务外包管理制度，结合确定的业务外包范围，拟定实施方案，按照规定的权限和程序审核批准。总会计师或分管会计工作的负责人应当参与重大业务外包的决策。

重大业务外包方案应当提交董事会或类似权力机构审批。

第七条　企业应当按照批准的业务外包实施方案选择承包方。承包方至少应当具备下列条件：

（一）承包方是依法成立和合法经营的专业服务机构或其他经济组织，具有相应的经营范围和固定的办公场所。

（二）承包方应当具备相应的专业资质，其从业人员符合岗位要求和任职条件，并具有相应的专业技术资格。

（三）承包方的技术及经验水平符合本企业业务外包的要求。

第八条　企业应当综合考虑内外部因素，合理确定外包价格，严格控制业务外包成本，切实做到符合成本效益原则。

第九条　企业应当引入竞争机制，遵循公开、公平、公正的原则，采用适当方式，择优选择外包业务的承包方。采用招标方式选择承包方的，应当符合招投标法的相关规定。

企业及相关人员在选择承包方的过程中，不得收受贿赂、回扣或者索取其他好处。承包方及其工作人员不得利用向企业及其工作人员行贿、提供回扣或者给予其他好处等不正当手段承揽业务。

第十条　企业应当按照规定的权限和程序从候选承包方中确

定最终承包方，并签订业务外包合同。业务外包合同内容主要包括：外包业务的内容和范围，双方权利和义务，服务和质量标准，保密事项，费用结算标准和违约责任等事项。

第十一条　企业外包业务需要保密的，应当在业务外包合同或者另行签订的保密协议中明确规定承包方的保密义务和责任，要求承包方向其从业人员提示保密要求和应承担的责任。

第三章　业务外包实施

第十二条　企业应当加强业务外包实施的管理，严格按照业务外包制度、工作流程和相关要求，组织开展业务外包，并采取有效的控制措施，确保承包方严格履行业务外包合同。

第十三条　企业应当做好与承包方的对接工作，加强与承包方的沟通与协调，及时搜集相关信息，发现和解，决外包业务日常管理中存在的问题。

对于重，大业务外包，企业应当密切关注承包方的履约能力，建立相应的应急机制，避免业务外包失败造成本企业生产经营活动中断。

第十四条　企业应当根据国家统一的会计准则制度，加强对外包业务的核算与监督，做好业务外包费用结算工作。

第十五条　企业应当对承包方的履约能力进行持续评估，有确凿证据表明承包方存在重大违约行为，导致业务外包合同无法履行的，应当及时终止合同。

承包方违约并造成企业损失的，企业应当按照合同对承包方进行索赔，并追究责任人责任。

第十六条　业务外包合同执行完成后需要验收的，企业应当组织相关部门或人员对完成的业务外包合同进行验收，出具验收证明。验收过程中发现异常情况，应当立即报告，查明原因，及时处理。

企业内部控制应用指引第 14 号——财务报告

第一章　总则

第一条　为了规范企业财务报告，保证财务报告的真实、完整，根据《中华人民共和国会计法》等有关法律法规和《企业内部控制基本规范》，制定本指引。

第二条　本指引所称财务报告，是指反映企业某一特定日期财务状况和某一会计期间经营成果、现金流量的文件。

第三条　企业编制、对外提供和分析利用财务报告，至少应当关注下列风险：

（一）编制财务报告违反会计法律法规和国家统一的会计准则制度，可能导致企业承担法律责任和声誉受损。

（二）提供虚假财务报告，误导财务报告使用者，造成决策失误，干扰市场秩序。

（三）不能有效利用财务报告，难以及时发现企业经营管理中存在的问题，可能导致企业财务和经营风险失控。

第四条　企业应当严格执行会计法律法规和国家统一的会计准则制度，加强对财务报告编制、对外提供和分析利用全过程的管理，明确相关工作流程和要求，落实责任制，确保财务报告合法合规、真实完整和有效利用。

总会计师或分管会计工作的负责人负责组织领导财务报告的编制、对外提供和分析利用等相关工作。

企业负责人对财务报告的真实性、完整性负责。

第二章　财务报告的编制

第五条　企业编制财务报告，应当重点关注会计政策和会计估计，对财务报告产生重大影响的交易和事项的处理应当按照规定的权限和程序进行审批。

企业在编制年度财务报告前，应当进行必要的资产清查、减值测试和债权债务核实。

第六条　企业应当按照国家统一的会计准则制度规定，根据登记完整、核对无误的会计账簿记录和其他有关资料编制财务报告，做到内容完整、数字真实、计算准确，不得漏报或者随意进行取舍。

第七条　企业财务报告列示的资产、负债、所有者权益金额应当真实可靠。各项资产计价方法不得随意变更，如有减值，应当合理计提减值准备，严禁虚增或虚减资产。

各项负债应当反映企业的现时义务，不得提前、推迟或不确认负债，严禁虚增或虚减负债。所有者权益应当反映企业资产扣除负债后由所有者享有的剩余权益，由实收资本、资本公积、留存收益等构成。企业应当做好所有者权益保值增值工作，严禁虚假出资、抽逃出资、资本不实。

第八条　企业财务报告应当如实列示当期收入、费用和利润。各项收入的确认应当遵循规定的标准，不得虚列或者隐瞒收入，推迟或提前确认收入。各项费用、成本的确认应当符合规定，不得随意改变费用、成本的确认标准或计量方法，虚列、多列、不列或者少列费用、成本。

利润由收入减去费用后的净额、直接计入当期利润的利得和损失等构成。不得随意调整利润的计算、分配方法，编造虚假利润。

第九条　企业财务报告列示的各种现金流量由经营活动、投资活动和筹资活动的现金流量构成，应当按照规定划清各类交易和事项的现金流量的界限。

第十条　附注是财务报告的重要组成部分，对反映企业财务状况、经营成果、现金流量的报表中需要说明的事项，作出真实、完整、清晰的说明。

企业应当按照国家统一的会计准则制度编制附注。

第十一条　企业集团应当编制合并财务报表，明确合并财务报表的合并范围和合并方法，如实反映企业集团的财务状况、经营成果和现金流量。

第十二条　企业编制财务报告，应当充分利用信息技术，提高工作效率和工作质量，减少或避免编制差错和人为调整因素。

第三章　财务报告的对外提供

第十三条　企业应当依照法律法规和国家统一的会计准则制度的规定，及时对外提供财务报告。

第十四条　企业财务报告编制完成后，应当装订成册，加盖公章，由企业负责人、总会计师或分管会计工作的负责人、财会部门负责人签名并盖章。

第十五条　财务报告须经注册会计师审计的，注册会计师及其所在的事务所出具的审计报告，应当随同财务报告一并提供。

企业对外提供的财务报告应当及时整理归档，并按有关规定妥善保存。

第四章　财务报告的分析利用

第十六条　企业应当重视财务报告分析工作，定期召开财务分析会议，充分利用财务报告反映的综合信息，全面分析企业的经营管理状况和存在的问题，不断提高经营管理水平。

企业财务分析会议应吸收有关部门负责人参加。总会计师或分管会计工作的负责人应当在财务分析和利用工作中发挥主导作用。

第十七条　企业应当分析企业的资产分布、负债水平和所有者权益结构，通过资产负债率、流动比率、资产周转率等指标分析企业的偿债能力和营运能力；分析企业净资产的增减变化，了解和掌握企业规模和净资产的不断变化过程。

第十八条　企业应当分析各项收入、费用的构成及其增减变动情况，通过净资产收益率、每股收益等指标，分析企业的盈利能力和发展能力，了解和掌握当期利润增减变化的原因和未来发展趋势。

第十九条　企业应当分析经营活动、投资活动、筹资活动现金流量的运转情况，重点关注现金流量能否保证生产经营过程的正常运行，防止现金短缺或闲置。

第二十条　企业定期的财务分析应当形成分析报告，构成内部报告的组成部分。财务分析报告结果应当及时传递给企业内部有关管理层级，充分发挥财务报告在企业生产经营管理中的重要作用。

企业内部控制应用指引第 15 号——全面预算

第一章　总则

第一条　为了促进企业实现发展战略，发挥全面预算管理作用，根据有关法律法规和《企业内部控制基本规范》，制定本指引。

第二条　本指引所称全面预算，是指企业对一定期间经营活动、投资活动、财务活动等作出的预算安排。

第三条　企业实行全面预算管理，至少应当关注下列风险：

（一）不编制预算或预算不健全，可能导致企业经营缺乏约束或盲目经营。

（二）预算目标不合理、编制不科学，可能导致企业资源浪费或发展战略难以实现。

（三）预算缺乏刚性、执行不力、考核不严，可能导致预算管理流于形式。

第四条　企业应当加强全面预算工作的组织领导，明确预算管理体制以及各预算执行单位的职责权限、授权批准程序和工作协调机制。

企业应当设立预算管理委员会履行全面预算管理职责，其成员由企业负责人及内部相关部门负责人组成。

预算管理委员会主要负责拟定预算目标和预算政策，制定预算管理的具体措施和办法，组织编制、平衡预算草案，下达经批准的预算，协调解决预算编制和执行中的问题，考核预算执行情况，督促完成预算目标。预算管理委员会下设预算管理工作机构，由其履行日常管理职责。预算管理工作机构一般设在财会部门。

总会计师或分管会计工作的负责人应当协助企业负责人负责企业全面预算管理工作的组织领导。

第二章　预算编制

第五条　企业应当建立和完善预算编制工作制度，明确编制依据、编制程序、编制方法等内容，确保预算编制依据合理、程序适当、方法科学，避免预算指标过高或过低。

企业应当在预算年度开始前完成全面预算草案的编制工作。

第六条　企业应当根据发展战略和年度生产经营计划，综合考虑预算期内经济政策、市场环境等因素，按照上下结合、分级编制、逐级汇总的程序，编制年度全面预算。

企业可以选择或综合运用固定预算、弹性预算、滚动预算等方法编制预算。

第七条　企业预算管理委员会应当对预算管理工作机构在综合平衡基础上提交的预算方案进行研究论证，从企业发展全局角度提出建议，形成全面预算草案，并提交董事会。

第八条　企业董事会审核全面预算草案，应当重点关注预算科学性和可行性，确保全面预算与企业发展战略、年度生产经营计划相协调。

企业全面预算应当按照相关法律法规及企业章程的规定报经审议批准。批准后，应当以文件形式下达执行。

第三章　预算执行

第九条　企业应当加强对预算执行的管理，明确预算指标分解方式、预算执行审批权限和要求、预算执行情况报告等，落实预算执行责任制，确保预算刚性，严格预算执行。

第十条　企业全面预算一经批准下达，各预算执行单位应当认真组织实施，将预算指标层层分解，从横向和纵向落实到内部各部门、各环节和各岗位，形成全方位的预算执行责任体系。

企业应当以年度预算作为组织、协调各项生产经营活动的基本依据，将年度预算细分为季度、月度预算，通过实施分期预算控制，实现年度预算目标。

第十一条　企业应当根据全面预算管理要求，组织各项生产经营活动和投融资活动，严格预算执行和控制。

企业应当加强资金收付业务的预算控制，及时组织资金收入，严格控制资金支付，调节资金收付平衡，防范支付风险。对于超预算或预算外的资金支付，应当实行严格的审批制度。

企业办理采购与付款、销售与收款、成本费用、工程项目、对外投融资、研究与开发、信息系统、人力资源、安全环保、资产购置与维护等业务和事项，均应符合预算要求。涉及生产过程和成本费用的，还应执行相关计划、定额、定率标准。

对于工程项目、对外投融资等重大预算项目，企业应当密切跟踪其实施进度和完成情况，实行严格监控。

第十二条　企业预算管理工作机构应当加强与各预算执行单位的沟通，运用财务信息和其他相关资料监控预算执行情况，采用恰当方式及时向决策机构和各预算执行单位报告、反馈预算执行进度、执行差异及其对预算目标的影响，促进企业全面预算目标的实现。

第十三条　企业预算管理工作机构和各预算执行单位应当建立预算执行情况分析制度，定期召开预算执行分析会议，通报预算执行情况，研究、解决预算执行中存在的问题，提出改进措施。

企业分析预算执行情况，应当充分收集有关财务、业务、市场、技术、政策、法律等方面的信息资料，根据不同情况分别采用比率分析、比较分析、因素分析等方法，从定量与定性两个层面充分反映预算执行单位的现状、发展趋势及其存在的潜力。

第十四条　企业批准下达的预算应当保持稳定，不得随意调整。由于市场环境、国家政策或不可抗力等客观因素，导致预算执行发生重大差异确需调整预算的，应当履行严格的审批程序。

第四章　预算考核

第十五条　企业应当建立严格的预算执行考核制度，对各预算执行单位和个人进行考核，切实做到有奖有惩、奖惩分明。

第十六条　企业预算管理委员会应当定期组织预算执行情况考核，将各预算执行单位负责人签字上报的预算执行报告和已掌握的动态监控信息进行核对，确认各执行单位预算完成情况。必要时，实行预算执行情况内部审计制度。

第十七条　企业预算执行情况考核工作，应当坚持公开、公平、公正的原则，考核过程及结果应有完整的记录。

企业内部控制应用指引第16号——合同管理

第一章　总则

第一条　为了促进企业加强合同管理，维护企业合法权益，根据《中华人民共和国合同法》等有关法律法规和《企业内部控制基本规范》，制定本指引。

第二条　本指引所称合同，是指企业与自然人、法人及其他组织等平等主体之间设立、变更、终止民事权利义务关系的协议。

企业与职工签订的劳动合同，不适用本指引。

第三条　企业合同管理至少应当关注下列风险：

（一）未订立合同、未经授权对外订立合同、合同对方主体资格未达要求、合同内容存在重大疏漏和欺诈，可能导致企业合法权益受到侵害。

（二）合同未全面履行或监控不当，可能导致企业诉讼失败、经济利益受损。

（三）合同纠纷处理不当，可能损害企业利益、信誉和形象。

第四条　企业应当加强合同管理，确定合同归口管理部门，明确合同拟定、审批、执行等环节的程序和要求，定期检查和评价合同管理中的薄弱环节，采取相应控制措施，促进合同有效履行，切实维护企业的合法权益。

第二章　合同的订立

第五条　企业对外发生经济行为，除即时结清方式外，应当订立书面合同。合同订立前，应当充分了解合同对方的主体资格、信用状况等有关内容，确保对方当事人具备履约能力。

对于影响重大、涉及较高专业技术或法律关系复杂的合同，应当组织法律、技术、财会等专业人员参与谈判，必要时可聘请外部专家参与相关工作。谈判过程中的重要事项和参与谈判人员的主要意见，应当予以记录并妥善保存。

第六条　企业应当根据协商、谈判等的结果，拟订合同文本，按照自愿、公平原则，明确双方的权利义务和违约责任，做到条款内容完整，表述严谨准确，相关手续齐备，避免出现重大疏漏。

合同文本一般由业务承办部门起草、法律部门审核。重大合同或法律关系复杂的特殊合同应当由法律部门参与起草。国家或行业有合同示范文本的，可以优先选用，但对涉及权利义务关系的条款应当进行认真审查，并根据实际情况进行适当修改。

合同文本须报经国家有关主管部门审查或备案的，应当履行相应程序。

第七条　企业应当对合同文本进行严格审核，重点关注合同的主体、内容和形式是否合法，合同内容是否符合企业的经济利益，对方当事人是否具有履约能力，合同权利和义务、违约责任和争议解决条款是否明确等。

企业对影响重大或法律关系复杂的合同文本，应当组织内部相关部门进行审核。相关部门提出不同意见的，应当认真分析研究，慎重对待，并准确无误地加以记录；必要时应对合同条款作出修改。内部相关部门应当认真履行职责。

第八条　企业应当按照规定的权限和程序与对方当事人签署合同。正式对外订立的合同，应当由企业法定代表人或由其授权的代理人签名或加盖有关印章。授权签署合同的，应当签署授权委托书。属于上级管理权限的合同，下级单位不得签署。下级单位认为确有需要签署涉及上级管理权限的合同，应当提出申请，并经上级合同管理机构批准后办理。上级单位应当加强对下级单位合同订立、履行情况的监督检查。

第九条　企业应当建立合同专用章保管制度。合同经编号、审批及企业法定代表人或由其授权的代理人签署后，方可加盖合同专用章。

第十条　企业应当加强合同信息安全保密工作，未经批准，不得以任何形式泄露合同订立与履行过程中涉及的商业秘密或国家机密。

第三章　合同的履行

第十一条　企业应当遵循诚实信用原则严格履行合同，对合同履行实施有效监控，强化对合同履行情况及效果的检查、分析和验收，确保合同全面有效履行。

合同生效后，企业就质量、价款、履行地点等内容与合同对方没有约定或者约定不明确的，可以协议补充；不能达成补充协议的，按照国家相关法律法规、合同有关条款或者交易习惯确定。

第十二条　在合同履行过程中发现有显失公平、条款有误或对方有欺诈行为等情形，或因政策调整、市场变化等客观因素，已经或可能导致企业利益受损，应当按规定程序及时报告，并经双方协商一致，按照规定权限和程序办理合同变更或解除事宜。

第十三条　企业应当加强合同纠纷管理，在履行合同过程中发生纠纷的，应当依据国家相关法律法规，在规定时效内与对方当事人协商并按规定权限和程序及时报告。

合同纠纷经协商一致的，双方应当签订书面协议。合同纠纷经协商无法解决的，应当根据合同约定选择仲裁或诉讼方式解决。

企业内部授权处理合同纠纷的，应当签署授权委托书。纠纷处理过程中，未经授权批准，相关经办人员不得向对方当事人作出实质性答复或承诺。

第十四条　企业财会部门应当根据合同条款审核后办理结算业务。未按合同条款履约的，或应签订书面合同而未签订的，财会部门有权拒绝付款，并及时向企业有关负责人报告。

第十五条　合同管理部门应当加强合同登记管理，充分利用信息化手段，定期对合同进行统计、分类和归档，详细登记合同的订立、履行和变更等情况，实行合同的全过程封闭管理。

第十六条　企业应当建立合同履行情况评估制度，至少于每年年末对合同履行的总体情况和重大合同履行的具体情况进行分析评估，对分析评估中发现合同履行中存在的不足，应当及时加以改进。

企业应当健全合同管理考核与责任追究制度。对合同订立、履行过程中出现的违法违规行为，应当追究有关机构或人员的责任。

企业内部控制应用指引第17号——内部信息传递

第一章　总则

第一条　为了促进企业生产经营管理信息在内部各管理层级之间的有效沟通和充分利用，根据《企业内部控制基本规范》，制定本指引。

第二条　本指引所称内部信息传递，是指企业内部各管理层级之间通过内部报告形式传递生产经营管理信息的过程。

第三条　企业内部信息传递至少应当关注下列风险：

（一）内部报告系统缺失、功能不健全、内容不完整，可能影响生产经营有序运行。

（二）内部信息传递不通畅、不及时，可能导致决策失误、相关政策措施难以落实。

（三）内部信息传递中泄露商业秘密，可能削弱企业核心竞争力。

第四条　企业应当加强内部报告管理，全面梳理内部信息传递过程中的薄弱环节，建立科学的内部信息传递机制，明确内部信息传递的内容、保密要求及密级分类、传递方式、传递范围以及各管理层级的职责权限等，促进内部报告的有效利用，充分发挥内部报告的作用。

第二章　内部报告的形成

第五条　企业应当根据发展战略、风险控制和业绩考核要求，科学规范不同级次内部报告的指标体系，采用经营快报等多种形式，全面反映与企业生产经营管理相关的各种内外部信息。

内部报告指标体系的设计应当与全面预算管理相结合，并随着环境和业务的变化不断进行修订和完善。设计内部报告指标体系时，应当关注企业成本费用预算的执行情况。

内部报告应当简洁明了、通俗易懂、传递及时，便于企业各管理层级和全体员工掌握相关信息，正确履行职责。

第六条　企业应当制定严密的内部报告流程，充分利用信息技术，强化内部报告信息集成和共享，将内部报告纳入企业统一信息平台，构建科学的内部报告网络体系。

企业内部各管理层级均应当指定专人负责内部报告工作，重要信息应及时上报，并可以直接报告高级管理人员。

企业应当建立内部报告审核制度，确保内部报告信息质量。

第七条　企业应当关注市场环境、政策变化等外部信息对企业生产经营管理的影响，广泛收集、分析、整理外部信息，并通过内部报告传递到企业内部相关管理层级，以便采取应对策略。

第八条　企业应当拓宽内部报告渠道，通过落实奖励措施等多种有效方式，广泛收集合理化建议。

企业应当重视和加强反舞弊机制建设，通过设立员工信箱、投诉热线等方式，鼓励员工及企业利益相关方举报和投诉企业内部的违法违规、舞弊和其他有损企业形象的行为。

第三章　内部报告的使用

第九条　企业各级管理人员应当充分利用内部报告管理和指导企业的生产经营活动，及时反映全面预算执行情况，协调企业内部相关部门和各单位的运营进度，严格绩效考核和责任追究，确保企业实现发展目标。

第十条　企业应当有效利用内部报告进行风险评估，准确识别和系统分析企业生产经营活动中的内外部风险，确定风险应对策略，实现对风险的有效控制。

企业对于内部报告反映出的问题应当及时解决；涉及突出问题和重大风险的，应当启动应急预案。

第十一条　企业应当制定严格的内部报告保密制度，明确保密内容、保密措施、密级程度和传递范围，防止泄露商业秘密。

第十二条　企业应当建立内部报告的评估制度，定期对内部报告的形成和使用进行全面评估，重点关注内部报告的及时性、安全性和有效性。

企业内部控制应用指引第 18 号——信息系统

第一章　总则

第一条　为了促进企业有效实施内部控制，提高企业现代化管理水平，减少人为因素，根据有关法律法规和《企业内部控制基本规范》，制定本指引。

第二条　本指引所称信息系统，是指企业利用计算机和通信技术，对内部控制进行集成、转化和提升所形成的信息化管理平台。

第三条　企业利用信息系统实施内部控制至少应当关注下列风险：

（一）信息系统缺乏或规划不合理，可能造成信息孤岛或重复建设，导致企业经营管理效率低下。

（二）系统开发不符合内部控制要求，授权管理不当，可能导致无法利用信息技术实施有效控制。

（三）系统运行维护和安全措施不到位，可能导致信息泄露或毁损，系统无法正常运行。

第四条　企业应当重视信息系统在内部控制中的作用，根据内部控制要求，结合组织架构、业务范围、地域分布、技术能力等因素，制定信息系统建设整体规划，加大投入力度，有序组织信息系统开发、运行与维护，优化管理流程，防范经营风险，全面提升企业现代化管理水平。

企业应当指定专门机构对信息系统建设实施归口管理，明确相关单位的职责权限，建立有效工作机制。企业可委托专业机构从事信息系统的开发、运行和维护工作。

企业负责人对信息系统建设工作负责。

第二章　信息系统的开发

第五条　企业应当根据信息系统建设整体规划提出项目建设方案，明确建设目标、人员配备、职责分工、经费保障和进度安排等相关内容，按照规定的权限和程序审批后实施。

企业信息系统归口管理部门应当组织内部各单位提出开发需求和关键控制点，规范开发流程，明确系统设计、编程、安装调试、验收、上线等全过程的管理要求，严格按照建设方案、开发流程和相关要求组织开发工作。

企业开发信息系统，可以采取自行开发、外购调试、业务外包等方式。选定外购调试或业务外包方式的，应当采用公开招标等形式择优确定供应商或开发单位。

第六条　企业开发信息系统，应当将生产经营管理业务流程、关键控制点和处理规则嵌入系统程序，实现手工环境下难以实现的控制功能。

企业在系统开发过程中，应当按照不同业务的控制要求，通过信息系统中的权限管理功能控制用户的操作权限，避免将不相容职责的处理权限授予同一用户。

企业应当针对不同数据的输入方式，考虑对进入系统数据的检查和校验功能。对于必需的后台操作，应当加强管理，建立规范的流程制度，对操作情况进行监控或者审计。

企业应当在信息系统中设置操作日志功能，确保操作的可审计性。对异常的或者违背内部控制要求的交易和数据，应当设计由系统自动报告并设置跟踪处理机制。

第七条　企业信息系统归口管理部门应当加强信息系统开发全过程的跟踪管理，组织开发单位与内部各单位的日常沟通和协调，督促开发单位按照建设方案、计划进度和质量要求完成编程工作，对配备的硬件设备和系统软件进行检查验收，组织系统上线运行等。

第八条　企业应当组织独立于开发单位的专业机构对开发完成的信息系统进行验收测试，确保在功能、性能、控制要求和安全性等方面符合开发需求。

第九条　企业应当切实做好信息系统上线的各项准备工作，培训业务操作和系统管理人员，制定科学的上线计划和新旧系统转换方案，考虑应急预案，确保新旧系统顺利切换和平稳衔接。系统上线涉及数据迁移的，还应制定详细的数据迁移计划。

第三章　信息系统的运行与维护

第十条　企业应当加强信息系统运行与维护的管理，制定信息系统工作程序、信息管理制度以及各模块子系统的具体操作规范，及时跟踪、发现和解决系统运行中存在的问题，确保信息系统按照规定的程序、制度和操作规范持续稳定运行。

企业应当建立信息系统变更管理流程，信息系统变更应当严格遵照管理流程进行操作。信息系统操作人员不得擅自进行系统软件的删除、修改等操作；不得擅自升级、改变系统软件版本；不得擅自改变软件系统环境配置。

第十一条　企业应当根据业务性质、重要性程度、涉密情况等确定信息系统的安全等级，建立不同等级信息的授权使用制度，采用相应技术手段保证信息系统运行安全有序。

企业应当建立信息系统安全保密和泄密责任追究制度。委托专业机构进行系统运行与维护管理的，应当审查该机构的资质，并与其签订服务合同和保密协议。

企业应当采取安装安全软件等措施防范信息系统受到病毒等恶意软件的感染和破坏。

第十二条　企业应当建立用户管理制度，加强对重要业务系统的访问权限管理，定期审阅系统账号，避免授权不当或存在非授权账号，禁止不相容职务用户账号的交叉操作。

第十三条　企业应当综合利用防火墙、路由器等网络设备，漏洞扫描、入侵检测等软件技术以及远程访问安全策略等手段，加强网络安全，防范来自网络的攻击和非法侵入。

企业对于通过网络传输的涉密或关键数据，应当采取加密措施，确保信息传递的保密性、准确性和完整性。

第十四条　企业应当建立系统数据定期备份制度，明确备份范围、频度、方法、责任人、存放地点、有效性检查等内容。

第十五条　企业应当加强服务器等关键信息设备的管理，建立良好的物理环境，指定专人负责检查，及时处理异常情况。未经授权，任何人不得接触关键信息设备。

后　记

本书于2015年12月25日在烟台机场动笔，主要利用2015年底和春节假期相对空闲时间完成。本书能够动笔得感谢我的家人，尤其是两个读高二的女儿，她们给了我很大的鼓励，还争着要给我写序。

中泰证券保代钱伟先生是第一位读者，他是投行专业人士，还精通法律，在我自己还没有通读的时候，他认真读了两遍，确实令人感动，我的大幅度修改都是根据他的意见进行的。其间还有多位朋友给予了积极的意见反馈，他们是同事、券商、财务顾问、职业投资人、公司大股东和董事长、职业经理人、公司法教授等，作为我多年的朋友和事业合作伙伴，他们从不同角度给我提出了非常好的意见和建议，使本书能够最终完成，在此一一致谢。但很多意见和建议最后没能得到完全的吸收和体现，因为时间是个很重要的限制因素，作为律师，主营业务是法律服务，所以，更多的时间和精力还是要给我的客户。

我们的证券部团队在业务项目上担当了更多的工作，使我有条件安下心来集中完成本书的写作，其中部分内容、观点和案例也有日常项目以及项目组讨论的痕迹，几位助理担当了文章细节部分的核实工作。感谢证券部的小伙伴们!

本书的写作初衷是希望大家能够对公司、公司法、公司设立和经营过程中的主要事项有个框架性的认识，结合自己公司的实际情况及所处状态，能够对解决公司当前问题以及未来规划有所帮助。由于专业水平有限，书中部分认识和结论难免有不当之处，又由于第一次写作，还望大家在使用过程中多提意见和建议，我们互相学习，共同进步。

如果大家喜欢，未来可以就本书所列专题展开进一步的论述。

本书能够得以出版，得感谢北京交通大学产业安全研究中心给予的慷慨支持，除提供费用外，还帮我多方联系出版社。社会科学文献出版社副总编辑周丽大姐更是给了我极大的鼓励，多次与我沟通写作方法和思路，写文字与做律师还是有很大不同的，她的意见使我能更好地调整自己的思路，站在读者的角度看问题。

我自 1996 年执业，一晃 20 年的时间了，其间做过的案件、服务过的客户大多历历在目，有成功，也有失败，有客户的认可，也有客户的不满。成功与失败、认可与不满都是激励我们成长的力量。感谢 20 多年来，委托人给予的信任、宽容、理解、支持和鼓励。无限感慨，最后汇成了一句话——“因为没有发现比律师更好的职业，所以，有生之年就不换职业了”。

是为后记。

张 力

2016 年 8 月

图书在版编目(CIP)数据

领读公司法 / 张力著. --北京: 社会科学文献出版社, 2016.9(2021.5 重印)
ISBN 978-7-5097-9637-5

Ⅰ.①领… Ⅱ.①张… Ⅲ.①公司法-研究-中国 Ⅳ.①D922.291.914

中国版本图书馆 CIP 数据核字(2016)第 205468 号

领读公司法

著　　者 / 张　力

出 版 人 / 王利民
项目统筹 / 周　丽
责任编辑 / 张丽丽

出　　版 / 社会科学文献出版社·城市和绿色发展分社 (010)59367143
地址: 北京市北三环中路甲 29 号院华龙大厦　邮编: 100029
网址: www.ssap.com.cn
发　　行 / 市场营销中心 (010) 59367081　59367083
印　　装 / 三河市东方印刷有限公司

规　　格 / 开 本: 880mm×1230mm 1/32
印 张: 9.375　字 数: 210 千字
版　　次 / 2016 年 9 月第 1 版　2021 年 5 月第 10 次印刷
书　　号 / ISBN 978-7-5097-9637-5
定　　价 / 69.00 元